Thomas Sießegger/Maria Hanisch/Claudia Henrichs

Change Management für ambulante Dienste

Anhaltende Veränderungen ganzheitlich meistern

Bibliografische Information der Deutschen Bibliothek

Die Deutsche Bibliothek verzeichnet diese Publikation in der Deutschen Nationalbibliografie; detaillierte bibliografische Daten sind im Internet über ‹http://dnb.ddb.de› abrufbar.

Sämtliche Angaben und Darstellungen in diesem Buch entsprechen dem aktuellen Stand des Wissens und sind bestmöglich aufbereitet.

Der Verlag und die Autoren können jedoch trotzdem keine Haftung für Schäden übernehmen, die im Zusammenhang mit Inhalten dieses Buches entstehen.

© VINCENTZ NETWORK, Hannover 2016

Besuchen Sie uns im Internet: www.haeusliche-pflege.net

Titelbild: fotolia bayshev
Satz: Heidrun Herschel, Wunstorf
Druck: Mundschenk Druck- und Vertriebs GmbH & Co. KG., Soltau

ISBN 978-3-86630-440-6

Thomas Sießegger/Maria Hanisch/Claudia Henrichs

Change Management für ambulante Dienste

Anhaltende Veränderungen ganzheitlich meistern

VINCENTZ NETWORK

Inhalt

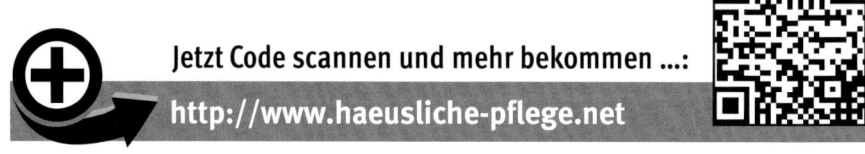

Jetzt Code scannen und mehr bekommen ...:
http://www.haeusliche-pflege.net

Ihr exklusiver Bonus an Informationen!
Scannen Sie den QR-Code oder geben Sie den Buch Code unter www.altenpflege.net/xyz ein und erhalten Sie kostenfreien Zugang zu Ihren persönlichen Bonus-Materialien!

Buch-Code: AH63441

1 Die Idee zu diesem Buch

Zuerst war da der Caritasverband für die Stadt Köln mit seinen 8 Caritas-Sozialstationen. Maria Hanisch ist verantwortlich für diese. Eines Tages im Jahr 2012
wurde Thomas Sießegger beauftragt, die 8 Caritas-Sozialstationen zu beraten.
Wir kannten uns schon seit einigen Jahren.

Gleichzeitig gab es für die Caritas-Sozialstationen die Notwendigkeit, das
„Verkaufen" zu trainieren und Coachings durchzuführen. Diese Aufgabe über-
nahm Claudia Henrichs.

Maria Hanisch führte uns zusammen, so dass wir uns besser kennenlernten
und uns seitdem in der Zusammenarbeit sehr gut ergänzen.

Dieses Buch zeigt sehr schön, wie wir uns ergänzen können.

Thomas Sießegger
Diplom-Kaufmann, Organisationsberater und Sachverständiger für ambulante Pflegedienste.

Fokus auf: Wirtschaftlichkeit, Strukturen, Prozesse und die strategische Entwicklung.

Was heiß das konkret?

» Nach fast 25 Jahren in der Beratung von ambulanten Pflegediensten ist immer noch die Betriebswirtschaft und das Ergebnis eines Pflegedienstes die Grundlage meiner Arbeit. Ich möchte dabei helfen, die Pflegedienste und deren Träger auf einen guten Weg zu bringen und gute Ergebnisse zu erzielen.

» Was ich nicht mag, ist die reine Theorie. Mein Ansatz ist es, Lösungen vorzuschlagen, die möglichst zügig und praxisnah umzusetzen sind. Vorher analysiere ich gründlich, wo die Ansätze für erfolgversprechende Veränderungen sind.

» Dabei gibt es zum einen „Standard-Lösungen", die immer funktionieren, aber in ganz vielen Fällen müssen individuelle Lösungen für den jeweiligen Pflegedienst gefunden werden.

» Aber ein Unternehmensberater, spezialisiert auf ambulante Pflegedienste, ist auch Sammler und Jäger. So gibt er einerseits 40 Lösungen und, andererseits sieht er auch immer wieder andere tolle Ideen und Aspekte auf die er selbst nicht gekommen wäre. Diese nimmt er auf (Danke!) und fügt sie in sein Repertoire mit ein.

» Einen wichtigen Teil dieser über die Jahre gesammelten Erfahrungen möchte ich hier einbringen als Impuls zur Weiterentwicklung der Pflegedienste in Deutschland.

» Weitere Anregungen finden Sie auch immer auf der wirtschaftlichen Seite des Pflegedienstes: www.siessegger.de

Claudia Henrichs
Diplom-Pädagogin, Organisations- und Personalentwicklerin.

Fokus auf: Verhalten der Menschen in der Organisation.

Was heiß das konkret?

» Nach der betriebswirtschaftlichen Beratung wissen Geschäftsführung und Leitungskräfte, welche Ansatzpunkte es gibt, Potenziale auszuschöpfen. Danach kommen die Menschen ins „Spiel", die alles umsetzen sollen. Ihre Bedenken, Wünsche, individuellen Vorstellungen, Ideen, Fähigkeiten und wertvollen Beiträge für die Entwicklung der Organisation und der Fähigkeiten der Einzelnen zum Strahlen zu bringen ist meine Aufgabe und Leidenschaft.

» Seit 2002 bin ich selbstständige Unternehmensberaterin für Personalentwicklung mit dem Schwerpunktthema „Wirkungsvolle Kommunikation in Führungs- und Kundengesprächen".

» Vor drei Jahren habe ich mich auf den Bereich der ambulanten Pflege spezialisiert und die Webseite www.ambulante-PFLEGE-verkaufen.de, mit Impulsen, die die Praxis leichter machen, ins Leben gerufen.

» Das Motto in meinen Workshops: voneinander profitieren, miteinander teilen, gemeinsam wachsen. Danke für die Fülle an wertvollen Impulsen und Begegnungen.

Maria Hanisch
Leitung Geschäftsfeld Ambulante Dienste für den Caritasverband für die Stadt Köln e.V.

Fokus auf: Praxis mit ihren individuellen Rahmenbedingungen.

Was heiß das konkret?

» So gut der Berater sich auch in der Praxis auskennt, und so differenziert man das Verhalten in Organisationen theoretisch ändern kann, die Praxis sieht im Alltag dann doch wieder anders aus. Zudem kommen andere und neue Fragen hinzu, die bisher an den Berater und die Organisationsentwicklerin noch gar nicht gestellt wurden. Mit anderen Worten: Das wahre Leben im Pflegedienst hält noch weitere Überraschungen und Herausforderungen bereit, die aber trotzdem im Sinne der gesetzten Ziele vorangebracht werden sollten. Maria Hanisch zeigt ganz pragmatisch an konkreten Beispielen auf, wie das bei ihren Caritas-Sozialstationen gelöst und umgesetzt wurde.

Dieses Buch ist entstanden im Sommer 2015. Eine letzte Überarbeitung erfolgte im Dezember 2015.

Wir Autoren haben versucht, möglichst keine sehr aktuellen Bezüge zu Paragraphen, Gesetzten oder bundesländerspezifischen Rahmenbedingungen zu schaffen. Dann wäre unser Buch mit einer kurzen Halbwertszeit versehen.

Inzwischen ist es ja schon fast so, dass sich die gesetzliche Lage alle zwei Jahre ändert. Deshalb beschäftigen wir uns also eher mit den grundsätzlichen Entwicklungen und Veränderungen im Markt der ambulanten Dienste.

Sollten dennoch einige Punkte nicht mehr ganz der Situation entsprechen zu dem Zeitpunkt wenn Sie das Buch lesen, so bitten wir Sie, den Kern der Aussagen und Vorschläge selbst zu transferieren in „Ihre Zeit".

Wir wünschen Ihnen als Leserinnen und Lesern viel Spaß, viele Aha-Erlebnisse und vor allem viel Erfolg auf Ihrem eigenen Weg in die Zukunft der ambulanten Pflegedienste.

Herzlichst, Ihre

Maria Hanisch, Köln
Claudia Henrichs, Köln
Thomas Sießegger, Hamburg

Vorwort von Thomas Sießegger

für die Kapitel 2 bis 5 dieses Buches

Mein Einstieg in unser gemeinsames Buch basiert – aber das ist ganz weit entfernt – auf meinem Studium der Wirtschafts- und Sozialwissenschaften, damals in Augsburg.

Seit fast 25 Jahren berate ich nun ambulante Pflegedienste und Sozialstationen, keine anderen Organisationen. Über 700 Pflegedienste habe ich vor Ort gesehen und beraten. Dabei ist man nicht nur Ratgeber und Berater, sondern auch Jäger und Sammler. Wenngleich es mein großes Anliegen ist, möglichst nah an der Praxis zu sein und umsetzbare Vorschläge zu liefern, so bin ich doch froh, dass ich ebenso begeisterte Mitstreiter kennengelernt und für unser gemeinsames Anliegen, ein Buch zu schreiben, gewonnen habe, welche die Impulse von mir zu einer erfolgreichen Umsetzung für die Kunden führen.

Interessant ist es, wie Claudia Henrichs basierend auf vielen Empfehlungen, die Leitungskräfte und Mitarbeiter vor Ort in der Umsetzung begleitet und die für meine Vorschläge gewinnt. Danke.

Maria Hanisch zeigt dann sehr schön, was alles funktioniert, und was nicht, und was sie im Caritasverband Köln ganz anders gemacht hat. Auch wenn ich Kritik eigentlich nicht so gut ertragen kann (zumindest im ersten Moment nicht), freue ich mich über ihre würdigenden und kritischen Rückmeldungen in diesem Buch. Das ist die Praxis. Danke!

Aber beginnen wir zuerst mit häufigen Empfehlungen, die ich in Beratungen oft verwende. Es geht darum, wie Strategien entwickelt werden, warum Wachstum so wichtig ist und wie Strukturen und Prozesse angepasst werden sollten.

2 Veränderungen als Herausforderung – eine Checkliste der wichtigsten Empfehlungen eines Beraters

von Thomas Sießegger, Hamburg

In nachfolgendem Kapitel stelle ich die am häufigsten von mir in Beratungen genutzten Handlungsempfehlungen vor. Bevor es jedoch an das Lesen der Empfehlungen geht und die konkreten Schritte vorgeschlagen werden, gebe ich meinen Kunden meist Folgendes mit auf den Weg:

Oberste Ziele im Rahmen der Beratung sind:

» Praxisnähe,

» Umsetzbarkeit der Empfehlungen,

» klare Aussagen,

» deutliche Verbesserung des Betriebsergebnisses, der Nutzen der Beratung soll die Kosten um ein Vielfaches übersteigen.

Von Seiten des Beratungskunden ist zielführend:

» Mut in der Umsetzung,

» kritisches Hinterfragen der Empfehlungen, ggf. Modifizieren (aber nicht „Liegenlassen"),

» zeitnahe Konsequenzen.

Alle im Rahmen von Beratungen aufgezeigten Möglichkeiten sollen immer dazu dienen, die Betriebsergebnisse zu stabilisieren, zu verbessern, und zur Sicherung der strategischen Positionierung beizutragen. Wege zur Umsetzung sind in möglichst klaren Empfehlungen aufgezeigt.

Die Erkenntnis für notwendige Veränderungen bedingt, dass entsprechende Analysen der Strukturen, der Prozesse und der Zahlen vorausgehen. Oft geht es um folgende Analysefelder und Ziele:

» Analyse der Struktur und der Personalzusammensetzung in der Pflege Sind die Anteile an Verwaltung und der verschiedenen Leitungskräfte a) vergleichbar b) angemessen c) zukunftsorientiert?

» Prüfen der Strukturen, ob sie für zukünftiges mögliches Wachstum geeignet sind.

» Personalzusammensetzung hinsichtlich der Qualifikation und der

Beschäftigungsverhältnisse angesichts des bisherigen Leistungsspektrums aus.

» Deutliche Verbesserung des Ergebnisses des ambulanten Dienstes.

» Eventuell geht es um einen sogenannten „Turn-Around" der Ergebnisse: Wie können die Betriebsergebnisse in ein von Ihnen gewünschtes (ausgeglichenes oder besseres, positives) Ergebnis verwandelt werden?

» Erstellen eines Projektplans mit realistischen Zeithorizonten.

» Steigerung der Umsätze pro Patient auf einen akzeptablen Wert.

» Klärung: Wo sind Wirtschaftlichkeitsressourcen und Entwicklungspotenziale?

» Strategische Hinweise auf die Abstimmung des Leistungsspektrums mit den anderen Leistungen des Trägers/Verbandes.

» Klären der ungenutzten Erlös-Potenziale des Pflegedienstes:
a) bei Pflegesachleistungen des SGB XI, vor allem in den Pflegestufen I und II,
b) bei der Verhinderungspflege,
c) bei den Betreuungs- und Entlastungsleistungen,
d) bei den Privatzahler-Leistungen.

» Umbau des Personals aufgrund der neuen Anforderungen der Pflegestärkungsgesetze I und II.

» Einrichten neuer Konten und eventuell Erstellen einer Kostenstellenrechnung, z. B. um fit zu sein für Verhandlungen mit den Kostenträgern.

» Einleiten eines Strategieentwicklungsprozesses.

» Ansätze für organisatorische Verbesserungen im Ablauf zwischen Personal-Einsatz-Planung, Leistungserfassung und Abrechnung.

» Vergleiche der Ergebnisse Ihrer Pflegedienste mit anderen Pflegediensten: Erträge, Kosten, Leistungen, Zeiten, Patienten, Hausbesuche/Einsätze.

» Differenzierte Analyse der Form einer wirtschaftlichen Personal-Einsatz-Planung, auch hinsichtlich der möglichen Einführung von mobiler Datenerfassung.

» Beurteilung der jetzigen Personal-Einsatz-Planung und die dazugehörige Kontrolle (inkl. der Leistungsnachweise):
• kontinuierliche zeitnahe SOLL-IST-Vergleiche,
• Nutzen der Vor- und Nachkalkulationen,

- Einbauen einer sogenannten Hausbesuchsgrundzeit in der Personal-Einsatz-Planung,
- tägliches Anpassen der Pflegezeiten, der Organisations- und der Fahrt- und Wegezeiten.

» Möglicher Umgang mit Mitarbeitern, z. B. hinsichtlich eines konsequenten Umgangs mit den Leistungsnachweisen und Handzeichen, mit Organisationszeiten und Rüstzeiten, und Beurteilung der Flexibilität und Bereitschaft im Rahmen der Personal-Einsatz-Planung.

» Möglichkeiten der zukünftigen Personalentwicklung (v. a. wg. weiterer Expansion und wegen des Pflegefachkraftmangels):
   a) für Leitungen (betriebswirtschaftliche Qualifizierung),
   b) Pflegefachkräfte (werden zu „Managerinnen" und Teamleitungen),
   c) Helferinnen werden zu Pflegeassistenten,
   d) Verwaltungskräfte werden zu Assistentinnen der PDL.

Das sind die am häufigsten gewünschten Anforderungen von Seiten der Beratungskunden, die einer Beratung und einer anschließenden Organisationsentwicklung vorausgehen.

Wichtig ist es, den Akteuren und den Verantwortlichen vor Ort klarzumachen, dass es vorgeschlagene Maßnahmen geben wird, welche „Geld kosten" und wiederum andere, die es erlauben, mehr Umsatz zu machen und das Betriebsergebnis sehr deutlich zu verbessern. Diese Maßnahmen refinanzieren dann die „Investitionen".

Es ist deshalb immer darauf hinzuweisen, dass fast alle Analysefelder für einen ambulanten Pflegedienst in Zusammenhängen stehen, also z. B. dass die „Investitionen" oftmals die Voraussetzungen dafür sind, um die gewünschten positiven Ergebnisse zu erreichen. Die vorgeschlagenen Maßnahmen einer **Organisationsentwicklung** sind also immer ein **Gesamtpaket**.

2.1 Vision, Ziele und Strategien

Den meisten Pflegediensten fehlt es an einer Vorstellung davon, wo sie in 5, in 10 oder in 15 Jahren stehen möchten. Sie reagieren zwar immer „ganz gut" auf Gesetzesänderungen oder „kleinere Krisen" wie den temporären Pflegefachkräftemangel, Krankheitswellen, oder auf einen Leitungsmangel. Für die grundsätzlichen Fragen und Entscheidungen oder für die wirklich wichtigen Aufgaben bleibt dann aber meist keine Zeit.

Deshalb beginnen wir mit ersten Empfehlungen zur Strategieentwicklung, die oft gegenüber dem eigentlichen Organisationsentwicklungsprozess vorne anstehen müssen.

Erstellen einer Vision mit daraus abgeleiteten Zielen und Strategien

Ungefähr ¼ bis ½ Jahr nach dem Erkennen von Strukturdefiziten und dem Aufzeigen von Entwicklungspotenzialen sollte – zusammen von Geschäftsführung und Leitungsebene – eine Vision für den Träger für den Verband des Pflegedienstes bezüglich des ambulanten Dienstes erarbeitet werden.

Stärken der Versorgungskette und eine wirkliche Vernetzung mit den anderen Dienstleistungen anstreben, um ein attraktives Gesamtleistungsangebot bieten zu können

Vor allem sollten die Leistungsangebote „stationär (wenn vorhanden) und ambulant" weiter und besser miteinander vernetzt werden. Diese Zusammenarbeit sollte stärker kommuniziert werden. Zudem sollten Synergieeffekte für die stationäre Pflege und deren Auslastung aufgezeigt werden.

Zielorganigramme für die Wachstumsschritte eines Pflegedienstes

Nachfolgende Organigramme zeigen Pflegedienste mit ihren Organigrammen, wenn sie mit dem möglichen Wachstum mithalten. Die Organigramme müssten auf die jeweiligen spezifischen Verhältnisse eines Pflegedienstes angepasst werdend. Das heißt, die Beschäftigungsumfänge und die Anzahl der Verwaltungskräfte und der Teamleitungen und Stellvertretungen, die Beschäftigungsumfänge usw. müssten alle in der richtigen Größe dargestellt werden. Es geht hier also eher um eine grundsätzliche Darstellung möglicher Strukturen.

Übersicht: Pflegedienste mit ihren idealen Organigrammen in unterschiedlichen Größen

Bild 1: Ein ambulanter Dienst mit 1 Team

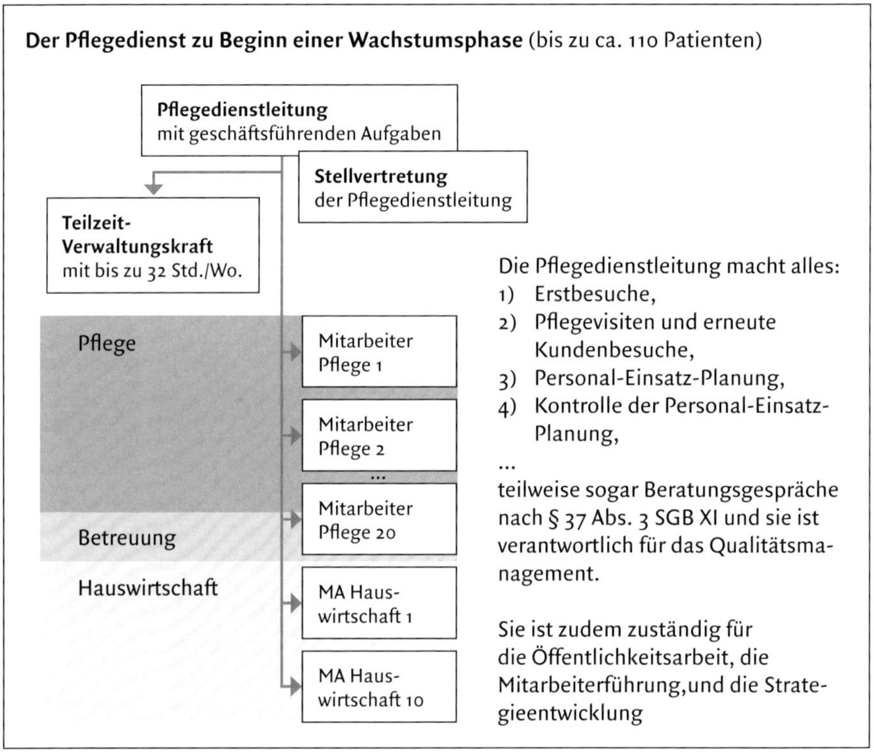

Der Pflegedienst zu Beginn einer Wachstumsphase (bis zu ca. 110 Patienten)

Pflegedienstleitung
mit geschäftsführenden Aufgaben

Stellvertretung
der Pflegedienstleitung

Teilzeit-Verwaltungskraft
mit bis zu 32 Std./Wo.

Pflege

Betreuung

Hauswirtschaft

Mitarbeiter Pflege 1

Mitarbeiter Pflege 2

...

Mitarbeiter Pflege 20

MA Hauswirtschaft 1

MA Hauswirtschaft 10

Die Pflegedienstleitung macht alles:
1) Erstbesuche,
2) Pflegevisiten und erneute Kundenbesuche,
3) Personal-Einsatz-Planung,
4) Kontrolle der Personal-Einsatz-Planung,
...
teilweise sogar Beratungsgespräche nach § 37 Abs. 3 SGB XI und sie ist verantwortlich für das Qualitätsmanagement.

Sie ist zudem zuständig für die Öffentlichkeitsarbeit, die Mitarbeiterführung,und die Strategieentwicklung

Bis zu Phase 1 kann ein ambulanter Dienst alleine durch eine (Pflegedienst-) Leitung geleitet werden.

Bis zu 100, jedoch maximal bis zu 150 Patienten ist es möglich, alle 4 Hauptaufgaben einer Leitungskraft „aus einer Hand" anzubieten. Die 4 Hauptaufgaben sind:
1) Alle Erstbesuche,
2) alle Pflegevisiten und alle erneuten Kundenbesuche,
3) Personal-Einsatz-Planung,
4) Kontrolle der Personal-Einsatz-Planung.

Bild 2: Ein ambulanter Dienst mit 2 Teams

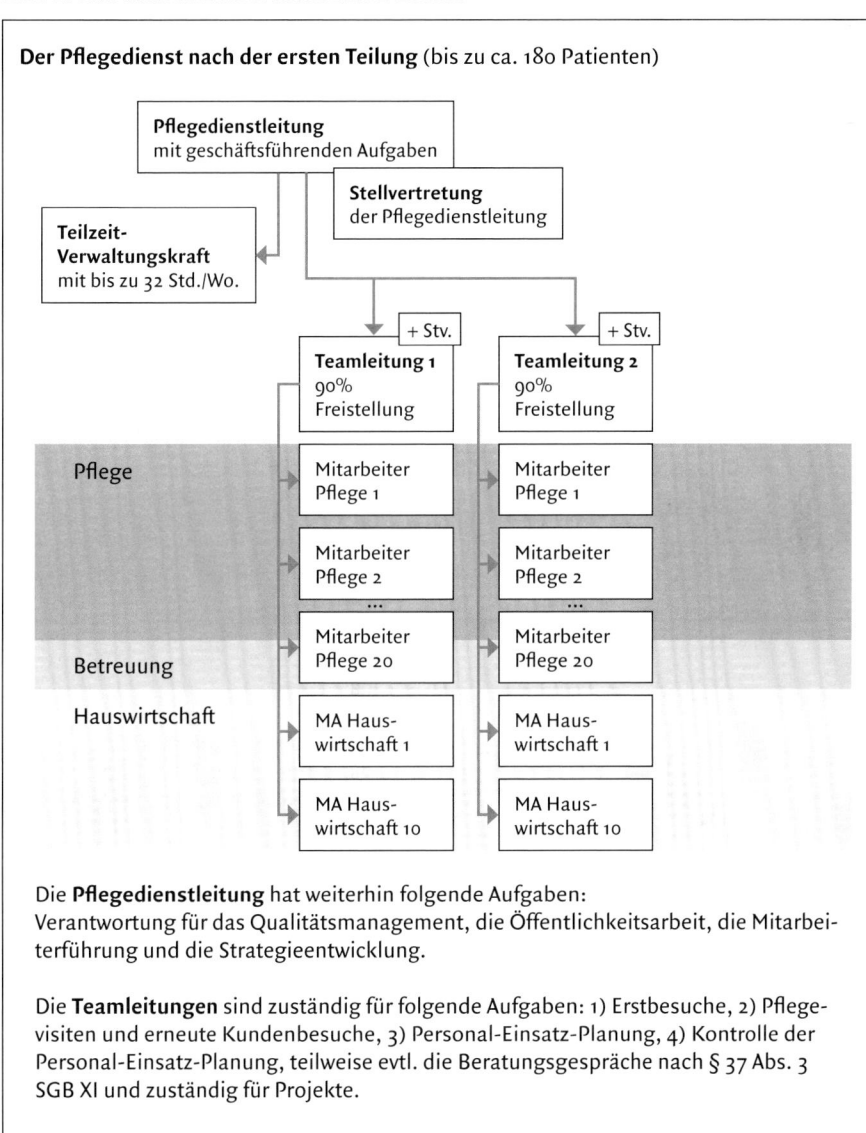

Der Pflegedienst nach der ersten Teilung (bis zu ca. 180 Patienten)

Die **Pflegedienstleitung** hat weiterhin folgende Aufgaben:
Verantwortung für das Qualitätsmanagement, die Öffentlichkeitsarbeit, die Mitarbeiterführung und die Strategieentwicklung.

Die **Teamleitungen** sind zuständig für folgende Aufgaben: 1) Erstbesuche, 2) Pflegevisiten und erneute Kundenbesuche, 3) Personal-Einsatz-Planung, 4) Kontrolle der Personal-Einsatz-Planung, teilweise evtl. die Beratungsgespräche nach § 37 Abs. 3 SGB XI und zuständig für Projekte.

Phase II im Wachstum ist gekennzeichnet durch ein Überschreiten der Größe, in der ein ambulanter Dienst noch durch eine Person zu führen wäre. Dann sollte der Pflegedienst in zwei organisatorische Teile geteilt werden. Jede Teamleitung würde dann die 4 elementaren Aufgaben „aus einer Hand" wahrnehmen.

1. Durchführen aller Erstgespräche,
2. durchführen aller Pflegevisiten und vor allem aller erneuten Kundenbesuche (insbesondere in wirtschaftlicher Hinsicht),
3. durchführen der kompletten Personal-Einsatz-Planung, am besten EDV-gestützt,
4. die tägliche (also zeitnahe) SOLL-IST-Kontrolle von erbrachten Leistungen (+/-?) und der exakten Arbeitszeit der Mitarbeiterinnen (+/-?).

Jedes Team sollte von jeweils einer Leitung geführt werden. Beide Teamleitungen sollten (teilweise in Personalunion) der Pflegedienstleitung unterstellt sein.

Bild 3a: Ein ambulanter Dienst mit 3 Teams

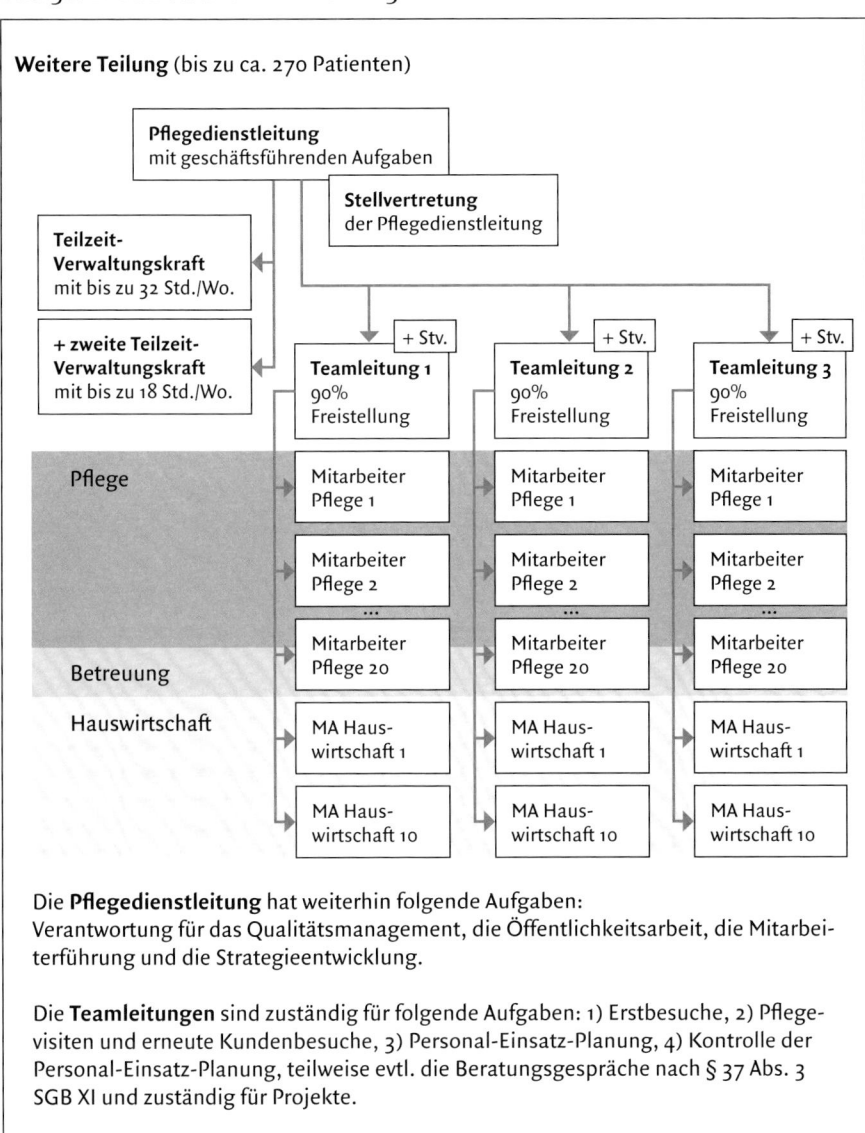

Weitere Teilung (bis zu ca. 270 Patienten)

Die **Pflegedienstleitung** hat weiterhin folgende Aufgaben:
Verantwortung für das Qualitätsmanagement, die Öffentlichkeitsarbeit, die Mitarbeiterführung und die Strategieentwicklung.

Die **Teamleitungen** sind zuständig für folgende Aufgaben: 1) Erstbesuche, 2) Pflegevisiten und erneute Kundenbesuche, 3) Personal-Einsatz-Planung, 4) Kontrolle der Personal-Einsatz-Planung, teilweise evtl. die Beratungsgespräche nach § 37 Abs. 3 SGB XI und zuständig für Projekte.

Dieser zweite evolutionäre Schritt im Wachstum eines Pflegedienstes und einem Pflege- und Betreuungsdienst könnte ab einer Größe von ca. 180 Patienten/Kunden erfolgen.

Sollte der ambulante Dienst weiter wachsen können, dann wäre er ab ca. 240 bis 270 Patienten in 3 Gebiete neu aufzuteilen. Die Stundenumfänge für

Verwaltungsaufgaben müssten – orientiert an einer 5 %-Verwaltungs-Quote – ebenfalls aufgestockt werden. Jedes Team sollte wiederum von jeweils einer Leitung geführt werden, welche die 4 Hauptaufgaben einer Leitung jeweils in einer Person vereinigen.

Bild 3b: Ein ambulanter Dienst mit 3 Teams (wovon ein Team Betreuungsleistungen und Hauswirtschaft erbringt)

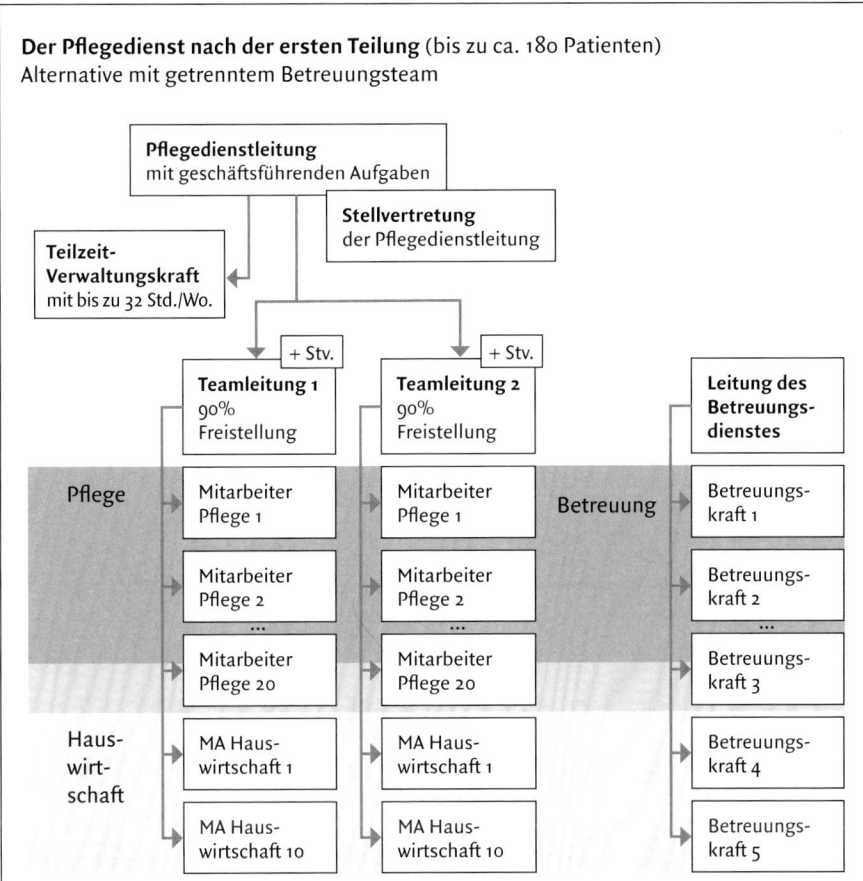

Der Pflegedienst nach der ersten Teilung (bis zu ca. 180 Patienten)
Alternative mit getrenntem Betreuungsteam

Die **Pflegedienstleitung** hat weiterhin folgende Aufgaben:
Verantwortung für das Qualitätsmanagement, die Öffentlichkeitsarbeit, die Mitarbeiterführung und die Strategieentwicklung.

Die **Teamleitungen** sind zuständig für folgende Aufgaben: 1) Erstbesuche, 2) Pflegevisiten und erneute Kundenbesuche, 3) Personal-Einsatz-Planung, 4) Kontrolle der Personal-Einsatz-Planung, teilweise evtl. die Beratungsgespräche nach § 37 Abs. 3 SGB XI und zuständig für Projekte.

Betreuung: ab einer gewissen Größe bekäme der Pflege- und Betreuungsdient eine eigene Abteilung und eine eigene „Teamleitung Betreuung"

Ab einer gewissen Größe könnte ein spezielles Team für Betreuungsleistungen eingerichtet werden, denn die Logistik für Betreuungsleistungen ist eine ganz andere:

» „andere" Mitarbeiter, die nicht Minuten-getaktet Leistungen erbringen müssen,

» einfachere „Tourenplanung",

» einfachere Zeiterfassung,

» unkomplizierte Abrechnung.

Dieses Team hat dann am besten eine eigene Leitungskraft.

Zu überlegen wäre, ob nicht auch die Hauswirtschaftsleistungen dann durch das „Betreuungsteam" erbracht werden sollten?

Sehr wichtig für dieses Modell ist, dass die Leitung des Betreuungsteams unter dem Dach, am besten in den gleichen Räumlichkeiten mit der Pflegedienstleitung untergebracht ist. Somit wird die Kommunikation sichergestellt, die notwendig ist, um Kunden „richtig" zu beraten, die oftmals aus den gleichen Finanzierungstöpfen ihre Sach- und Privatzahlerleistungen schöpfen müssen.

2.2 Kosten einsparen / Effizienzressourcen nutzen und umsetzen

Über 20 Jahre nach Einführung der Pflegeversicherung sind Möglichkeiten, in größerem Umfang Kosten einzusparen, bei ambulanten Pflegediensten kaum noch vorhanden.

Aber dort, wo selbst heutzutage noch Möglichkeiten bestehen, Kosten zu reduzieren, sollten sie genutzt werden, um die „frei werdende Zeit" dafür zu verwenden, lukrative zusätzliche Leistungen anzubieten.

Keinesfalls sollten Stunden abgebaut werden oder gar Arbeitsplätze reduziert werden.

Deshalb beschränken wir uns beim Kostensparen hier in diesem Buch auf die wenigen Möglichkeiten, die es noch gibt.

Zeitwerte für die Leistungskomplexe anpassen

Oft sind die den Leistungskomplexen und Einzelleistungen hinterlegten Zeiten (welche für die Touren- und Personal-Einsatz-Planung benötigt werden) schon seit vielen Jahren nicht mehr angepasst worden, manchmal sogar seit Einführung der damals neuen Software.

Zudem werden die vielen Möglichkeiten einer EDV-gestützten Personal-Einsatz-Planung oft nicht genutzt.

Die Zeitwerte für die Leistungskomplexe gehören also in jedem Pflegedienst ab und zu auf den Prüfstand, vor allem dann, wenn Vergütungssysteme angepasst werden.

In vielen Pflegediensten sind diese hinterlegten Zeitwerte tendenziell zu hoch und oft in 5-Minuten-Schritten definiert. Zudem werden sie nicht genügend individuell an die Situation, die Patienten oder die Touren angepasst.

Die Zeitwerte für Leistungskomplexe und -module sollten so neu angepasst werden, dass sie im Durchschnitt für 80 % bis 90 % der Fälle mit der Realität (wie sie die Pflegedienstleitung einschätzt) übereinstimmen.

Prüfen der Organisationszeiten und der Fahrt- und Wegezeiten auf Potenziale zum Einsparen

a) Hohe Rüstzeiten bedeuten große Einsparpotenziale
In einigen Pflegediensten gibt es noch zu hohe Rüstzeiten bzw. Organisationszeiten. Bei entsprechender Anpassung ermöglichen diese für die Zukunft weitere Einsparpotenziale!

Folgende Aspekte gehören in diesem Kontext auf den Prüfstand:
» Rüstzeiten vor und nach dem Dienst,
» die Häufigkeit und die Dauer der Dienst- und Teambesprechungen,
» die Anpassung der Touren- und Personal-Einsatz-Planung an Veränderungen,
» Orientierungszeiten für das Autowaschen, das Tanken, und für Übergaben.

Es empfiehlt sich – nach Rücksprache – mit den Mitarbeitern die Rüstzeiten nach Qualifikationen zu differenzieren, zum Beispiel
7 Minuten vor und nach der Tour für die Pflegefachkräfte,
4 Minuten vor und nach der Tour für die Pflegeassistenten.
Alle Organisationszeiten sollten, nicht nur phasenweise, erfasst und ausgewertet werden.

b) Werden Fahrt- und Wegezeiten nicht ausgewertet, besteht die Gefahr für Ineffizienzen
Relativ hoch sind Fahrt- und Wegezeiten dann, wenn deren Anteil größer ist als 25 % der gesamten zur Verfügung stehenden Arbeitszeit.

Beeinflussbar sind hohe Fahrt- und Wegezeiten durch
a) eine wirtschaftliche und durchdachte Touren- und Personal-Einsatz-Planung und

b) durch Wachstum (durch mehr Patienten im Versorgungsgebiet), weil damit per se die Effizienz der Touren- und Personal-Einsatz-Planung durch tendenziell kürzere Wege steigt.

c) Die zeitnahe (das heißt die tägliche) Kontrolle der Arbeitszeiten
Die von den Mitarbeitern erbrachten und zurückgemeldeten Zeiten und Leistungen der Einsatzpläne werden mit mobiler Datenerfassung erfasst.

Sie müssen jeden Tag bei allen Mitarbeitern geprüft werden auf

» Abweichungen von den geplanten Leistungen,
» Abweichungen von den geplanten Zeiten.

2.3 Ausweiten des Leistungsangebotes und damit verbundene Umsatzsteigerungen

Die größten Potenziale für Pflegedienste liegen meist in der Ausweitung der Leistungen, einem besseren Verkaufen und den damit verbundenen Umsatzsteigerungen.

Diese haben in den meisten Fällen auch Verbesserungen der Betriebsergebnisse zur Folge. Erste Ansatzpunkte für das Verkaufen von Leistungen sind oft die Beratungen der Leitungskräfte oder der Pflegefachkräfte, welche auf die Beratungsgespräche nach § 37 Abs. 3 SGB XI spezialisiert worden sind.

Mehr Wertschätzung + Professionalisieren der Beratungsgespräche nach § 37 Abs. 3 SGB XI
Die Beratungsgespräche nach § 37 Abs. 3 SGB XI können – neben ihrem eigentlichen Zweck – genutzt werden
a) **zur Neukunden-Gewinnung,**
   aber vor allem
b) **um über die Beratungsgespräche die lukrative stundenweise Verhinderungspflege nach § 39 SGB XI zu „verkaufen".**

Dies wurde nun mit den Pflegestärkungsgesetzen noch wichtiger, da der zur Verfügung stehende Betrag für Verhinderungspflege auf bis zu 2.418 Euro pro Jahr erhöht wurde.

Deshalb müssen die Beratungsgespräche nach § 37 Abs. 3 SGB XI von professionell geschulten Mitarbeitern durchgeführt werden, um diese hohen Umsatzpotenziale zu generieren. Es folgen Anregungen, Tipps und Empfehlungen dazu:

1.) Leitungskräfte sollten keine Beratungsgespräche nach § 37 Abs. 3 SGB XI durchführen

Leitungskräfte sollten keine Beratungsgespräche nach § 37 Abs. 3 SGB XI durchführen, sie sollten an dafür spezialisierte Pflegefachkräfte abgegeben werden:

1 – 2 Pflegefachkräfte pro ambulantem Dienst bzw. pro Standort (zunächst natürlich nur eine, später zwei Pflegefachkräfte),

» zur Entlastung der Pflegedienstleitung,

» zum Steigern der Erlöse,

» zur Personalentwicklung (von neuen Leitungskräften).

Allenfalls ist es sinnvoll und denkbar, dass die Pflegedienstleitung die spezialisierten Pflegefachkräfte einarbeitet, oder dass Leitungskräfte das jeweils erste Beratungsgespräch für einen Kunden selbst durchführen, die Folge-Beratungsgespräche jedoch dann auf die darauf spezialisierten Pflegefachkräfte übertragen werden.

2.) Wer kommt für die Beratungsgespräche nach § 37 Abs. 3 SGB XI infrage?

Infrage für die „Beratungs-Pflegefachkräfte" kommen:

» Vollzeitbeschäftigte Pflegefachkräfte, die in den Touren nur schwer einzusetzen sind, ohne viele Wochenenden oder viele geteilte Dienste,

» gesundheitlich beeinträchtigte Pflegefachkräfte,

» oder Pflegefachkräfte, die eventuell einmal Leitungsaufgaben übernehmen könnten, und sich mit den Beratungsgesprächen nach § 37 Abs. 3 SGB XI entwickeln können.

Allen in Frage kommenden Pflegefachkräften sollte gemeinsam sein, dass es „die besten Pflegefachkräfte" sind, die im Pflegedienst für das Beraten und Verkaufen im Rahmen der Beratungsgespräche zur Verfügung stehen.

3.) Ziele der Beratungsgespräche

Neben dem eigentlichen Zweck, nämlich sicherzustellen, dass die „Pflege gewährleistet ist", geht es vor allem darum, die Kunden zu beraten, welche Möglichkeiten der Pflege- und Betreuungsdienst hat, um die Pflegebedürftigen, aber vor allem die pflegenden Angehörigen zu entlasten. Dabei geht es um folgende Leistungsbereiche und Ziele:

a) die Kunden mit alleinigen Pflegegeldleistungen für die (stundenweise) Verhinderungspflege nach § 39 SGB XI gewinnen:
Das „Budget" beträgt bis zu 1.612 € pro Jahr.
Wenn 50 % des Anspruchs auf Kurzzeitpflege noch hinzugerechnet werden, sind es sogar bis zu 2.418 €.

b) Pflegebedürftigen mit Anspruch auf Betreuungsleistungen kann im Jahr 2016 ein „Budget" von 1.248 € pro Jahr angeboten werden, nutzbar für Betreuungsleistungen nach § 45b SGB XI. Bei Menschen mit erheblich eingeschränkter Alltagskompetenz sind das sogar bis zu 2.496 € pro Jahr.

c) Ab dem Jahr 2017 (mit dem PSG II) gibt es anstatt der Betreuungsleistungen nach § 45b SGB XI den sogenannten Entlastungsbetrag von 125 € monatlich, das sind Zuschüsse für Leistungen von bis zu 1.500 € pro Jahr für Leistungen zur Entlastung der pflegenden Angehörigen.

d) Auf Dauer können neue Kunden gewonnen werden, wenn die pflegenden Angehörigen es nicht mehr alleine schaffen, ihre Pflegebedürftigen zu versorgen.

e) Auch die vorhandenen Kunden mit anteiligen Pflegesachleistungen bzw. mit Kombinationsleistungen können gut beraten werden, um gegebenenfalls mehr Umsatz mit ihnen zu generieren.

Diesen Aspekten und Möglichkeiten wird bisher meist in den Pflegediensten nicht genügend Rechnung getragen: Beratungsgespräche nach § 37 Abs. 3 SGB XI werden nicht genügend wertgeschätzt.

4.) Voraussetzungen für gut geführte und effiziente, professionelle Beratungsgespräche

» Die Kunden müssen als Service vom ambulanten Dienst angerufen werden.

» Die Terminierung für die spezialisierten Pflegefachkräfte übernimmt (dann, wenn es soweit ist) die jeweilige Verwaltungskraft des ambulanten Dienstes.

» Die Organisation und die Auswertung des Erfolges der Beratungsgespräche übernimmt ebenfalls die Verwaltungskraft im Pflegedienst.

» Dies kann in den meisten Fällen mit dem jeweiligen Verwaltungs- und Abrechnungsprogramm erfolgen.

» Zusätzliche betriebswirtschaftliche Aspekte bei der Auswertung sind einzubringen: „Was haben die Beratungsgespräche nach § 37 Abs. 3 SGB XI gebracht"?

5.) Verkaufstrainings

Es sollten zudem Verkaufstrainings auch für diese darin spezialisierten examinierten Pflegefachkräfte[1] durchgeführt werden.

---

1   im Rahmen der Beratungsgespräche nach § 37 Abs. 3 SGB XI

Die Beratungsgespräche nach § 37 Abs. 3 SGB XI sind somit eine äußerst wichtige Grundlage für die Beratung und die mögliche Erbringung der stundenweisen Verhinderungspflege nach § 39 SGB XI.

Ausweiten der (stundenweisen) Verhinderungspflege zur Ergebnisverbesserung

Die Verhinderungspflege steht sowohl allen Sachleistungskunden als auch allen Pflegegeldempfängern zu. Sie soll dafür sorgen, dass die Pflegepersonen länger die häusliche Versorgung sicherstellen können.

Für die Umsetzung in ein lukratives Leistungsangebot ist es notwendig, zunächst ein paar grundsätzliche Punkte zu reflektieren.

» Die Leistungen können nicht nur in Leistungskomplexen, sondern auch als Zeitleistung erbracht werden.

» Die Pflegepersonen haben in den meisten Fällen keine pflegerische Ausbildung. Diese Personen sollen durch die Verhinderungspflege nach § 39 SGB XI „ersetzt" werden. Folglich – und das ist eine sehr wichtige Erkenntnis – müssen auch die vom Pflegedienst eingesetzten Mitarbeiter keine Pflegefachkräfte sein.

» Die Leistung ist eine Kostenerstattungsleistung, daher kann der Pflegedienst den Preis für die (stundenweise) Verhinderungspflege nach § 39 SGB XI frei festlegen.

» Verhinderungspflege nach § 39 SGB XII muss nicht vorher beantragt werden.

» Sie kann im Rahmen der Grundpflege (Leistungskomplexe), aber auch als Stundenleistung erbracht werden. Die Erbringung als Stundenleistung ist sinnvoller. Bitte rechnen Sie zukünftig nur noch nach Stunden ab. Das entspricht viel stärker den wahren Bedürfnissen der Kunden, wenn diese verlässlich entlastet werden sollen. Wählen Sie für diese Veränderungen einen günstigen Zeitpunkt, zum Beispiel zu Beginn eines neuen Jahres oder Halbjahres.

» Entwickeln Sie das Konzept für ein neues Kalenderjahr so, dass möglichst komplett die 2.418 Euro pro Kunde verplant sind, verteilt über 12 Monate.

» Ihnen sollte es gelingen – kommunikativ und überzeugend – dass es auch für die Kunden sinnvoll ist, die Leistungen aus der Verhinderungspflege über das Jahr zu verteilen, damit Sie Ihre Personalplanung dahingehend ausrichten können. Allerdings müssten Sie auch entsprechendes zusätzliches Personal vorhalten, um diese Leistungen der stundenweisen Verhinderungspflege nach § 39 SGB XI überhaupt in der erwähnten Höhe erbringen zu können.

Stichwort: pro-aktive Personalpolitik parallel zum Aufbau eines § 39-Konzeptes.

» Bezüglich der Preishöhe für eine Stundenleistung sollte man sich nicht an den Betreuungsleistungen orientieren. Die Leistungen der Verhinderungspflege sollten teurer sein. Bei der Berechnung mit Stundensätzen dürfen Sie sogar Gewinn einrechnen!

Ihre eigenen Kosten werden bei ca. 24 bis max. 30 Euro pro Stunde liegen, Sie „verkaufen" die stundenweise Verhinderungspflege nach § 39 SGB XI aber für mindestens 45 Euro pro Stunde (in den alten Bundesländern, in den neuen Bundesländern empfehle ich 39 Euro).

» Bitte sprechen Sie nicht von einer „Preiserhöhung", sondern von einer „Anpassung des Leistungsspektrums im Rahmen der vielen allgemeinen Veränderungen und Gesetzesreformen". Sorgen Sie dafür, dass Ihre Mitarbeiter nicht „45 Euro pro Stunde" kommunizieren, sondern, dass „Ihnen (den Kunden, also den pflegenden Angehörigen in den meisten Fällen) über 50 Stunden pro Jahr[2] als Entlastung kostenlos zur Verfügung stehen. Möchten Sie diese in Anspruch nehmen? Wir sollten sie nicht verfallen lassen – und am besten über das ganze Jahr verteilen."

» Differenzieren Sie den Stundensatz nicht nach Qualifikationen! Verwenden Sie einen Mischsatz. Sonst mischen sich Ihre Kunden in Ihre Personal-Einsatz-Planung ein.

» Die Leistungen sind nur nach Zeit zu verkaufen, nicht als Leistungskomplexe!

» Die Erlöse der stundenweisen Verhinderungspflege nach § 39 SGB XI müssen in der Buchhaltung getrennt von anderen Erlösen, die aus dem SGB XI ausgewiesen und ausgewertet werden. Besonders wichtig ist es, dass die Erträge der Verhinderungspflege nach § 39 SGB XI nicht den Pflegestufen bzw. den Pflegegraden zugewiesen werden.

Bei einem Pflegedienst mit 100 Patienten, der (ohne die Verhinderungspflege) 600.000 Euro pro Jahr erlöst, können bis zu 100.000 Euro aus den Leistungen der stundenweisen Verhinderungspflege nach § 39 SGB XI hinzukommen. Die

---

2   = 1.612 Euro geteilt durch 45 Euro = 35,8 Std. pro Jahr. Alternativ sind es sogar bis zu 2.418 Euro pro Jahr, das entspricht sogar 53,7 Stunden pro Jahr.

Rendite kann durchaus bei 20 % bis 30 % liegen. Wie gesagt, Sie können die Preise selbst definieren. Anhand dieser Schätzung wird aufgezeigt, wie groß die Möglichkeiten für Umsatz und/oder Gewinn sein können. Der Ausbau der stundenweisen Verhinderungspflege wird also den größten Erfolg für den ambulanten Dienst bringen.

Wichtigster Ansatz für die stundenweise Verhinderungspflege sind die Beratungsgespräche. Hierüber erreichen Sie ca. 60 % bis 70 % des möglichen Umsatzes. 30 % bis 40 % machen Pflegedienste mit ihren eigenen schon vorhandenen Kunden, welche Kombinationsleistungen erhalten. Die Beratungsgespräche müssen also mehr wertgeschätzt werden und als Mittel gesehen werden, um die lukrative stundenweise Verhinderungspflege zu beraten und zu „verkaufen". Die Verhinderungspflege hat eine hohe Rendite, und sollte unbedingt professionell aufgebaut werden zur Stützung anderer defizitärer Leistungsbereiche. Die Kunden mit Beratungsgesprächen sind deshalb offensiv zu akquirieren.

Sofortiger Aufbau eines Privatzahlerkataloges

Für die Erstellung eines Privatzahlerkataloges[3] sollte eine Arbeitsgruppe zusammengestellt werden, unter Leitung der PDL. Vor der endgültigen Fertigstellung dieses zusätzlichen Leistungskataloges sind die Mitarbeiter mit einzubeziehen und zu schulen.

Die Umsatz-Potenziale liegen (gemessen an den Gesamt-Umsätzen)

» bei ca. 10 % bis 20 % in Städten in den alten Bundesländern,

» bei ca. 5 % bis 10 % in ländlichen Gebieten oder Dörfern in den alten Bundesländern,

» bei ca. 5 % bis 10 % in Städten in den neuen Bundesländern,

» bei ca. 3 % bis 7 % in ländlichen Gebieten oder Dörfern in den neuen Bundesländern.

Bei diesen anvisierten Umsatzzahlen sind die Leistungen der stundenweise Verhinderungspflege nach § 39 SGB XI und der Betreuungsleistungen nach § 45 b SGB XI noch nicht mit enthalten. Diese kommen noch dazu!

---

3   In die Tiefe gehen können wir hier bei diesen Ausführungen nicht. Für den Aufbau eines Privatzahlerkataloges gibt es ganztägige Seminare oder auch ein neues Buch von Thomas Sießegger (Arbeitstitel: „Neue Leistungsangebote aufbauen") im Vincentz Network Verlag. Dieses erscheint im Sommer 2016.

Zu einem neuen Kalenderjahr ist immer ein guter Zeitpunkt, einen neuen Privatzahlerkatalog einzuführen. Nehmen Sie das als Anlass, alle Kunden noch einmal neu zu besuchen.

Mögliche Ziele und Grundsätze eines neuen modifizierten Leistungskataloges:
1. zusätzliche Pakete erstellen,
2. Einzelleistungen auf den Monat gerechnet, (keine kleinen, täglich abrechenbaren Einzelleistungen, diese sind zu aufwendig),
3. keine Leistungskomplexe der Pflegeversicherung „privat" verkaufen,
4. Zeit-Leistungen.

Verordnungen nicht mehr über „Besorgungen" im SGB XI abrechnen, sondern über den Privatzahlerkatalog = 5.000 Euro pro Jahr mehr
Bisher wurden Verordnungen in vielen Pflegediensten über die SGB XI-Leistung „Besorgungen" abgerechnet. Das ist inhaltlich falsch. Verordnungen sollten nicht mehr über das SGB XI abrechnet werden. Fügen Sie das Besorgen von Verordnungen in den Privatzahlerkatalog ein. Das beschert Ihnen einen Mehrumsatz von ca. 5.000 bis 8.000 Euro pro Jahr bei unserem fiktiven Musterpflegedienst mit einer Größe von 100 Patienten. Die dazugehörigen Leistungen haben Ihre Mitarbeiter in der Vergangenheit so oder so erbracht, weshalb die Umsatzerhöhung 1:1 auch eine Ergebnisverbesserung darstellt.

Das Besorgen und Organisieren von Verordnungen sollte also im Privatzahlerkatalog als Leistung aufgeführt sein, entweder
a) als Einzelleistung z. B. für 10 Euro, oder
b) im Rahmen eines Paketes, welches auch noch andere, ähnliche Leistungen enthält. Das Paket könnte „Verordnungs- und Medikamentenmanagement" heißen und als Pauschale 20 Euro pro Monat kosten.

„Erneute Kundenbesuche" fest einplanen und für Regelmäßigkeit sorgen / zukünftig jeden Kunden mindestens einmal pro Jahr besuchen
Mit dem konsequenten Durchführen erneuter Kundenbesuche ist gemeint, dass alle Patienten jedes Jahr mindestens ein Mal besucht werden, so als wäre es ein Erstgespräch. Die Dauer sollte durchaus ca. eine ¾ Stunde bis zu 1,5 Stunden betragen. Pflegedienste sollten sich mit ihren PDLs Zeit dafür nehmen.

Alleine diese Maßnahme bringt bei unserem fiktiven Musterpflegedienst eine 10 – 15 %-ige Umsatzsteigerung mit sich. Und jede Umsatzsteigerung wiederum bringt dem ambulanten Dienst eine Ergebnisverbesserung. Es ist damit zu rechnen, dass ca. die Hälfte der Umsatzsteigerungen reinen Gewinn darstellen, da bei diesen erneuten Beratungsbesuchen auch Leistungen erkannt werden, welche die (großherzigen) Mitarbeiter bisher schon („heimlich") erbracht haben. Nun muss es bei dem erneuten Kundenbesuch gelingen, entweder diese Leistungen in Zukunft abzurechnen – oder sie werden nicht mehr erbracht (und die bisherige Zeit wird gekürzt). In beiden Fällen wäre ein „Gewinn" erreicht.

Für die Kontrolle, ob die erneuten Kundenbesuche tatsächlich durchgeführt wurden, sollte die in der Software zur Verfügung stehende „Checkliste" verwendet werden.

Der Erfolg der erneuten Kundenbesuche lässt sich ganz einfach mit einer EXCEL-Tabelle (Erfolg erneuter Kundenbesuche.xls) messen, welchen Sie im Downloadbereich zu diesem Buch kostenlos erhalten.

Auch SGB V-Kunden sind bei den erneuten Kundenbesuchen einzubeziehen. Erneute Kundenbesuche sind auch vor dem Hintergrund der Entwicklung eines Privatzahlerkatalogs zu sehen (siehe vorige Empfehlung).

2.4 Wirtschaftliche Touren- und Personal-Einsatz-Planung

Die Touren- und Personal-Einsatz-Planung ist der Kernprozess eines Pflegedienstes. Über diesen Prozess kann das Betriebsergebnis maßgeblich beeinflusst werden. Hier bestehen bei den meisten Pflegediensten noch große Entwicklungspotenziale.

Einerseits muss hier oft grundlegendes Know-how nachgearbeitet werden, dann sollte vorhandenes Wissen tatsächlich genutzt werden, und es sollten die oft hervorragenden Möglichkeiten vieler Software-Programme genutzt werden (Stichworte: Vor- und Nachkalkulation, ständige Soll-Ist-Vergleiche, tägliches Anwenden des Cockpits, Verwenden eines Kennzahlensystems, usw.).

Die Personal-Einsatz-Planung beginnt mit einem professionellen Auftritt der Leitungen bei den Erstgesprächen.

Professionelle Erstgesprächs-Mappen für alle Leitungen und Beratungskräfte
Schaffen Sie in der Anzahl der Leitungs- und der Beratungskräfte professionelle Erstgesprächs-Mappen an.

Wo und wann beginnt die Personal-Einsatz-Planung?
→ Aus den Erkenntnissen beim Erstgespräch!

Deshalb müssen vor allem die Erstgespräche professionalisiert werden, weil der Eindruck, den Sie dort hinterlassen, für eine lange Zeit, vielleicht sogar über mehrere Jahre, seine Wirkung hat und Sie hier Eindrücke hinterlassen können, an die sich die Kunden erinnern.

Für das Gespräch ist man am besten jeweils mit Tablet-PC ausgestattet, mit persönlichen Visitenkarten (mit Hinweis auf die Funktion Teamleitung oder Pflegedienstleitung). Die Tablets sollten von allen Leitungskräften gleichermaßen genutzt werden. Die Mappen sollten einheitlich aufgebaut sein, es sollte eine Checkliste (im Rahmen des Qualitätsmanagements) erstellt werden, welche Unterlagen alle in diese Mappe hinein gehören.

Dabei muss es auch möglich sein, Kostenvoranschläge im Rahmen der Erstbesuchsmappen mit dabei zu haben, um den Kunden vor Ort konkrete und verbindliche Vorschläge unterbreiten zu können. Eventuell kann dann das Verwaltungs- und Abrechnungsprogramm auch besser genutzt werden, wenn z. B. die Kostenvoranschläge vorab in verschiedenen Versionen erstellt werden und zum Erstgespräch mitgenommen werden?

Visitenkarten für alle Leitungskräfte und Beratungsspezialistinnen
Im Sinne eines professionellen Auftritts sollten für alle

» Leitungskräfte (inkl. den Teamleitungen),

» Stellvertretungen,

» und für Pflegefachkräfte, welche Beratungsgespräche durchführen,

individuelle Visitenkarten beschafft werden. Diese sind auch in Erstgesprächsmappen bzw. den Beratungsmappen einzubringen.

Aktualisieren der Erstgesprächs- bzw. der Beratungsmappen durch die Verwaltungskräfte

» Eine Verwaltungskraft sollte für die Bestückung und damit für die jederzeitige Vollständigkeit der Beratungsmappen verantwortlich sein.

» Die Beratungsmappen sollten immer griffbereit zur Verfügung stehen.

» Für zukünftig erfolgreichere Erstgespräche sollten entsprechende Trainings durchgeführt werden.

Weitere wichtige Grundsätze in der Personal-Einsatz-Planung zum Umgang mit Pflegezeiten, Organisationszeiten und Fahrt- und Wegezeiten
Bei allen nachfolgend aufgeführten Punkten handelt es sich um „**Grundsätze** einer wirtschaftlichen Personal-Einsatz-Planung", die jedoch mit Sicherheit noch nicht in allen Pflegediensten so umgesetzt werden.

Fahrt- und Wegezeiten in der Planung differenzieren

Auch für die Fahrt- und Wegezeiten gibt es oft keine Differenzierung, sie werden pauschal mit x Minuten angesetzt.

Richtig ist es folgendermaßen:

Für den gesamten Pflegedienst muss es eine durchschnittliche Fahrt- und Wegezeit geben. Diese Information ist wichtig für die Vor- und Nachkalkulation der Einsätze und der Kunden.

Für unterschiedliche Einsatzgebiete sollten unterschiedliche durchschnittliche Fahrt- und Wegezeiten ermittelt werden. Diese werden bei der Touren- und Personal-Einsatz-Planung dann vom EDV-Programm für die Personal-Einsatz-Planung grundsätzlich vorgegeben und im Einzelfall (ca. 10 % bis 20 % der Fälle) dann schon in der Planung angepasst – basierend auf der der Einschätzung der Leitungskräfte aufgrund ihrer Erkenntnisse aus Erstgesprächen, den erneuten Kundenbesuchen und den Rückmeldungen der Mitarbeiter.

Tägliches Anpassen der Pflegezeiten, der Organisationszeiten und der Fahrt- und Wegezeiten

Grundsätzlich sind die Pflegezeiten, die Rüstzeiten und die Fahrt- und Wegezeiten in jeder Tour für jede Mitarbeiter und jeden Einsatz vorgegeben. Doch sollten sich kurzfristig Abweichungen z. B. durch Absagen oder Neuzugänge ergeben, sollte auch zeitnah die Planung entsprechend angepasst werden. Das ist wichtig, denn sonst neigen die Mitarbeiter dazu, die Touren und Einsätze in der gewohnten Zeit zu erbringen, was zu Effizienz – und/oder Qualitätsverlusten führen kann.

Mitarbeiter dürfen die Touren nicht eigenwillig abändern oder tauschen!

Wenn es im Einzelfall vor Ort dazu kommt, dann ist die Leitung zu informieren, damit gegebenenfalls diese Abweichungen zukünftig schon bei der Planung berücksichtigt werden können.

Einrichten von Rüstzeiten „vor" und „nach dem Dienst"

Für die Mitarbeitern sollte für die Zukunft eine Rüstzeit „vor" und „nach dem Dienst" eingerichtet werden. (s. auch S. 25)

Diese sind den Mitarbeitern als Arbeitszeit zu gewähren, und sollen eine Orientierung darstellen. Sie sollten eher zu knapp bemessen sein, denn die Mitarbeiter haben immer die Möglichkeit, wenn sie weniger (oder mehr) Zeit benötigen, diese geltend zu machen.

Kalkulation und Hinterlegen von realistischen Kosten, als Grundlage für die Personal-Einsatz-Planung, zum Nutzen von Vor- und Nachkalkulationen

Im Rahmen der Kostenrechnung sollten für den ambulanten Dienst die internen Kosten richtig ermittelt werden. Die Ergebnisse sind in der Software für die Personal-Einsatz-Planung zu hinterlegen, um diese richtig nutzen zu können.

Sollten unterschiedliche Kosten pro Qualifikation hinterlegt werden, dürfen nicht dementsprechend die hinterlegten Zeitwerte angepasst werden, das wäre die Erlös-orientierte Personal-Einsatz-Planung, die es zu verhindern gilt.

Für die Einzelleistungen und Leistungskomplexe sollten realistische durchschnittliche Zeitwerte hinterlegt werden.

Die Berechnung der Stundensätze sollte nicht auf einzelne Mitarbeiter bezogen sein, sondern auf Qualifikationen, z. B.

Pflegefachkräfte = 48,50 Euro, Helferinnen = 42,50 Euro, sonstige Mitarbeiter = 26,50 Euro (es handelt sich hier um fiktive Werte, die jedoch wahrscheinlich der realen Situation in Pflegediensten – bei Wohlfahrtsverbänden in den alten Bundesländern – vermutlich sehr nahe kommen).

Es sollte zumindest unterschieden werden in zwei Preise für zwei verschiedene Qualifikationen: die Pflegefachkräfte und „die anderen Mitarbeiter".

Sinnvoll ist auch ein eigener Kostenfaktor für Mitarbeiter, welche ausschließlich in der Hauswirtschaft eingesetzt werden.

Mit Hilfe dieser Werte lassen sich nun Vorkalkulationen bei der Planung durchführen, ob sich Patienten, Leistungen, Einsätze und Touren „rechnen". In gleicher Art und Weise können und sollten Nachkalkulationen durchgeführt werden.

Anwenden der täglichen SOLL-IST-Kontrollen und Nutzen der Vor- und Nachkalkulationen

Folgende Funktionen der Software für die Personal-Einsatz-Planung sollten auf jeden Fall genutzt werden:

» die täglichen SOLL-IST-Kontrollen (Abweichungen zwischen geplanten und tatsächlichen Leistungen inkl. der Erfassung der Zeit),

» Nutzen der Vor- und Nachkalkulationen, v.a. um schon im Vorfeld bei der Planung zu erkennen, ob Leistungen und/oder Patienten und/oder Touren und/oder Mitarbeiter „sich rechnen".

Professionalisieren der Erstgespräche

Nachfolgende Empfehlungen dienen zur optimalen Durchführung von Erstgesprächen.

Erstbesuche und Pflegevisiten nur durch die Leitung(en)

Die Erstbesuche sollten grundsätzlich nur noch durch die Pflegedienstleitungen bzw. die Teamleitungen erfolgen. Ebenso wie die Erstbesuche sollten auch die Pflegevisiten und die erneuten Kundenbesuche nur selbst durch die Leitungen erfolgen.

Neues Verfahren für die Erstgespräche bzw. Vertragsgespräche

Für künftige Erstbesuche und erneute Kundenbesuche sollte ein Verfahren entwickelt werden, welches auch Hilfsmittel einsetzt.

Mögliche Ziele und Grundsätze für die Erstgespräche:

1. Entwickeln eines Kalkulationsrasters für den Besuch vor Ort,
2. Taschenrechner mit dabei haben – oder alternativ ein kleines Netbook[4] oder einen Tablet-PC (in der unten beschriebenen Erstgesprächsmappe),
3. Erstellen und Mitführen von professionellen Unterlagen (Pflegevertrag, Leistungslisten, Material, Flyer).

Der Umgang mit diesen Hilfsmitteln sollte auch in Schulungen berücksichtigt werden. Für die Erstgespräche sollten den Leitungs- und Beratungskräften jeweils entsprechende Erstgesprächsmappen zur Verfügung gestellt werden.

Die Kostenvoranschläge professionalisieren

Vor Ort muss es möglich sein, sofort – für den Kunden nachvollziehbar – zu kalkulieren, was die Kunden oder Angehörigen als Eigenanteil zu tragen haben.

Die Formulare hierzu müssen sämtliche Leistungen beinhalten und es mit einem Taschenrechner ermöglichen, sofort alles zu berechnen.

Die dann vereinbarten und verbindlichen Leistungen mit dem verbleibenden Eigenanteil (oder, in Ausnahmefällen: dem anteiligen Pflegegeld) werden im Rahmen des Pflegevertrages nachgereicht und dann unterschrieben. Dafür ist dann tatsächlich ein zweiter kurzer Besuch notwendig. Alternativ kann der Vertrag durch eine Mitarbeiterin zur Unterschrift gebracht werden.

Dabei sollte es auch möglich sein, Kostenvoranschläge im Rahmen der Erstbesuchsmappen mit dabei zu haben, um den Kunden vor Ort konkreter und verbindlicher Vorschläge unterbreiten zu können. Eventuell kann dann das Ver-

---

4 aber die Pflegedienstleitung oder die Teamleitungen sollten dann routiniert damit umgehen können

waltungs- und Abrechnungsprogramm auch besser genutzt werden, wenn z. B. die Kostenvoranschläge vorab in verschiedenen Versionen erstellt werden und zum Erstgespräch mitgenommen werden?

2.5 Veränderte Aufgaben und Prioritäten bei Leitungsaufgaben

Viele Leitungskräfte „lieben" regelrecht ihre Touren, die sie allmorgendlich noch fahren. Oder andere werden von den Geschäftsführungen dazu „gezwungen", weil sie dann wenigstens „Geld verdienen". Beides ist eigentlich nicht sinnvoll.

Ab einer Größe von ca. 90 kontinuierlich versorgten Kunden hat eine Pflegedienstleitung „nichts mehr in der Pflege zu suchen" und sollte auch nicht einspringen, weil nämlich die ursprünglich vorgesehenen Notfälle oft zum Normalfall werden.

Das Setzen von Prioritäten hat insofern auch etwas mit der Haltung der Pflegedienstleitung selbst zu tun.

Die Leitung des ambulanten Dienstes und die Stellvertretung sollten bei ihren Tätigkeiten Prioritäten setzen

1. **Die Leitung des ambulanten Dienstes sollte nicht mehr in der Pflege einspringen**
Eine Leitungskraft hat ihre Prioritäten in der Finanzverantwortung, dem Führen des Pflegedienstes und vor allem in den 4 Kernaufgaben: 1) Erstbesuche, 2) Pflegevisiten und erneute Kundenbesuche, 3) Personal-Einsatz-Planung, 4) Kontrolle der Personal-Einsatz-Planung.

2. **Die Beratungsgespräche nach § 37 Abs. 3 SGB XI soll die Leitung des ambulanten Dienstes delegieren**
Neue Beratungskunden kann die Pflegedienstleitung jedoch als erste besuchen, um dann die Beratungskräfte vorzustellen, die zukünftig kommen werden.

3. **Auf Dauer sollten die Rufbereitschaften auf Pflegefachkräfte verteilt werden**
Die Rufbereitschaft machen oft die Leitungskräfte.

4. **Auch die Stellvertretung sollte die Prioritäten tauschen: zuerst die Leitungsaufgaben, dann die Pflege**
Die Stellvertretung müsste insofern die Rolle und Haltung der Leitung annehmen.

2.6 Verwaltung + Abrechnung der Leistungen

Schlüsselprozesse im Aufgabenbereich einer Verwaltungskraft

Die Aufgaben einer Verwaltungskraft sind in Aufgabenbeschreibungen, Zielvereinbarungen und/oder Stellenbeschreibungen zu berücksichtigen.

Nachfolgend sind die Kernaufgaben einer Verwaltungskraft aufgeführt.

Aufnahme neuer Patienten

Durch eine standardisierte Aufnahme der Daten - schon beim ersten Anruf! - wird die spätere Leistungserfassung, Abrechnung und Informationsversorgung erleichtert, denn die Daten müssen nicht doppelt bzw. dreifach von einem Bogen in den anderen übertragen werden.

Ablage und Verwaltung der Patienten-Stammdaten

Die Ablage der Patienten-Akten bzw. Unterlagen ist insbesondere für die Qualität und für eine Rechtssicherheit gegenüber den Patienten bzw. deren Angehörigen von besonderer Wichtigkeit.

Abrechnung der Leistungen

Von entscheidender Bedeutung für den Einsatz einer Verwaltungskraft ist auch, ob die Abrechnung der Leistungen im Pflegedienst oder in einer entfernten Zentrale des Verbandes – oder ob gar die Abrechnung an eine Fremdfirma (Abrechnungsfirma oder -zentrum) vergeben ist.

Organisation der Verordnungen – Genehmigungen

Für die Leistungen der Behandlungspflege entsprechende Verordnungen der Ärzte genehmigt zu bekommen wird immer schwieriger und aufwendiger. Umso wichtiger ist es, dass hierfür eine Mitarbeiterin verantwortlich zeichnet, die Beantragung oder Verlängerung zu organisieren und zu terminieren.

Allgemeiner Telefondienst

Die Arbeit ist geprägt von der Informationsversorgung extern für die Patienten, deren Angehörige, für Ärzte, Sozialdienste des Krankenhauses und für Ämter und Behörden. Es geht um die Vermittlung, Weiterleitung und Ergänzung von Informationen zum Wohle der Patienten.

Formularwesen

Die Vereinheitlichung des Formularwesens führt zusätzlich zu einer effizienteren Arbeitsweise.

EDV-gestützte Aufgaben einer Verwaltungskraft
EDV-Affinität ist Voraussetzung,

» um die Abrechnung der Pflegeleistungen zeitnah durchführen zu können,

» für die Durchführung von differenzierten Kalkulationen zu den Kosten des Pflegedienstes,

» zur Erstellung von Statistiken,

» um Standard- und Serienbriefe zu schreiben (z. B. an die Kassen, an die Patienten, Angehörigen, etc.),

» um Formulare aktualisieren, verwalten und verwenden zu können,

» um einen zeitnahen Überblick über die Erlös- und Kostensituation zu haben,

» um Verwaltungsvereinfachung zu betreiben, indem alle Informationen nur einmal in ein Informationssystem eingegeben werden; dieses wird ständig tagesaktuell gehalten,

» um differenzierte spontan notwendige Auswertungen unter verschiedenen eventuell wechselnden Gesichtspunkten durchführen zu können,

» um graphische Auswertungen der Ergebnisse durchzuführen, die in der Diskussion mit den Mitarbeitern zu mehr Akzeptanz der Zeit- und Leistungserfassung führen,

» zur Erstellung der Stammdaten, Übertragung in die EDV, Ausdruck auf vorfertige Formulare,

» zur Erstellung und Bearbeitung von Kennzahlen – Aufbereitung für das interne Berichtswesen für
a) die Pflegedienstleitung
b) und perspektivisch für die Fachbereichsleitung bzw. die Geschäftsführung,

» um bei Telefonaten sofort informiert zu sein – und um ggf. fehlende Informationen zu ergänzen.

Zentrale Verwaltungsaufgaben sind:

» Lohnbuchhaltung,

» Finanzbuchhaltung,

» eventuell das Versenden der Rechnungen (wobei irrelevant ist, wo das passiert),

» Mahnwesen (in Absprache mit der Verwaltung vor Ort).

Diese Aufgaben bleiben von Veränderungen weitgehend unberührt bzw. können weiterhin wie bisher erbracht werden. Die Verwaltungskraft ist vor allem Mittlerin von Informationen zwischen den Patienten und deren Angehörigen, den Mitarbeitern und der Pflegedienstleitung. Legen Sie die Tätigkeiten in Stellen- oder Aufgabenbeschreibungen verbindlich fest.

Bei der Einführung einer neuen Software wird es oft notwendig, alle bisherigen Arbeitsweisen auf den Prüfstand zu stellen. Das gelingt aber nicht immer, denn viele halten an ihren bisherigen Aufgaben und Gewohnheiten fest. Ein Fall für Claudia Henrichs! (s. dazu Text ab S. 110)

Bei neuen Softwareprogrammen ist es zum Beispiel so, dass die Abrechnung eigentlich 100 %-iges Nebenprodukt der Personal-Einsatz-Planung und der täglichen Kontrolle ist. Wenn dann noch die Leistungsnachweise vollständig sind und zu fast 100 % richtig ausgefüllt sind (mit Handzeichen), können 90 % der Rechnungen auf Knopfdruck am zweiten oder dritten Tag des Folgemonats rausgehen. Was aber, wenn die Verwaltungskräfte an ihren bisherigen Aufgaben „hängen"? Was, wenn die Leitung während des Monats gar nicht „dazu kommt", die Leistungsnachweise täglich mit den Erfassungen (am besten über mobile Datenerfassung) abzugleichen?

Die Neigungen bestehen, alles „beim Alten" zu lassen, obwohl mit neuer Software vieles möglich wäre an Veränderung.

Deshalb bedarf es grundsätzlicher Überlegungen und Überzeugungen, dass Prozesse künftig anders organisiert werden müssen.

Neue Aufteilung der Tätigkeiten zwischen Leitung und Verwaltung
Wenn
a) schon während des Monats die Leistungen minutiös geplant werden und täglich bezüglich SOLL und IST abgeglichen werden, und wenn
b) die Leistungsnachweise der Mitarbeiter weitgehend (ohne große aufwendige Kontrolle) identisch sind mit den während des Monats korrigierten IST-Zahlen (Leistungen und Zeiten), dann ist die Abrechnung quasi ein 100 %iges Nebenprodukt der eben beschriebenen Prozesse.

Während bis vor ein paar Jahren die Tätigkeiten einer Verwaltungskraft weitgehend gleichgesetzt wurden mit der Abrechnung der Leistungen, hat heutzutage die Verwaltungskraft mit den Abrechnungen gar nichts mehr zu tun.

Das heißt aber nicht, die Stunden der Verwaltungskräfte abbauen zu können oder sie gar zu entlassen. Fast das Gegenteil ist der Fall. Die Stunden der Verwaltungskräfte müssen überdacht werden und vor allem, die Aufgaben müssen komplett neu verteilt werden. (s. S. 91)

Klarer und verbindlicher Aufbau einer einheitlichen Verwaltung in den Kernprozessen bei den Verwaltungskräften
In diesem Sinne sollten die Aufgaben für den ambulanten Dienst neu definiert und schriftlich fixiert werden. Eine sinnvolle Modifikation dieser Vorschläge ist natürlich möglich und erwünscht, bedarf jedoch der Absprache mit der PDL.

» Die Verwaltungskräfte haben sich dann an diese Vereinbarungen zu halten.

» Zur Absicherung sollten die Verwaltungskräfte diese Regelungen unterschreiben.

2.7 Arbeitszeitmodelle für eine effiziente Personal-Einsatz-Planung

Kreative Gestaltung der Arbeitszeit bei vollzeitbeschäftigten Pflegefachkräften
Viele Mitarbeiter benötigen eine bestimmte Menge an Geld zum Lebensunterhalt, einige sogar (fast) Vollzeitbeschäftigung, um auf diesen Betrag zu kommen.

Der Arbeitsmarkt für ambulante Pflegedienste ist nicht mehr so, dass Sie es sich noch leisten können, diese Mitarbeiter abzulehnen oder zu geringeren Beschäftigungsumfängen zu drängen oder zu nötigen. Sie als Arbeitgeber müssen sich flexibel zeigen, damit Sie diese Mitarbeiter trotzdem für sich gewinnen, bevor sie zu anderen Trägern oder Pflegediensten gehen.

Deshalb müssen Sie auch kreativ vorgehen, um ggf. Vollzeitkräfte besser auszulasten. In Frage kommen z. B.

» Projekte und Sonderaufgaben,

» Beratungsgespräche nach § 37 Abs. 3 SGB XI,

» ein Teil der Arbeit kann von Zuhause aus erbracht werden.

2.8 Personalpolitik, Personalentwicklung, Personalbeschaffung, Fortbildungsplanung

Der Stellvertretung sollte vorbehaltlos eine PDL-Ausbildung finanziert werden, wenn sie es auch möchte.

Es sollten (bei entsprechender Größe des ambulanten Dienstes) immer zwei bis drei potenzielle (zukünftige) Leitungskräfte vorhanden sein, um den Risiken

» organisatorische Teilung des Dienstes mit mehr benötigten Leitungs-kräften,
» PDL geht in Rente, kündigt oder verlässt aus anderen Gründen den Pfle-gedienst

vorzubeugen.

Somit verschafft sich der Träger Konstanz und minimiert die Risiken. Zudem ist interne Personalentwicklung wesentlich günstiger als Personalbeschaffung von extern.

Konsequentere und Bedarfsorientierte Fortbildungsplanung

... orientiert an den Notwendigkeiten des ambulanten Pflegedienstes, aber v. a. zur Personalentwicklung und Förderung der Mitarbeiter.

Zuerst einmal muss
a) von den Leitungen mehr Planung und
b) von den Mitarbeitern
mehr konstantes Lernen **gefordert** werden.

Einführen einer individuellen Karriereplanung für alle Mitarbeiter (inkl. einer individualisierten Fortbildungsplanung)
Die Fortbildungsplanung sollte intensiv eingesetzt werden bei der Personalent-wicklung der Mitarbeiter:
1. Zuerst entwickeln Sie ein Profil an Know-how, welches den ambulanten Dienst benötigt.
2. Dann eruieren Sie, welche Stärken und Schwächen (= Entwicklungspoten-ziale) die Mitarbeiter haben.
3. Diese beiden Ergebnisse bringen Sie zusammen, indem Sie die Fortbil-dungsplanung intensiv einsetzen, um zu Ihrem gewünschten Ergebnis zu kommen. Wunschfortbildungen werden natürlich auch mit einbezogen.

Fortbildungsplanung sollte als Projekt an eine Pflegefachkraft vergeben werden und sollte im Rahmen des Qualitätsmanagements verankert sein, die Projekte bzw. Aufgaben sind am besten auf verschiedene Personen zu verteilen. Standard-fortbildungen sollten weiterhin dienstverpflichtend sein.

2.9 Software, Hardware, EDV, Schulungen

Erhöhen der allgemeinen EDV-Kompetenz aller Leitungs- und Verwaltungskräfte (auf freiwilliger Basis, in Freizeit)

... durch ein Angebot von EXCEL-Schulungen für alle daran interessierten Verwaltungskräfte und Leitungskräfte (Vorschlag: Kosten übernimmt der Träger, die Freizeit geben die daran interessierten Mitarbeiter und Leitungskräfte)

Für alle **interessierten** Leitungskräfte, Teamleitungen, Verwaltungskräfte und für Mitarbeiter (in besonderer Verantwortung) sollten EDV-Kurse angeboten werden, v.a. in EXCEL, die Teilnahme sollte auf freiwilliger Basis erfolgen.

Bei den Schulungen sollten schon vorhandene Tabellen, z. B. die ca. 20-30 kostenlosen Downloads von meiner Internetseite www.siessegger.de, oder auch die diesem Buch beigefügten Tabellen eingesetzt und genutzt werden.

Der Träger sollte nicht alle Interessenten des Pflegedienstes einzeln zu Schulungen senden, sondern besser einen Trainer engagieren, der anhand dieser Tabellen praxisnahe Lösungen vermittelt. Der Trainer soll sich entsprechend vorbereiten.

Weitere Themen dieser Schulungen könnten sein:

» der Umgang im Internet,

» das Nutzen eines Share-Point-Servers,

» der Umgang mit Windows, und die zentralen Verzeichnisse und Dateien, usw.

Die Kosten für die Trainings sollte der Träger übernehmen, die Zeit der teilnehmenden Leitungskräfte und Verwaltungskräfte wird jedoch von diesen zur Verfügung gestellt wird (das ist also keine Arbeitszeit). Begründung: Heutzutage sind dies teilweise schon Einstellungsvoraussetzungen.

Die Schulung des EDV-Programms sollte auch alle 2-3 Jahre neu erfolgen, da immer wieder neue Kräfte tätig werden. Diese sollten die Möglichkeit haben, die EDV-Schulungen „aus 1. Hand" zu bekommen. Das ist letzten Endes auch effizienter bzw. kostengünstiger als durch „Überlieferung des Wissens durch die Leitungen und Verwaltungskräfte. Weiterhin können und sollten Sie an den (kostenlosen) Anwendertreffen des Abrechnungsprogramms teilnehmen. Somit wird auch gewährleistet, dass immer wieder überprüft wird, ob alle möglichen nützlichen Funktionen des EDV-Programms auch tatsächlich genutzt werden. Ziel ist das Vereinheitlichen des Umgangs mit EDV, dieser soll selbstverständlich und alltäglich werden.

Neue Schulungen sollten gut vorbereitet sein, indem im Vorfeld ein Fragenkatalog zusammengestellt wird, anhand dem sich der/die Mitarbeiterin der Softwarefirma vorbereiten soll.

2.10 Kostenrechnung + Controlling

Das Pflegedienst-interne Controlling muss bei der Pflegedienstleitung angesiedelt sein

Die interne unterjährige Steuerung kann nur im Pflegedienst erfolgen, und zuvor durch die Pflegedienstleitung. Die Zahlen aus der Finanzbuchhaltung sind lediglich Sekundärzahlen. Insofern ist die Leitung in der Verantwortung, die Zahlen des Pflegedienstes zu beobachten und gegebenenfalls gegenzusteuern, wenn bestimmte Ziele nicht erreichbar scheinen.

Der Blick sollte im Rahmen des Controlling nicht nur die Zahlen aus der Vergangenheit betrachten, sondern auch in die Zukunft gerichtet sein, um mögliche absehbare negative Ergebnisse durch die Instrumente der Touren- und Personal-Einsatz-Planung noch abzuwenden.

2.11 Kommunikation und Internet

Die Neugestaltung des Internet-Auftritts des ambulanten Dienstes / Internetseite kann auch zur Personalakquise genutzt werden.

Die Internetseiten für Pflegedienste sind oft

» mit sehr kleiner Schrift geschrieben,

» ohne weiterführende Angaben zum Leistungsspektrum,

» zeigen nicht die Leistungskette des Trägers auf,

» laden nicht zum Verweilen ein,

» haben keine nennenswerten Informationen,

» zeigen nicht die Leitungs- und Verwaltungskräfte in Fotos.

Hier gibt es meist große Verbesserungspotenziale.

Deshalb seien hier noch ein paar Hinweise oder Anregungen aufgeführt.

» Der Pflegedienst sollte sein eigenes Angebot besser darstellen und gleichzeitig die Einbindung in das Gesamtangebot und dessen Vernetzung zu den anderen Angeboten des Trägers deutlicher herausarbeiten.

» Wenn es mehrere ambulante Dienste bei einem Träger gibt, sollte es für jeden eine eigene Seite geben, mit Fotos der Leitungskräfte, eventuell sogar der Verwaltungskräfte, damit die Kunden wissen, mit wem sie es zu tun haben.

» Meist kann nicht ausgewertet oder ermittelt werden, wie viele Interessenten über das Internet kommen „könnten" oder wie viele es versucht haben, den ambulanten Dienst zu kontaktieren. Kundenfreundliche Internetseiten sorgen dafür, dass 10 % bis 20 % der Kunden über das Internet kommen.
Erfassen Sie bitte in Zukunft
• die Anzahl der Anfragen,
• die Neukunden, welche über das Internet kommen,
• usw.
und werten diese Daten aus.

» Weiterhin gibt es bisher meist keine Leistungs- und Preislisten, keine Kalkulationsmöglichkeiten oder anderweitige Informationen, die auf die möglichen Kunden zielgerichtet zugeschnitten sind (z. B. Erklärungen, Beispielrechnungen, usw.). Die allgemeinen Texte zur Pflege sind zu wenig aussagekräftig oder zu wenig attraktiv zum Lesen.

» Es wäre also zudem möglich und notwendig, die Internet Seite mit Preisen, Berechnungs-Tabellen, Downloads, mit noch mehr Bildern, Anmelde-Formularen, usw. zu versehen.

» Die Internetseite muss in Zukunft ständig aktualisiert werden, bestenfalls wöchentlich. Ein guter Ansatz ist es, „Neuigkeiten" anzukündigen; hier sollte jede Woche tatsächlich etwas Neues darin stehen.

» Machen Sie eine Mitarbeiter/in zur Inter-„Beauftragten", am besten eine der Leitungskräfte – oder eine engagierte Mitarbeiterin.

Das Potenzial, über das Internet Kunden zu gewinnen, wird weiter sehr stark und schnell wachsen. Deshalb bedarf es hier einer zügigen Umsetzung der beschriebenen Punkte.

» Insgesamt muss die ambulante Pflege auf den Internetseiten eines Trägers mehr Wertschätzung erfahren,
• vom Platz her,
• von den Inhalten,
• und von der Positionierung im Gesamtangebot des ambulanten Dienstes.

Zusätzlich: Kommunikation mit den Kunden über die Internetseite

» Ein weiteres Ziel muss es sein, mit den Kunden (= Pflegebedürftige, aber noch viel mehr: deren Angehörige) über die Internetseiten in Kontakt zu kommen und ihnen die Möglichkeit zu bieten, sich zu erkundigen und gegebenenfalls Fragen zu stellen.

» Auch sollte der Privatzahlerkatalog über die Internetseite kommuniziert werden. Jeder soll sehen, was Sie zusätzlich noch für Leistungen anbieten. Sie werden dadurch viel weniger Probleme haben, diese zu verkaufen.

» Was es ganz selten zu sehen gibt, ist, dass der Pflegedienst offen und frei die Konditionen preisgibt, zu denen er Mitarbeiter beschäftigt.

Mitarbeiter über die Internetseite akquirieren

» Immer mehr Bewerberinnen und potenzielle neue Mitarbeiter informieren sich im Internet über mögliche Arbeitgeber. Entwickeln Sie hier einen gesonderten Unterpunkt, der sich nur mit der Akquise neuer Mitarbeiter beschäftigt.
Zeigen Sie dort, wie attraktiv ein Arbeitsplatz in einem ambulanten Dienst ist.

Vor kurzem habe ich ein erstes Beispiel gesehen, wie ein Pflegedienst im Internet für die guten Konditionen wirbt, die er seinen Mitarbeitern bietet:
15,75 Euro pro Stunde,
plus 13. Gehalt,
plus Zusatzversorgung = zusätzliche Altersversorgung nach 5-jähriger Betriebszugehörigkeit,
plus Vermögenswirksame Leistungen,
plus Zahlung von Zeitzuschlägen,
plus Schichtzulagen und Kinderzuschlag,
plus Fort- und Weiterbildungsmöglichkeiten,
plus angenehme, kollegiale Arbeitsatmosphäre,
plus arbeitsmedizinische Betreuung,
und, was ganz wichtig ist, ein unbefristeter Arbeitsvertrag
plus plus plus
... genau so sollten mehr Anbieter um ihre Mitarbeiter werben.

2.12 Hinweise zur Nutzung eines Verwaltungs- und Abrechnungsprogramms

= Checkliste zur Vermeidung vieler Fehler und zum Nutzen der integrierten Funktionen eines guten EDV-Programms für ambulante Pflegedienste ... eine Auswahl wichtiger Hinweise:

1. **Hinter jeder Leistung oder jedem Leistungskomplex sollte ein exakter durchschnittlicher Zeitwert hinterlegt sein.** Bitte nicht in 5-Minuten-Einheiten, also z. B. 10 Min., 15 Min. oder 20 Min. usw., sondern exakt, z. B.: Große Pflege = 23 Min., Kleine Pflege = 18 Min.
Nutzen Sie diese Möglichkeit, um in der Personal-Einsatz-Planung realistische Zeiten für die Einsätze addiert und vorgeschlagen zu bekommen.

2. **Nutzen der Synergieeffekte bei „gemischten Hausbesuchen"** (durch das **einmalige** Begrüßen, Dokumentieren und Verabschieden und ggf. das Ausziehen und Anziehen des Patienten):
In der Kombination von unterschiedlichen und/oder mehreren Leistungen (v.a. bei der Kombination von **SGB V und SGB XI**-Einsätzen) werden die Synergien durch die so genannte **Hausbesuchsgrundzeit** genutzt:
   * dafür werden 3 oder 4 Minuten hinterlegt, die jedem Patienten als Zeitwert zukommen,
   * im Gegenzug werden dann z. B. die ursprünglich mit 5 oder 6 Min. hinterlegten Leistungen um 3 oder 4 Minuten gekürzt, die anderen zeitlich „längeren" Leistungen um ca. 2 oder 3 Min. gekürzt.
Diese „Idee" ist im Idealfall im Verwaltungs- und Abrechnungsprogramm integriert.
Ansonsten muss diese Funktion mit „einem Trick" eingerichtet werden.
Um in der Summe der verwendeten Zeiten in der Planung die Zeiten nicht um diese 3 oder 4 Minuten tausendfach zu erhöhen, müssen alle anderen Leistungen (v. a. die „kurzen„ Behandlungspflegeleistungen) abgesenkt werden.
Für die **Ermittlung neuer realistischerer Zeitwerte** verwenden Sie hierzu eventuell die so genannte **Plausibilitätsprüfung** von Thomas Sießegger. Sie ist auf der Internetseite zu diesem Buch verfügbar.

3. **Der kontinuierliche SOLL-IST-Vergleich** muss zeitnah erfolgen, also z. B. am nächsten Morgen oder noch am Nachmittag des gleichen Tages. Es reicht nicht aus, dies am Ende des Monats zu erledigen. Dann sind schon viel zu viele Tage vergangen, an denen nicht mehr eingegriffen werden kann, und die Erinnerung der Leitung und Mitarbeiter an längst vergangene Einsätze zur Klärung der Abweichungen ist nicht mehr vorhanden.

4. **Die Abrechnung** ist insofern auch ein reines „**Nebenprodukt**" der Kontrolle der Personal-Einsatz-Planung. Im Prinzip benötigt die Abrechnung nicht die Arbeit einer Verwaltungskraft. Bisher tätige Verwaltungskräfte können 30 % – 50 % ihres Stundenumfangs ein"sparen" und sollten diese für andere Tätigkeiten nutzen, z. B. zur Entlastung der Pflegedienstleitung.

5. Das Abwägen von Erlösen und Kosten sollte auf verschiedenen Ebenen im Rahmen des Controllings (also vor Ausgabe der Einsatzpläne) gemacht werden:
   - für jede Tour und/oder Mitarbeiter, jedoch auch in der Gesamtheit aller Touren
   - für jeden Patienten, aber auch für alle Patienten zusammen.

   Berechnen Sie bitte niemals die Kosten einer einzelnen Mitarbeiterin individuell, sondern immer nur nach Qualifikationen, also praktisch im Durchschnitt über alle Mitarbeiter innerhalb der jeweiligen Qualifikation.
   Hierzu ist eine Gesamtkalkulation notwendig, das Ergebnis muss dann in dem Verwaltungs- und Abrechnungsprogramm hinterlegt werden.
   Wichtig: In der Gesamtheit müssen sich alle Mitarbeiter in allen Touren „rechnen". Dem geht jedoch die Annahme voraus, dass die Vergütungen leistungsgerecht sind.
   Führen diese Vorab-Berechnungen unter Berücksichtigung der pflegefachlichen Vorgaben trotzdem nicht zum gewünschten Ergebnis, ist die einzige Möglichkeit, die Vergütungen neu zu verhandeln.
   Im Rahmen einer leistungsgerecht verhandelten Vergütung muss die Leitung jedoch Informationen haben, wie sich Kosten (= Zeiten) und Erlöse verteilen.

6. Die Verknüpfung der Personal-Einsatz-Planung mit der Abrechnung: **Eingabe der Leistungen (für die Abrechnung)** schon während des Monats. Zu Beginn des Folgemonats müssen dann nur noch ein letztes Mal die Leistungsnachweise mit den schon eingegebenen und bestätigten Leistungen abgeglichen werden. Zum 3. oder 4. Werktag des Folgemonats könnten dann die Abrechnungen versendet werden.

7. Reorganisation bei den Verwaltungskräften: Haben in der Vergangenheit die Verwaltungskräfte in den ersten 10 – 14 Tagen die Leistungen (für die Abrechnung) eingegeben, so fallen aufgrund der eben beschriebenen neuen Gestaltung der Abrechnung (über die SOLL-IST-Kontrolle) ca. 30 – 35 % der bisherigen Arbeitszeit der Verwaltungskräfte weg. Diese (nur theore-

tisch wegfallenden) Zeiten sollten kompensiert werden mit nützlichen und wichtigen Tätigkeit, v.a. zur Entlastung der Leitungen.

Bitte gehen Sie bewusst mit diesen eingesparten Zeiten um.

Ein Herabsetzen der Stunden der Verwaltungskräfte ist (meist) nicht notwendig. In den meisten Pflegediensten müssen sogar Verwaltungskräfte erst eingesetzt werden. Besser ist es, den Verwaltungskräften gezielt neue Aufgaben (zur Entlastung der PDL) zu geben, z. B.

- das Terminieren der Beratungsgespräche nach § 37 Abs. 3 SGB XI ,
- das Terminieren der Pflegevisiten, die durch die PDL durchgeführt werden,
- das Vorbereiten der monatlichen Controlling-Gespräche anhand von Kennzahlen.

8. Die **Terminplanungs-Funktionen** des Programms nutzen, z. B.
    - für die Organisation der Verordnungen/Genehmigungen,
    - für die Beratungsgespräche nach § 37 Abs. 3 SGB XI* und für die Pflegevisiten*.

    * Diese Funktionen sind bei den meisten Verwaltungs- und Abrechnungsprogrammen möglich.

9. **Integrierte Textverarbeitung und Formulare:**
    - Bestellen von Verordnungen,
    - Ausdrucken von Patienten-Stammdaten.

10. **Arbeitszeitnachweise** sollten sich **automatisch** aus der Erfassung und dem SOLL-IST-Abgleich ergeben, inkl. der Berechnung von möglichen Zuschlägen für Feiertage, Wochenende, Rufbereitschaft, Abenddienste o. ä.
    Über Schnittstelle sollten die Daten in der Lohnbuchhaltung verwendbar sein.

11. **Überblick im operativen Tagesgeschäft** behalten:
    Pflegedienstleitungen und Geschäftsführungen tun sich oftmals schwer, wegen fehlender konkreter aktueller Zahlen im Bereich Wirtschaftlichkeit, Pflege und Personal über deren schnelle Interpretation und Konsequenzen zu sprechen. Auf Knopfdruck sollten morgens bei Arbeitsbeginn ohne irgendeine Vorarbeit alle wichtigen Zahlen übersichtlich und aussagefähig zur Verfügung stehen. Lassen Sie sich z. B. auch die Auswertungen über die Pünktlichkeitsquote über alle Hausbesuche zeigen.

Dies sind nicht alle Aspekte, die relevant sind, doch zeigen sie deutlich, wo mögliche Optimierungspotenziale vorhanden sind.

2.13 Umsetzung der Beratungsergebnisse

Entwickeln und Aufstellen eines Projektplans auf der Basis der Empfehlungen
In diesem zweiten Kapitel wurden zahlreiche Hinweise und Empfehlungen gegeben. Diese bauen teilweise aufeinander auf und werden personelle und zeitliche Kapazitäten binden. Manche andere Empfehlungen wiederum lassen sich sofort umsetzen. Deshalb stellt sich abschließend die Aufgabe, alle diese Empfehlungen zu ordnen, Personen dafür verantwortlich zu machen und ein zeitliches Raster anzulegen, im Prinzip also einen Projektplan.

Für die Umsetzung der Empfehlungen sollten für den Pflegedienst deshalb folgende Vorgehensweise gewählt werden:

In einem Workshop gehen alle Beteiligten intern alle Empfehlungen des Berichtes durch, und es wird zu jeder Empfehlung einer der folgenden Sätze protokolliert:

» Umsetzung durch: ...., verantwortlich: .... bis ....

» nicht notwendig, weil ....

» schon erledigt seit dem .... durch ....

» wird nicht durchgeführt, weil wir anderer Meinung sind als Herr Sießegger. Anstatt dessen machen wir folgendes: ....

» Die Empfehlung X hat sich schon mit Empfehlung Nr. ...... erledigt oder ist doppelt genannt.

Anschließend werden alle Maßnahmen in einer Gesamtübersicht – **in Form eines Projektplans** dargestellt. Bitte übernehmen Sie sich nicht – planen Sie realistische Zeiträume.

Erstellen eines „Master"planes für den ambulanten Dienst, Einrichten einer Steuerungsgruppe
Für jeden ambulanten Dienst, der Veränderungen ernsthaft umsetzen möchte, sollte eine Art „Masterplan" entworfen werden, wie der Pflegedienst die nächsten 5 Jahre geführt werden soll. Dieser Plan sollte von allen Leitungen, der Geschäftsführung, den Verwaltungskräften und auch mit den Mitarbeitern kommuniziert werden.
Für die Umsetzung empfiehlt sich die Einrichtung einer Steuerungsgruppe, welche die Umsetzung der Empfehlungen und den Organisationsentwicklungs-Prozess begleitet.

Überprüfen der Umsetzung der Beratungsergebnisse in ¼-Jahres-Abständen
Die Umsetzung der Beratungsergebnisse kann dann in 3 oder 4 Nachfolgeveranstaltungen im Abstand von ¼ Jahr überprüft werden. Dabei können die Fortschritte bewertet werden oder Korrekturen am ursprünglichen Plan erfolgen.

3 Eine Vision entwickeln und daraus Ziele und Strategien ableiten

von Thomas Sießegger, Hamburg

Eine Vision ist die generelle, werteorientierte Zielbeschreibung eines Pflegedienstes. Die positiv formulierte Aussage gilt für einen längeren Zeitraum und beschreibt die Richtung, in die sich ein Pflegedienst entwickeln soll.

Im Prinzip sollten die für den Pflegedienst entscheidenden Personen sich die Zeit nehmen, um 1 x jährlich an der Vision, den Zielen des Pflegedienstes und an den daraus abgeleiteten Strategien zu arbeiten.

Vor dem Hintergrund der gegenwärtigen Marktentwicklung wird deutlich, wie wichtig es für ambulante Pflegedienste ist, Strategien entwickelt zu haben. Es gibt Fusionen, Pflegedienstketten, Übernahmen, neue und weiter entwickelte Leistungsangebote (wie Tagespflege), Vernetzung, Spezialisierung des Leistungsangebotes, usw.

Aber, in welche Richtung sollte oder kann sich der eigene Pflege- und Betreuungsdienst weiterentwickeln?

Sehr oft fehlt es an dieser langfristigen Ausrichtung der Pflegedienste. Die Realität ist vielmehr, dass teilweise aktionistisch, hektisch und unüberlegt auf kritische Situationen und veränderte Rahmenbedingungen reagiert wird, um das Problem kurzfristig aus der Welt zu schaffen. Das führt von außen betrachtet oft zu einem wahrnehmbaren Zick-Zack-Kurs der ambulanten Dienste.

Strategie ist aber ein längerfristig ausgerichtetes planvolles Anstreben einer vorteilhaften Lage oder eines Ziels. Die Begriffe

» Vision und Unternehmenszweck,

» Unternehmensziele,

» Strategien.

müssen zunächst einmal genauer definiert werden.

Strategieentwicklung sollte immer abgeleitet sein aus der Unternehmensvision und den Unternehmenszielen.

Die Unternehmens**vision** und die Unternehmensziele müssen zu Beginn des Strategieentwicklungsprozesses festgelegt sein. Dabei bedarf es einer intensiven Diskussion, möglichst unter Einbeziehung der Mitarbeiter: Den Mitarbeitern muss die Unternehmensvision und damit der Unternehmenszweck bekannt sein.

Die Unternehmens**vision** beschreibt bildhaft den Unternehmenszweck und wofür der Pflegedienst oder der Träger steht.

Aus der Vision werden die langfristigen **Unternehmensziele** abgeleitet.

Die Unternehmensziele werden vor dem Hintergrund von Unternehmenswerten festgelegt und bezeichnen erstrebenswerte Zustände.

Die **Unternehmensziele** sollen durchaus Herausforderungen darstellen.

Diese Ziele müssen dabei im Hinblick auf ihre Messbarkeit konkretisiert werden.

Die Ziele müssen anschaulich formuliert und mit Zeitvorgaben versehen sein, damit die Zielerreichung und der Unternehmenserfolg jederzeit überprüfbar sind, und Umsetzungsmaßnahmen davon abgeleitet werden können. Die Strategie beschreibt den Weg, wie die Unternehmensziele zu erreichen sind.

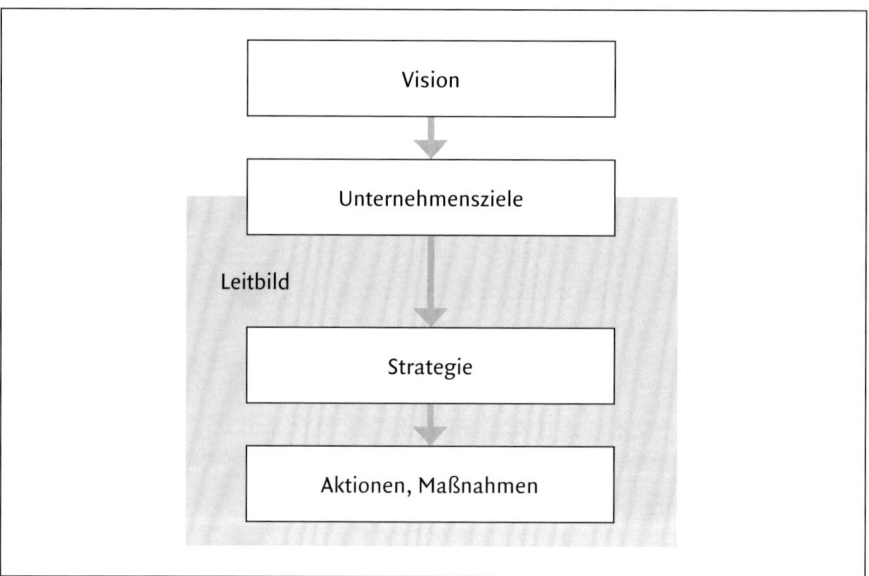

Dabei werden

» zukünftige Chancen und Risiken berücksichtigt,

» eigene Stärken und Schwächen einbezogen,

» und die Kernkompetenzen genutzt.

Die Umsetzung der **Strategie** erfolgt durch operativ geplante und durchgeführte Maßnahmen und Aktionen.

Das **Leitbild** (das in den meisten Pflegediensten vorhanden ist) wird vor dem Hintergrund dieser Entwicklung **angepasst**.

Beispiele

Vision	Ziele	Strategie-Optionen (teilweise alternativ)
Die Einrichtung X wird mit ihrem Angebot allen Bedürfnissen der pflegebedürftigen Menschen in der Region gerecht. Die Einrichtung ist wegweisender Teil eines gemeinwesenorientierten Netzwerks. ...	Fremd-Finanzierung der nicht über Pflegeversicherung und Krankenversicherung abgedeckten Aufgaben und Leistungen, → Zuschüsse und Förderverein. Weiterer Auf- und Ausbau der Beziehungen zu wichtigen Entscheidern und Beeinflussern. Mindestens kostendeckende Leistungserbringung (unter Einbeziehung der Rendite in Höhe von x %) Marktführerschaft mit > 50 % Marktanteil ...	Verdrängen der anderen Mitbewerber Aufbau eines Alleinstellungsmerkmals, um sich von anderen Anbietern deutlich abzugrenzen Ausbau des Leistungsspektrums Stärkung der Kernkompetenzen: in den Bereichen der kommunikativen und ergänzenden Leistungen bei den Privatzahlerleistungen aktives Auftreten in allen Facetten der Öffentlichkeit ...

3.1 Möglichkeiten der Strategieentwicklung

Um Strategien entwickeln zu können, muss der Pflegedienst oder Träger sich einem Entwicklungsprozess stellen. Hierfür stehen verschiedene Instrumente zur Verfügung, so z. B.
1. die Analyse und Abwägung der **Chancen und Risiken** für den Pflegedienst,
2. Herausarbeiten der **Stärken und Schwächen**,
3. Ermittlung der Kernkompetenzen,
4. **Portfolio-Analyse** des Leistungsangebotes,
5. **Marktanalyse** der Region und des Umfeldes.
Wie werden diese Instrumente eingesetzt, um für die Zukunft des eigenen Pflegedienstes oder des eigenen Trägers, Strategien zu entwickeln?

1. Haben Sie eine schriftlich formulierte Vision oder den Zweck Ihres Pflege-
    dienstes beschrieben?

2. Wo möchten Sie in 5, in 10 und in 20 Jahren stehen?

3. Welche Ziele hat Ihr Pflegedienst

    a) für sich selbst als Unternehmen

    b) für die Kunden und Patienten

    c) für die Mitarbeiter?

4. Welche Strategien haben Sie? Sind diese schriftlich fixiert?

5. Welche Visionen, Ziele und Strategien haben wohl Ihre Mitbewerber?

6. Passt Ihr (wahrscheinlich vorhandenes) Leitbild zur Vision, den Zielen und der
    Strategie?

7. Unterscheiden Sie sich im Leitbild von Mitbewerbern (oder steht auch der
    „Mensch im Mittelpunkt")?

8. Ist Ihr Leitbild den Mitarbeitern bekannt?

9. Haben Sie schon einmal Ihre Stärken und Schwächen und Ihre Kernkompe-
    tenzen ermittelt? Was ist Ihr Kerngeschäft?

10. Haben Sie die Trends am Markt für Ihre Region schon deutlich im Blick?

11. Wer sind Ihre Mitbewerber?

Führen Sie eine kleine Umfrage durch in Ihrem Pflegedienst, bei Leitungskräften
aber auch bei Mitarbeitern:
*   Wofür steht Ihr Pflegedienst?
*   Wodurch unterscheiden Sie sich von Mitbewerbern?
*   Wo liegen Ihre Stärken, wo Ihre Schwächen?
*   Wo werden Sie mit Ihrem Pflegedienst in 10 Jahren stehen?

3.2 Wachstum als Impuls für ständige Veränderung

Kaum ein Pflegedienst hat ausgeprägte Vorstellungen und schriftliche Pläne davon, wie er sich in den nächsten Jahren entwickeln wird. Entscheidend ist, ob reagiert wird auf äußere Einflüsse und Notwendigkeiten, oder ob der Träger oder der ambulante Dienst selbst diesen Prozess steuert und gestaltet. Reaktionen auf aktuelle Herausforderungen sind keine strategische Organisationsentwicklung. Um die Notwendigkeit des Wachstums zu verstehen, werfen wir einen Blick auf die demografische Entwicklung.

Demografische Entwicklung

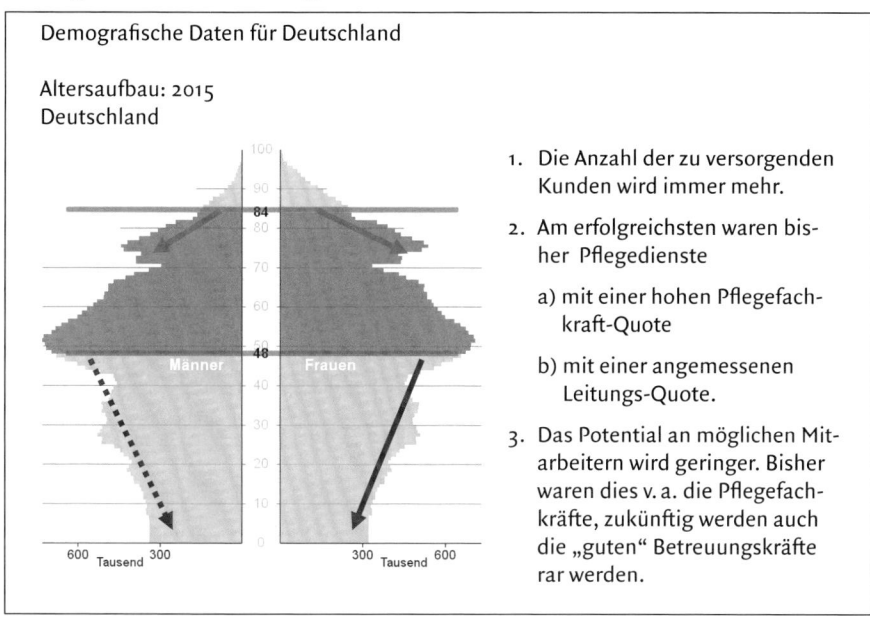

Demografische Daten für Deutschland

Altersaufbau: 2015
Deutschland

1. Die Anzahl der zu versorgenden Kunden wird immer mehr.

2. Am erfolgreichsten waren bisher Pflegedienste

   a) mit einer hohen Pflegefachkraft-Quote

   b) mit einer angemessenen Leitungs-Quote.

3. Das Potential an möglichen Mitarbeitern wird geringer. Bisher waren dies v. a. die Pflegefachkräfte, zukünftig werden auch die „guten" Betreuungskräfte rar werden.

Quelle: Statistisches Bundesamt, www.destatis.de

Nehmen wir an (so wie in diesem Beispiel),

» das Durchschnittsalter der versorgten Kunden liegt bei 84 Jahren,

» das Durchschnittsalter der eigenen Mitarbeiter des ambulanten Dienstes liegt bei 48 Jahren,

so sehen wir, dass

a) in den nächsten 12 Jahren das Potenzial an pflege- und betreuungsbedürftigen Menschen deutlich steigen wird, und

b) die potenziellen Mitarbeiter für Pflege- und Betreuungsdienste deutlich abnehmen werden.

Daraus kann z. B. gefolgert werden, dass Pflege- und Betreuungsdienste alle Maßnahmen ergreifen sollten, um das mögliche Wachstum „mitzunehmen". Weiterhin bedarf es aktiver Schritte, um – am besten pro-aktiv – möglichst rechtzeitig gutes und neues Personal für sich zu gewinnen. An diesen Erkenntnissen wären die Strategien auszurichten.

Im Weiteren schauen wir uns die Pflegestatistiken als Grundlage für strategische Überlegungen an.

Die Auswertung der derzeit neuesten Pflegestatistiken zeigt ganz klar die Entwicklung hin zu größeren Pflegediensten. (Diese Abbildung finden Sie in anderer Aufbereitung auf der Internetseite zu diesem Buch.)

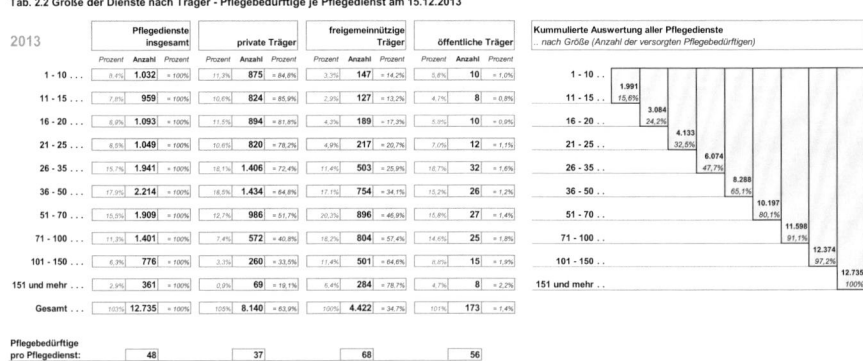

Tab. 2.2 Größe der Dienste nach Träger - Pflegebedürftige je Pflegedienst am 15.12.2013

Eigene Berechnungen auf Grundlage der Daten des Statistischen Bundesamtes mit den Pflegestatistiken 1999 bis 2013 (www.destatis.de)

Ergebnisse:

» Die Auswertung der Pflegestatistik 2013 zeigt, dass 65,1 % der Pflegedienste in Deutschland weniger als 50 Pflegebedürftige versorgen.

» Fast 50 % der Pflegedienste haben unter 35 Pflegebedürftige in der Versorgung.

Eine strukturelle Besonderheit in der Verteilung der großen und kleinen Pflegedienste ist: über 80 % der sehr kleinen Pflegedienste (11 – 15 Pflegebedürftige) sind von privaten Trägern, bei den etwas größeren Pflegediensten (36 – 50 Pflegebedürftige) sind es immer noch über 60 %.

Bei den sehr großen Pflegediensten mit 151 und mehr Pflegebedürftigen, sind nur noch 19,1 % von privaten Trägern, während 78,7 % dieser Pflegedienste bei freigemeinnützigen Trägern angesiedelt sind. Öffentliche Träger bewegen sich bei allen Größenklassen unter oder um die 2 % aller Pflegedienste.

Veränderungen bei den Größenkategorien vom Jahr 1999 auf das Jahr 2013

	Pflegebedürftige	1999	2013	Trend	
				absolut	in Prozent
Größenkategorien der Pflegedienste mit der jeweiligen Anzahl an zu versorgenden Pflegebedürftigen	1 – 10	1548	1032	−516	−33,3 %
	11 – 15	1157	959	−198	−17,1 %
	16 – 20	1148	1093	−55	−4,8 %
	21 – 25	1046	1049	+3	+0,3 %
	26 – 35	1645	1941	+296	+18,0 %
	36 – 50	1625	2214	+589	+36,2 %
	51 – 70	1243	1909	+666	+53,6 %
	71 – 100	844	1401	+557	+66,0 %
	101 – 150	366	776	+390	+101,0 %
	151 und mehr	178	361	+183	+102,8 %

Den größten absoluten Zuwachs gab es in der Kategorie 51 – 70 Pflegebedürftige. Das entspricht – unter Berücksichtigung der SGB V-Kunden, die hier in diesen Statistiken nicht berücksichtigt wurden – einer Größenordnung von ca. 100 Patienten.

Das ist übrigens genau die vielversprechende organisatorische Größe, welche später als die Idealgröße für ein Team bei der Organisationsentwicklung beschrieben wird.

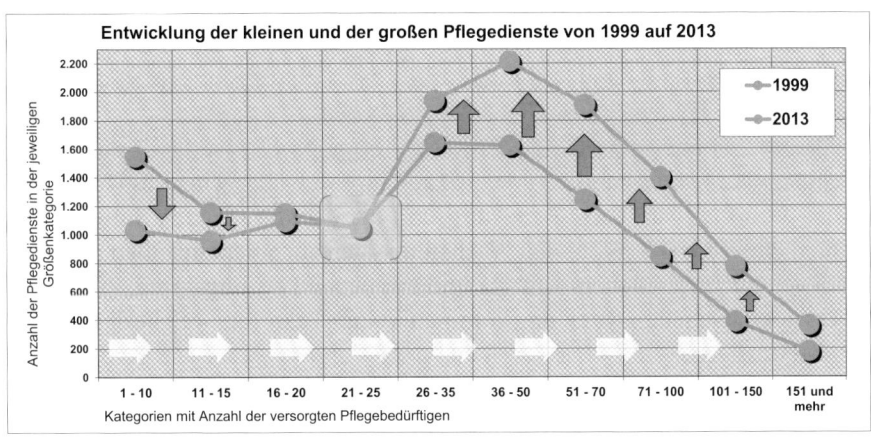

Diese Grafik ist auch auf der Internetseite zu diesem Buch verfügbar.

3.2.1 Die Nachfrage wird größer sein als das Angebot

Aufgrund der aufgezeigten Entwicklungen wird deutlich, dass die Nachfrage nach ambulanten Dienstleistungen in den nächsten 40 Jahren immer größer sein wird als das, was alle ambulanten Pflege- und Betreuungsdienste und die pflegenden Angehörigen zusammen leisten können.

Dies führt uns zu folgenden Schlüssen:
Ambulante Dienste müssen nicht primär an den Preiswettbewerb denken.

» Preise sollten so gestaltet sein, dass sie in der Mischkalkulation dem ambulanten Dienst erlauben, am Markt bestehen zu können.

» Der Engpass sind die Mitarbeiter, nicht die Kunden. Das führt uns sofort zu Überlegungen, die nicht nur Organisationsentwicklung mit sich bringen, sondern auch Maßnahmen beinhalten, sich im Rahmen der Personalentwicklung stärker an den Wünschen und Bedürfnissen der jetzigen und der potenziellen zukünftigen Mitarbeiter zu orientieren.

Kennen Sie das auch? Es ist zwölf Uhr mittags und Sie hoffen und bangen, dass das Telefon nicht klingelt? Im schlimmsten Fall könnte es ein neuer Patient sein, von dem Sie wüssten dass er nur sehr schwer in der Touren- und Personal-Einsatz-Planung unterzubringen wäre?

Vorbei sind die Zeiten, wo Pflegedienste noch bewusst Akquise betrieben und sich um neue Patienten gebuhlt haben. Seit ein paar Jahren kommt es immer häufiger vor, dass Patienten abgelehnt werden, dass es Wartelisten gibt und dass Patienten nicht mehr zu ihren Wunschzeiten gepflegt werden können, weil es entweder zu wenig Personal gibt oder die Geschäftsführung sich nicht traut, welches entgegen dem Haushaltsplan einzustellen.

Dieser Zustand, nämlich dass die Nachfrage größer ist als das mögliche Angebot, wird voraussichtlich noch ca. 40 Jahre so weitergehen, es wird sogar noch schlimmer werden. Alleine aufgrund der demografischen Entwicklung können Pflegedienste mit hohen Wachstumsraten an Patientenzahlen rechnen, aber auch mit zusätzlichem Umsatz und mit neuen Leistungsarten. Zusätzlich zur demografischen Entwicklung kommen weitere Faktoren, welche das Wachstum begünstigen:

» die abnehmende Bereitschaft der Angehörigen und der potenziellen Pflegepersonen, Eltern, Schwiegereltern oder Nachbarn/Freunde zu versorgen oder zu pflegen, das Potenzial familiärer und professioneller Pflegepersonen nimmt ab,

» weitere Stärkung des Primats „ambulant vor stationär" in neuen Reformen zur Pflegeversicherung,

Und trotz der Schwierigkeiten bei der Personalbeschaffung werden Marktanteile und wird die Größe eines ambulanten Pflegedienstes ein Vorteil sein am Markt. Es werden letztlich die Pflegedienste „überleben", welche es schaffen, rechtzeitig neues Personal zu akquirieren. Doch Wachstum muss gewünscht sein und als Ziel in der Strategieentwicklung verankert sein.

Welche Arten von Wachstum gibt es, und welche Maßnahmen sind hierzu geeignet?

Maßnahmen von Wachstum	Die Anzahl der Patienten steigt	Der Umsatz pro Patient steigt	Umsatzsteigerung durch das Entwickeln und das Angebot neuer Leistungen
Maßnahmen für mehr Wachstum ... oder begleitend zum Wachstum	• die natürliche Expansion „mitnehmen" im Rahmen der demografischen Entwicklung • aufkaufen von Pflegediensten oder Teil-Übernahmen • Verdrängungswettbewerb im Umfeld des eigenen ambulanten Pflegedienstes	• Verkaufstrainings durchführen • systematische/ständige Pflegevisiten und • erneute Kundenbesuche zum Überprüfen des Leistungsumfangs • Kontrolle der Personal-Einsatz-Planung: Abweichungen mit den Mitarbeitern besprechen	• jährliche Umfragen durchführen, um die Kundenwünsche und Bedürfnisse zu erkennen. • Pflegevisiten und erneute Kundenbesuche durchführen • Privatzahlerleistungen anbieten neben den Leistungen des SGB V und XI • Preiskalkulation durchführen, ggf. eine Mischkalkulation anwenden

1.) steigende Patientenzahlen

2.) der Umsatz pro Patient steigt

3.) neue Leistungen kommen hinzu

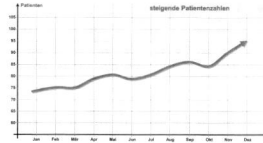

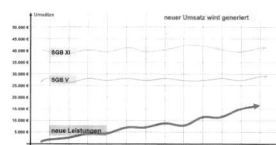

Das Problem aller drei Arten von Wachstum heißt immer: „Wo bekommen wir das Personal hierfür her?" Das Nutzen der Möglichkeiten des Wachstums bedeutet als Konsequenz, die Personalentwicklung und die Personalbeschaffung in den Mittelpunkt der Bemühungen zu rücken.

Mögliche unterstützenden Maßnahmen, um Wachstum tatsächlich zu erreichen

Um das mögliche Wachstum „mitzunehmen", bedeutet das praktisch, dass dafür die Strukturen und Voraussetzungen in den Pflegediensten geschaffen werden müssen. Langfristig sind dann aber doch das Marketing und das Auftreten der Pflegedienste von großer Bedeutung. Deshalb darf die Öffentlichkeitsarbeit nicht vernachlässigt werden und auch nicht die Außendarstellung. Der Pflegedienst kann sich nach außen hin zeigen:

» Große großzügige Räumlichkeiten in Sichtnähe,

» mit einer Fahne am Gehweg mit Lichtreklame auf sich aufmerksam machen,

» besseres Nutzen der Dienstfahrzeuge anstatt die vermeintlich günstigeren Privatwagen der Mitarbeiter zu nutzen,

» Ausbau der guten Kontakte zu Ärzten und Krankenhäusern,

» festes Einplanen der „erneuten Kundenbesuche" und der Pflegevisiten, so dass diese wichtigen Maßnahmen der Akquise nicht „unter den Tisch" fallen.

Steckt der Pflegedienst in den „roten Zahlen" (wie es tatsächlich ja vielen Pflegediensten derzeit geht), dann gilt es,

a) zuerst den Umsatz der vorhandenen Patienten schnell und deutlich zu erhöhen.

b) Im Anschluss daran geht es dann zügig an die Ausweitung der Anzahl der Kunden.

3.2.2 Umsätze erhöhen sich, Kennzahlen verändern sich

Mögliche Umsatzveränderungen innerhalb von zwei Jahren

| Leistungsarten | 2015 | | 2017 | | Veränderungen | |
	inEuro	in Prozent	in Euro	in Prozent	in Euro	in Prozent
SGB V	400.000 €	40,0 %	410.000 €	27,3 %	+ 10.000 €	+ 2,5 %
SGB XI	560.000 €	56,0 %	1.000.000 €	66,7 %	+ 440.000 €	+ 78,6 %
.. davon: Pflegestufen 0 bis III	430.000 €	43,0 %	500.000 €	33,3 %	+ 70.000 €	+ 16,3 %
.. davon: Verhinderungs- pflege	50.000 €	5,0 %	200.000 €	13,3 %	+ 150.000 €	+ 300,0 %
.. davon: Betreuungs- leistungen	80.000 €	8,0 %	300.000 €	20,0 %	+ 220.000 €	+ 275,0 %
SGB XII	10.000 €	1,0 %	10.000 €	0,7 %	+ 0 €	+ 0,0 %
privat	30.000 €	3,0 %	80.000 €	5,3 %	+ 50.000 €	+ 166,7 %
gesamt	1.000.000 €	100,0 %	1.500.000 €	100,0 %	500.000 €	+ 50,0 %

Diese Darstellung zeigt eine mögliche Entwicklung der Umsätze für ambulante Dienste für einen Zeitraum von 2 Jahren. Diese Umsatzsteigerungen sind nur möglich, wenn alle wichtigen Maßnahmen auch tatsächlich umgesetzt und konzeptionell angegangen werden. Ganz deutlich wird hierbei auch, dass für Kennzahlen, die sich in der Vergangenheit bewährt haben, neue Richtwerte gefunden werden müssen. Erkennbar ist weiterhin, die Bedeutung der SGB V-Leistungen nimmt ab, die der SGB XI-Leistungen und der Privatzahlerleistungen nimmt zu.

3.3 Beratung = wichtige strategische Basis eines Pflegedienstes

Die Pflegestärkungsgesetze I und II machen noch einmal mehr deutlich, wie kompliziert die Gesetzeslage inzwischen für die Pflegedienste und erst recht für die Pflegebedürftigen und deren Angehörige ist. Insbesondere der neue Pflegebedürftigkeitsbegriff und das damit verbundene neue Begutachtungs-Assessment weisen eindeutig in Richtung Ressourcenorientierung der Betroffenen und bieten für die Entlastung pflegender Angehöriger vielfache Möglichkeiten an. Doch diese müssen erst einmal erkannt sein, denn nur dann stellen sie ein enormes Potenzial für die ambulanten Pflegedienste dar, das wirtschaftlich und auch inhaltlich im Sinne attraktiver Angebote für die Kunden erschlossen werden muss.

Aber Beratung wird sogar in § 7a (Pflegeberatung) explizit als Leistung benannt:

> „Personen, die Leistungen nach diesem Buch erhalten, haben Anspruch auf individuelle Beratung und Hilfestellung durch einen Pflegeberater oder eine Pflegeberaterin bei der Auswahl und Inanspruchnahme von bundes- oder landesrechtlich vorgesehenen Sozialleistungen sowie sonstigen Hilfsangeboten, die auf die Unterstützung von Menschen mit Pflege-, Versorgungs- oder Betreuungsbedarf ausgerichtet sind (Pflegeberatung). Anspruchsberechtigten soll durch die Pflegekassen vor der erstmaligen Beratung unverzüglich ein zuständiger Pflegeberater, eine zuständige Pflegeberaterin oder eine sonstige Beratungsstelle benannt werden."

In diesem Kontext gewinnt die Beratung der Leistungen der Pflegeversicherung offensichtlich eine entscheidende Bedeutung für beide Seiten.

Für den Pflege- und Betreuungsdienst dienst gilt es, die eigenen Strukturen und die Personalsituation dahingehend anzupassen. Dann trägt Beratung unter Berücksichtigung der Ressourcen, der Bedürfnisse und der Wünsche der Kunden zur Zukunftssicherung der Pflegedienste bei.

Für die andere Seite – die Pflegebedürftigen und deren (pflegende) Angehörige – gilt es, sich auf Beratung einzulassen. Insofern ist es nachvollziehbar, dass Beratung für den Kunden nichts (direkt) kosten sollte, um hier keine unnötige Barriere aufzubauen.

Wurde der Bereich der Beratung bislang seitens der Inhaber und der Geschäftsführungen ambulanter Pflegedienste häufig als defizitärer Bereich gesehen und mit entsprechenden Vorgaben reglementiert, wird sich die Sichtweise hierzu ändern müssen, denn Beratung kann sich „rechnen" und wird künftig über die Existenz von ambulanten Pflegediensten entscheiden."

In diesem Zusammenhang steht die Finanzierung und die einem Pflegedienst zugrundeliegende Mischkalkulation. Trotz gutgemeinter Ansätze in den Pflegestärkungsgesetzen lässt sich Beratung nämlich nicht immer abrechnen. Beratung ist aber notwendig, um die vielfältigen Leistungen überhaupt verkaufen zu können.

Dabei geht es unter anderem auch um Leistungen, die für den Pflege- und Betreuungsdienst sehr attraktiv sind. Das bedeutet aber konkret für die ambulanten Dienste, die damit verbundenen Kosten im Rahmen einer Mischkalkulation in die Preise der eigentlichen Leistungen mit einzukalkulieren.

Das PSG I brachte die Beratung vor die Herausforderung, die Komplexität der unterschiedlichen Leistungsarten und Finanzierungsmöglichkeiten überhaupt noch verständlich zu vermitteln. Das PSG II wird teilweise wieder zu Vereinfachungen führen und die Logik kehrt zurück. Doch trotzdem müssen die Veränderungen der Rahmenbedingungen

a) zuerst Pflegedienst-intern verarbeitet werden,
   und dann
b) den Kunden präsentiert werden.

Beratung ist die Basis des Dienstleistungsangebotes eines ambulanten Dienstes. Die Pflegestärkungsgesetze bieten den Pflegediensten viele neue Möglichkeiten zur Ausweitung des bisherigen Leistungsspektrums, sie können mit den (teilweise neuen) Leistungen Kundenbedürfnisse erfüllen, der Pflegedienst kann seine Erträge steigern und die Gewinnpotenziale der neuen Leistungen können im Rahmen einer Mischkalkulation genutzt werden.

Die Kundenbedürfnisse sind jedoch sehr vielschichtig. Über die bisherigen Leistungspakte der Pflegeversicherung hinaus, wünschen die Kunden Unterstützung und Lösungen für ihre spezifischen Problemlagen. Deshalb sollten Sie auch Leistungen anbieten, die an den Wünschen und Bedürfnissen der Kunden orientiert sind, die neben der Pflege sowohl das Leben der Pflegebedürftigen als auch der Angehörigen „schöner machen". Dabei entsteht unter anderem ein Privatzahlerkatalog, der auch Betreuungs- und Entlastungsleistungen und die stundenweise Verhinderungspflege als Leistungsangebote enthält. Hierfür braucht es für die Kunden über das übliche Leistungsspektrum hinaus kreative und attraktive Lösungen.

Insofern geht es um die Implementierung einer professionellen Beratungsstruktur innerhalb der ambulanten Dienste und um die hierfür grundlegende Haltung und den systemischen Ansatz von Beratung.

Eine professionelle Beratung, Begleitung und Unterstützung der Kunden sollte strukturell verankert sein. Das bedeutet, entsprechende Personen müssen hierfür in der Struktur des Dienstes ausreichend vorhanden sein. Diese Mitarbeiter müssen geschult sein.

Beratung ist jedoch nicht auf eine Person konzentriert, und schon gar nicht allein nur auf die Pflegedienstleitung. Beratung findet vielfältig statt, bei verschiedenen Anlässen und hat viele Ansätze, von den Erstgesprächen, den Pflegevisiten, den erneuten Kundenbesuchen (1 x pro Jahr) bis zu den Beratungsgesprächen nach §37 Abs. 3 SGB XI. Das wichtigste jedoch ist – mal wieder – die Wertschätzung von Beratung.

Im Rahmen der Beratung ist das Angebot der Dienste auf die jeweils spezifische Bedürfnis- und Problemlage der Kunden passgenau abzustimmen und schlussendlich auf dem Markt zu platzieren, es bedarf es also einer professionellen Beratung.

Für die ambulanten Pflegedienste kann dies Anlass oder Impuls sein, alle bisher vorhandenen Strukturen und Prozesse auf den Prüfstand zu stellen.

Im Folgenden wird Beratung unter wirtschaftlichen und strategischen Gesichtspunkten betrachtet, Beraten als Grundlage für Ergebnisverbesserungen des Pflegedienstes.

3.3.1 Beratung: Begriffsdefinitionen

Pflege- und Betreuungsdienste werden in Zukunft also die Beratung als Basis im Leistungsangebot eines ambulanten Dienstes haben, welche für den Erfolg des Dienstes maßgeblich mit verantwortlich sein kann.

Neben der allgemeinen Beratung, die immer und überall stattfindet, in kurzen Gesprächen, auf der Internetseite oder am Telefon, gibt es auch institutionalisierte Beratungselemente, die zunächst einmal sauber definiert werden sollten, um sie nicht alle in einen Topf zu werfen.

Darstellung: Verschiedene Aspekte der Beratung

Elemente der Beratung	Definition, Beschreibung und Finanzierung
Erstgespräch, Erstbesuch	Der Kunde wird zum ersten Mal besucht, es geht um die Aufnahme Dauer = ca. 1,0 bis 1,5 Stunden + ca. ½ Std. Vorbereitung + ca. ½ Std. Nachbereitung In den meisten Fällen werden Erstgespräche von den Pflegekassen bezahlt.
Folgebesuch	Der Folgebesuch erfolgt ca. ___ Wochen nach dem Erstgespräch, um die dort vereinbarten Leistungen zu überprüfen und noch einmal alles abzustimmen. Der Folgebesuch ist eher ein freiwilliges Instrument des Pflegedienstes, um sicherzustellen, ob die im Erstgespräch vereinbarten Tätigkeiten und Maßnahmen tatsächlich den Bedürfnissen und Wünschen entsprechen. Gegebenenfalls werden diese neuen Erkenntnisse in eine Korrektur der Vereinbarungen einfließen. Meist werden diese Folgebesuche von den Pflegekassen nicht finanziert, können aber aus Kundensicht hinsichtlich der Zufriedenheit sehr wichtig sein.
erneute Kundengespräche	Es sollte der Grundsatz (mit Priorität 1) gelten, jeden Kunden mindestens 1 x pro Jahr zu besuchen. Wenn ein Kunde bereits das Erstgespräch in diesem Jahr hatte, wird er/sie natürlich im gleichen Kalenderjahr nicht noch einmal besucht (abgesehen eventuell vom Folgebesuch). Jedes Jahr sind erneute Kundengespräche notwendig, auch für Kunden, die erst im 4. Quartal des Vorjahres aufgenommen wurden, da die Kunden persönlich zum Beispiel über Gesetzesänderungen informiert werden müssen. Innerhalb eines Jahres kann sich sehr viel verändern und in der Hektik des Alltags bekommen Sie oft nicht verlässlich von allen Mitarbeitern eine Rückmeldung, welche heimlichen Leistungen sich eingeschlichen haben und welche neuen Bedürfnisse und Wünsche bedient werden können.

Elemente der Beratung	Definition, Beschreibung und Finanzierung
erneute Kundengespräche (Fortsezung)	Als „Trick" könnte es dienen, dass die Verwaltungskräfte die erneuten Kundenbesuche (in Abstimmung mit den Leitungen) mit den Kunden terminieren, z. B. in einem Zeitrahmen von Februar bis Oktober eines jeden Jahres. Somit wird gewährleistet, dass die allseits zwar als wichtig erkannten erneuten Kundenbesuche nicht dem Alltag geopfert werden. Die Finanzierung der erneuten Kundenbesuche sollte auf keinen Fall entscheidend sein, ob und erst recht nicht, wie lange diese erneuten Kundenbesuche durchgeführt werden.
Pflegevisiten Dokumentationsvisiten	Pflegevisiten sind Besuche bei Kunden, bei denen eine Leitungskraft die Tour einer Mitarbeiterin mitfährt. Hauptansatzpunkte und Ziele dieser Visiten sind die Kontrolle der Mitarbeiter und die Qualität der Leistungserbringung. Diese mitfahrenden Pflegevisiten und/oder die Dokumentationsvisiten können mit den erneuten Kundenbesuchen kombiniert werden, indem eine Leitungskraft mit einer Mitarbeiterin mitfährt, die dann bei einem vorher terminierten Kunden aus der Tourbegleitung aussteigt und einen erneuten Kundenbesuche durchführt. Pflege- und Dokumentationsvisiten sind allermeist in der Mischkalkulation des Pflegedienstes zu berücksichtigen (als Leitungs- und/oder Organisationszeiten), und werden somit nicht direkt abgerechnet.
Organisationszeiten (im Pflegedienst)	Die Bearbeitung der Dokumentationsmappen gehört, wenn es im Pflegedienst stattfindet, zu den sogenannten Organisationszeiten. Sie gehören in der Mischkalkulation berücksichtigt.
Beratungsgespräche nach §37 Abs. 3 SGB XI	Beratungsgespräche nach §37 Abs. 3 SGB XI sind eines der wichtigsten Instrumente a) zur Neukunden-Gewinnung, aber vor allem b) um über die Beratungsgespräche die lukrative stundenweise Verhinderungspflege nach §39 SGB XI und die Betreuungsleistungen nach §45 b SGB XI zu „verkaufen". Dies wurde nun mit dem PSG I noch wichtiger, da der zur Verfügung stehende Betrag von derzeit 1.550 € auf bis zu maximal 2.418 €uro p.a. erhöht wurde (wenn 50% des Anspruchs auf Kurzzeitpflege für die Verhinderungspflege mit verwendet werden). Deshalb sollten die Beratungsgespräche nach §37 Abs. 3 SGB XI geschult, erfasst und ausgewertet werden. Zudem bedarf es eines Konzeptes. Die für die Beratungsgespräche nach §37 Abs. 3 SGB XI vergüteten Beträge (in den Bundesländern unterschiedlich, um die 20 €) sollten nicht entscheidend sein für die vom Pflegedienst anvisierte Dauer.

Im Folgenden werden die betriebswirtschaftlich besonders wichtigen Elemente der Beratung noch einmal explizit und ausführlicher dargestellt.

3.3.2 Erneute Kundenbesuche als Chance nutzen für mehr Umsatz

Erneute Kundenbesuche sind fest einzuplanen, sonst werden sie im Alltagsgeschäft vernachlässigt. Der Rhythmus für die erneuten Kundenbesuche beträgt ca. 6 –12 Monate sein, mindestens jedoch 1 Mal pro Jahr. Dafür bedarf es keinen bestimmten Anlass (Notfall oder Höherstufung), sondern die erneuten Kundenbesuche finden im besten Fall planmäßig statt. Ein bestimmter Anlass kann andersherum natürlich einen erneuten Kundenbesuch ersetzen und es kann ein Häkchen in der Checkliste gesetzt werden.

In der Regel sind die mit den erneuten Kundenbesuchen verbundenen Erlössteigerungen enorm hoch. Erfahrungen zeigen, dass sich durch die Einführung betriebswirtschaftlich orientierter erneuter Kundenbesuche ca. 10 % bis 15 % des bisherigen Umsatzes als Zusatzerlös erzielen lassen.

Grund sind einerseits heimliche Leistungen, die sich eingeschlichen haben. Diese bestehen aus Leistungsumfängen, die sich erhöht haben, aber immer noch zu den alten Vereinbarungen abgerechnet werden und es sind die so genannten „Mal-schnell-Leistungen[5]", die eigentlich in einen Privatzahler-Katalog des Pflegedienstes gehören.

Andererseits geht es um mögliche neue Bedürfnisse oder Wünsche der Kunden, die überhaupt noch nicht erkannt wurden.

Teilweise baut dieser mögliche Zusatzerlös also auf Leistungen auf, die so oder so schon erbracht wurden, aber bisher noch nicht abgerechnet wurden, dann ist das „reiner Gewinn", wenn es gelingt, diese Leistungen

a) nachzuverkaufen ab dem Zeitpunkt des erneuten Kundenbesuchs
   oder
b) sie zukünftig wegzulassen und die Zeit der Hausbesuche entsprechend schon bei der Planung zu kürzen.

Der Kunde hat die Wahl und wird sich in den meisten Fällen für die Variante a) entscheiden.

Aber auch Leistungen, die zusätzlich verkauft werden – bei gleichzeitig erhöhtem Personaleinsatz – liefern einen Beitrag zur Deckung der Gemeinkosten.

Erneute Kundenbesuche sollten immer durch die PDL durchgeführt werden, nicht nur um die Personal-Einsatz-Planung im Griff zu haben, sondern auch um den Kontakt zu den Patienten zu halten und somit die Bindung an den Pflegedienst zu sichern.

---

5 „mal schnell" … den Mülleimer runterbringen, … den Briefkasten leeren, … Lüften, … die Rollläden hochziehen, … usw.

Wie bei den Erstbesuchen wird hier der Grundstein gelegt für zukünftige Erlöse. Aber auch das Bewusstsein der Patienten und der Angehörigen kann man hiermit beeinflussen. Natürlich stehen Erstbesuche und erneute Kundenbesuche im engen Zusammenhang mit dem Thema Verkaufsgespräche.

Im Rahmen dieses Buches soll ein überarbeitetes Instrument zur Verfügung gestellt werden, wie der Erfolg dieser erneuten Kundenbesuche messbar gemacht werden kann.

Diese Auswertung, die in dieser Form in keiner Software enthalten ist, steht den Lesern als kostenloser Download zur Verfügung.

Anwendung der Datei zur Berechnung des Erfolges von erneuten Kundenbesuchen

1. Erfasst wird bei den erneuten Kundenbesuchen (oder im Nachgang), wie hoch die Umsätze in den beiden Vormonaten waren.
2. Drei Monate später wird dann eingetragen, wie sich die Umsätze geändert haben. Das Eintragen kann gerne die Verwaltungskraft, die Assistentin der Pflegedienstleitung, machen.
3. Die EXCEL-Datei ermittelt dann den Durchschnitt der beiden vorangegangenen Monate und der zwei Folgemonate, und führt einen Vergleich durch, sowohl in absoluten Zahlen, als auch in Prozent.
4. Gleichfalls wird hochgerechnet, welchen Erfolg die erneuten Kundenbesuche pro Jahr mit sich bringen.

Wer diese Tabelle führt, wir ein Erfolgserlebnis verspüren, wie bedeutsam die erneuten Kundenbesuche sind.

Erfolg der erneuten Kundenbesuche

Vincentz-Pflegedienst, Hannover			Umsätze gesamt aus SGB V, SGB XI (inkl. Selbstzahler und Sozialhilfe), Privatzahlerleistungen und SGB XII					
Nr.	Name des Patienten	Datum des erneuten Kundenbesuchs	Umsätze 2 Monate **vor** dem erneuten Kundenbesuch		Umsätze 2 Monate **nach** dem erneuten Kundenbesuch			
			November	Dezember	Februar		März	
1	Maier	03.01.2016	456,78 €	123,56 €	523,89 €	+19,0%	531,34 €	+20,7%
2	Müller	03.01.2016	823,46 €	811,89 €	1.189,30€	-45,4%	1.222,50 €	+49,5%
3								
...								
30								
	xxxxxxx		1.280,24 €	1.235,45 €	1.713,19 €		1.753,84 €	
Auswertung der Umsatzveränderungen durch erneute Kundenbesuche im Januar 2016								
		monatlicher Umsatz **vorher =**		monatlicher Umsatz **nachher =**		absolut:	+476 €	
		1.258 €		1.734 €		in %:	+37,8%	

Erfolg der erneuten Kundenbesuche – Zusammenfassung 2016

Vincentz-Pflegedienst, Hannover

Umsätze gesamt aus SGB V, SGB XI (inkl. Selbstzahler und Sozialhilfe),
Privatzahlerleistungen und SGB XII

Auswertung der Erfolge der erneuten Kundenbesuche
in den Monaten des Jahres 2016

	absolut, in Euro	in Prozent	für den jeweiligen Monat	Summen kumuliert
Januar 2016	+ 476 €	+ 37,8 %	+ 476 €	+ 476 €
Februar 2016	+ 0 €		–	+ 951 €
März 2016	+ 0 €		–	+ 1.427 €
April 2016	+ 0 €		–	+ 1.903 €
Mai 2016	+ 0 €		–	+ 2.378 €
Juni 2016	+ 0 €		–	+ 2.854 €
Juli 2016	+ 0 €		–	+ 3.330 €
August 2016	+ 0 €		–	+ 3.805 €
September 2016	+ 0 €		–	+ 4.281 €
Oktober 2016	+ 0 €		–	+ 4.757 €
November 2016	+ 0 €		–	+ 5.232 €
Dezember 2016	+ 0 €		–	+ 5.708 €

= Gesamt-Erfolg, hochgerechnet auf das Jahr 2016   + 5.708 €

Bei den erneuten Kundenbesuchen können folgende Aspekte mit den Kunden angesprochen werden:

» Ist das mit den Patienten vereinbarte Leistungsspektrum noch passend?

» Ist der Zeitaufwand für die bisherigen Leistungspakete noch angemessen?

» Welche individuellen Veränderungen gibt es von Seiten des Patienten?

» Welche Zusatzbedarfe oder Wünsche gibt es noch von Seiten der Patienten?

» Wie sieht die (vielleicht veränderte) finanzielle Situation der Patienten und der Angehörigen aus?

» Optimale Touren- und Personal-Einsatz-Planung: Liegt der (tägliche) Termin noch in der richtigen Zeit und in der richtigen Reihenfolge?

> » Kann das Netzwerk des Pflegedienstes genutzt werden, um die Inanspruchnahme von Leistungen zu fördern? Wer kann unterstützen: Ärzte, Krankenhäuser, Pfarrer, … ?

Für den Pflegedienst sollten unter anderen folgende Fragen geklärt werden:

- » Zeichnen Ihre Pflege-Mitarbeiter auch tatsächlich alle von ihnen erbrachten Leistungen auf?
- » Ist die Qualifikation der eingesetzten Mitarbeiter noch die richtige?
- » Sollte der Einsatz aufgeteilt werden?
- » Besteht der Bedarf an „niederschwelligen" Leistungen, der vielleicht von Helferinnen erbracht werden kann?

3.3.3 Beratungsgespräche nach § 37 Abs. 3 SGB XI, die unterschätzte Leistungsart

Beratungsgespräche nach § 37 Abs. 3 SGB XI sind einerseits der Schlüssel zum Verkaufen der Verhinderungspflege nach § 39 SGB XI aber sie können auch genutzt werden zur Gewinnung neuer Kunden.

In den meisten ambulanten Diensten werden die Beratungsgespräche nicht genügend wertgeschätzt. Sie unterliegen oft folgenden Überlegungen.

Für ein Beratungsgespräch nach § 37 Abs. 3 SGB XI bekommt der Pflegedienst – sagen wir – 20 Euro, die internen Kosten betragen aber bei den Pflegefachkräften z. B. 50 Euro pro Stunde. Folglich sagt die Geschäftsführung, dafür sollten nicht mehr als 24 Minuten im Durchschnitt verwendet werden, um kostendeckend zu arbeiten.

Also, husch husch, den rosa Zettel ausgefüllt: „Die Pflege ist gewährleistet" und warten bis die Kunden sich nach einem ½ oder einem ¼ Jahr wieder von selbst melden. Sie sind ja dazu verpflichtet, also muss der Pflegedienst sich vermeintlich gar nicht darum kümmern?

Zudem werden die Beratungsgespräche von Pflegefachkräften durchgeführt, welche in dem betreffenden Bezirk gerade tätig sind, und sie werden dann in die entsprechende Tour gequetscht. In anderen Fällen machen die Leitungen oder Stellvertretungen die Beratungsgespräche, kommen dadurch jedoch nicht zu ihren eigentlich wichtigen Aufgaben als Führende.

Durch diesen unbedachten Umgang mit den Beratungsgesprächen werden beste Möglichkeiten der Ergebnisverbesserung des Pflegedienstes nicht genutzt.

Es mag zwar sein, dass viele Pflegedienste schon gar keine Patienten mehr aufnehmen wollen oder können. Doch wer die entsprechenden Strukturen und Voraussetzungen geschaffen hat, kann über die Beratungsgespräche ohne Probleme mittelfristig neue Kunden gewinnen, dann nämlich, wenn die Angehörigen es nicht mehr alleine schaffen.

Das sind die hier zugrundeliegenden strategischen Überlegungen.

Deshalb müssen die Beratungsgespräche von professionell geschulten Mitarbeitern durchgeführt werden, damit der Erfolg für den Pflegedienst gewährleistet werden kann. Leitungskräfte jedoch sollten keine Beratungsgespräche mehr durchführen.

Die Relation von Patienten zu Beratungskunden ist in der Regel bei ca. 1 : 1,4.

Bei einem Pflegedienst mit 100 Patienten bedeutet das etwa 140 Beratungskunden.

Das wären dann fast 300 Beratungsgespräche pro Jahr. Das ist zeitlich zu aufwendig für die Leitung. Vielmehr sollten die Beratungsgespräche delegiert werden an darauf spezialisierte Pflegefachkräfte. Nur so kann die Leitung entlastet werden und gleichzeitig können die Erlöse gesteigert werden. Anders betrachtet ist der Einsatz von Pflegefachkräften bei den Beratungsgesprächen sogar eine Maßnahme der Personalentwicklung. Darüber wird aber Claudia Henrichs später mehr berichten.

Allenfalls ist es sinnvoll und denkbar, dass Leitungskräfte zur Einarbeitung der Pflegefachkräfte die Beratungsgespräche noch selbst durchführen – oder Sie schaffen eine Regelung, wonach die Leitungskräfte das jeweils erste Beratungsgespräch bei einem Kunden machen, die Folge-Beratungsgespräche werden jedoch dann die darauf spezialisierten Pflegefachkräfte verteilt.

Dadurch würden sich die potenziellen zukünftigen Kunden und die Leitung schon einmal kennenlernen, und in der Folge hätten die Beratungskunden aber trotzdem Kontinuität bei „ihrer Beratungskraft".

Erhöhen der Anzahl der Beratungsgespräche und der Zahl der beratenen Kunden
Insofern sollte auch die Zahl der Beratungsgespräche optimiert und gesteigert werden. Dazu können folgende Kennzahlen als Zielgrößen dienen:

Bei 100 regulär versorgten Patienten sollte ein Pflegedienst ca. 140 Kunden haben, die er über Beratungsgespräche berät. Das entspricht in etwa 25 Beratungsgesprächen pro Monat im Durchschnitt. In dieser Größenordnung benötigt der Pflegedienst in etwa 2 – 3 auf Beratungsgespräche nach § 37 Abs. 3 SGB XI spezialisierte Pflegefachkräfte, um genügend Flexibilität, und Unabhängigkeit zu haben und um für eine Entlastung der Leitung zu sorgen.

Es wäre zudem zu überlegen, ob nicht ein **Kommunikationskonzept** speziell für die Beratungsgespräche entwickelt werden sollte.

Dazu gehört unter anderem auch die Erstellung eines Flyers. In diesem kann die Beratungskompetenz des Pflegedienstes dargestellt werden: „*Wir sind es, der Berater-Pflegedienst. Wir haben alle Zeit der Welt für Sie und Ihre Fragen. Kommen Sie gerne zu uns. Wir kümmern uns um sie. Diese Beratung ist kostenlos*".

3.3.4 Betreuungsleistungen als neue Basis in der Leistungserbringung eines ambulanten Dienstes

Durch die Pflegestärkungsgesetze verdrei- oder vervierfachen sich die Möglichkeiten für die zusätzlichen Betreuungsleistungen nach §45 b SGB XI.

Betreuungsleistungen nach dem Pflegeversicherungsgesetz gibt es zwar schon seit vielen Jahren für Menschen mit eingeschränkter Alltagskompetenz. Ab dem Pflege-Erweiterungsgesetz im Jahr 2008 erfuhren die Betreuungsleistungen eine stetig steigende Nachfrage. Die Angebote an Betreuungsleistungen der ambulanten Dienste variieren und entwickeln sich jedoch seitdem in den einzelnen Bundesländern und je nach Träger sehr unterschiedlich. Doch erst jetzt mit den Pflegestärkungsgesetzen erfahren sie einen großen Aufschwung.

Den ambulanten Pflegediensten kann das gewaltige Strukturanpassungen und Veränderungen abverlangen. Es besteht zwar keine zeitliche Not, in Aktionismus zu verfallen. Doch eine zügige Anpassung an die neuen Möglichkeiten könnte den Pflegediensten helfen, die Erträge kräftig zu steigern, und die Gewinnpotenziale der Betreuungs- und Entlastungsleistungen zu nutzen.

Einfach abzuwarten und weiterzumachen wie bisher würde bedeuten, dass große Chancen an den ambulanten Diensten vorbeigehen. Viel wichtiger ist es für den Pflegedienst, sich selbst über seine eigene Angebotsstruktur Gedanken zu machen. Insofern sind wir beim Thema Strategieentwicklung.

Das zügige Herangehen ist sinnvoll, um

a) z. B. die „Budgets" für die Betreuungs- und Entlastungsleistungen möglichst umfänglich im jeweiligen Kalenderjahr anzubieten und aufzubauen, um dann ab dem neuen Kalenderjahr auf einem höheren monatlichen Leistungsniveau weiterzufahren,

b) zu den Ersten zu gehören, welche die „guten" potenziellen Mitarbeiter am Markt für sich gewinnen.

3.3.5 Ein mehrfacher Paradigmenwechsel für die Leistungserbringung und für ambulante Pflegedienste

1.) Pflegedienste werden zu Pflege- und Betreuungsdiensten

Der Bedarf an Betreuungsleistungen und Entlastungsleistungen ist riesengroß in Deutschland. Alle Pflegebedürftigen haben seit dem PSG I Ansprüche auf Betreuungsleistungen, nicht mehr nur diejenigen welche eine „eingeschränkte Alltagskompetenz" bestätigt bekommen haben. Hatten bis Ende des Jahres 2014 geschätzte 1/3 der Pflegebedürftigen Ansprüche auf Betreuungsleistungen, so kamen mit dem Jahr 2015 weitere 2/3 an Anspruchsberechtigten hinzu, welche zusätzliche Ansprüche auf 104 Euro Erstattung (= „Zuschuss") pro Monat = 1.248 Euro pro Jahr haben.

Im PSG II werden diese Beträge durch einen so genannten Entlastungsbetrag von 125 € pro Monat ersetzt. Das bedeutet aber auf jeden Fall mindestens eine Verdreifachung oder Vervierfachung der Möglichkeiten in der Leistungserbringung und beim Umsatz. Diesen Sprung haben viele Pflegedienste noch nicht realisieren können in ihrem Leistungsangebot.

Durch die neuen Regelungen kann es sein, dass die Umsätze und der Leistungsumfang für Betreuungs- und Entlastungsleistungen bei einigen Diensten und vor allem in vielen individuellen Fällen größer sind als die abgeforderte Pflege.

Wer sich jetzt „nur" Pflegedienst nennt, sollte über einen Namenswechsel nachdenken, ob die Bezeichnung „Pflege- und Betreuungsdienst" nicht besser wäre.

2.) Die Menschen haben Budgets zur freien Verfügung

Die Reform der Pflegeversicherung brachte mit dem PSG I für das Jahr 2015 einen mehrfachen **Paradigmenwechsel** mit sich. Einerseits werden mehr und mehr Leistungen im Rahmen der Pflegeversicherung zu **Privatzahlerleistungen** gemacht:

» die zusätzlichen Betreuungsleistungen nach § 45 b SGB XI Abs. 1 Pkt. 3

» die stundenweise Verhinderungspflege nach § 39 SGB XI

» die niedrigschwelligen Betreuungs- und Entlastungsleistungen nach den §§ 45b Abs. 1 Pkt. 4 und § 45c SGB XI.

Auf diese Weise erhalten die Menschen pflege- und betreuungsbedürftigen Menschen in gewisser Weise **„Budgets"**, über die sie mehr oder weniger verfügen sollen und können.

Das bedeutet ein Umdenken, was das Leistungsangebot der Dienste und das Verkaufen der Dienstleistungen betrifft. Sie müssen mehr die „wahren" Bedürfnisse der Kunden berücksichtigen. De Preis ist jedoch entgegen vieler vermeintlicher Eindrücke nicht so entscheidend für die Inanspruchnahme, wie oft vermutet.

3.) Privatzahlerleistungen nehmen zukünftig einen großen Teil des Umsatzes ein
Für manch einen Pflegedienst stellt der Aufbau des Leistungsangebotes der Betreuungs- und Entlastungsleistungen ein Problem dar, denn im Prinzip kann jeder Pflegedienst „machen, was er will", wenn die gesetzlichen Grundlagen beachtet werden. Das ist eine Herausforderung der besonderen Art, denn es bedarf keiner Verhandlungen mit den Kostenträgern, und trotzdem sollten die angebotenen Leistungen attraktiv, markt- und konkurrenzfähig sein. Die Dienste sind selbst verantwortlich für ihr Angebot. Die in Punkt 2 auf Seite 74 genannten Punkte sind Privatzahlerleistungen!

Es handelt sich um so genannte Erstattungsleistungen, das heißt die Kostenträger sind entsprechend den gesetzlichen Vorgaben verpflichtet, diese frei gestaltbaren Leistungen zu erstatten – oder sie sind nach einer Abtretungserklärung der Kunden direkt mit dem ambulanten Dienst abzurechnen.

Grundsätzlich enthält ein Privatzahlerkatalog vermutlich folgende Leistungsarten:
1. Einzelleistungen
2. Pakete
3. Zeitleistungen
4. Veranstaltungen und Gruppenangebote.

Die Betreuungs- und Entlastungsleistungen gehören – neben den Leistungen der (stundenweisen) Verhinderungspflege nach § 39 SGB XI – auch zu den Zeitleistungen. Das heißt, die Betreuungs- und Entlastungsleistungen werden zumeist in Zeiteinheiten angeboten:
a) pro angefangene Zeiteinheit, z. B. „pro angefangene 15 Minuten",
b) in exakten Zeiteinheiten (z. B. ¼ Std. = 9 Euro, ½ Std. = 14 Euro).

Je nach Leistungsart sollten die Angebotsformen gestaltet werden. Da Dienste die Freiheit haben, ihre Privatzahlerleistungen so anzubieten, wie sie es für richtig halten, sind natürlich auch andere Angebote möglich, z. B. für Gruppenangebote oder als Einzelleistungen.

Wahrscheinlich muss deshalb der Privatzahlerkatalog des ambulanten Dienstes neu überarbeitet werden. Viele Pflegedienste hatten aber bisher noch keinen Privatzahlerkatalog. Dann müsste der neu entwickelt werden.

Umso mehr ist nun ein Grund vorhanden, dies nachzuholen. Der Privatzahlerkatalog sollte im Idealfall vor den Erstgespräch und den erneuten Kundenbesuchen erstellt worden sein, um in den Beratungsgesprächen darauf Bezug nehmen zu können.

4.) Der Pflege-Mindestlohn

Die Einführung des Pflege-Mindestlohns hat nichts direkt mit den Pflegestärkungsgesetzen zu tun. Doch er wird die bisher höchst unterschiedliche Bezahlung von Pflege- und Betreuungsmitarbeitern in Bewegung bringen. Für Pflegedienste, die bisher unter dem Pflege-Mindestlohn oder gar unter dem gesetzlichen Mindestlohn ihre Mitarbeiter bezahlt haben, wird die Einführung eine große Herausforderung sein. Einerseits gerät das bisher im Gleichgewicht befindliche Vergütungssystem in eine Schieflage, denn wenn nur die unteren Lohngruppen erhöht werden müssen, um den Mindestlohn zu erreichen, sind die wertschätzenden Abstände zwischen den Qualifikationen und den Anforderungen nicht mehr gewahrt. Zum anderen steigen die Kosten deutlich an, da die Personalkosten bis zu 70 % der Gesamtkosten ausmachen. Folge wird sein, diesen Schritt auch in darauf aufbauenden Vergütungsverhandlungen zu berücksichtigen, um dabei höhere leistungsgerechte Vergütungen zu erzielen.

Pflegedienste werden also gegenseitig mit Löhnen, Gehältern und Konditionen um Mitarbeiter „kämpfen", und die Preise werden stark überproportional zur Leistungsdynamisierung der Pflegeversicherung steigen, d. h. die Personalkosten-Steigerungen werden zu immer höheren Eigenanteilen bei den Pflegebedürftigen und den Angehörigen führen; auch bei den Sozialhilfeträgern.

Diese 4 grundlegenden Veränderungen sollten Sie dazu bringen, eine strategische z. B. 4-tägige Klausurtagung auf Mallorca, an der Nordsee oder im Schwarzwald zu veranstalten (am besten abgeschottet „von der Welt" und ohne Funkempfang, um Ruhe zu haben), um mit den entscheidenden Menschen und Leitungskräften zu bestimmen, wohin Ihr Weg gehen soll. Gestalten Sie den Weg, anstatt nur zu warten, was denn wohl so kommt! Das ist Strategieentwicklung.

3.3.6 Berücksichtigung in der Kostenrechnung im Rahmen von Vergütungsverhandlungen

Verhinderungspflege nach § 39 SGB XI und die zusätzlichen **Betreuungsleistungen** nach § 45b SGB XI Abs. 1 Pkt. 3 **sind Privatzahlerleistungen.**

Was bedeutet das für die Kostenrechnung und für Vergütungsverhandlungen?
Es handelt sich um so genannte Erstattungsleistungen, das heißt die Pflegekassen sind bis zu festgelegten Höchstgrenzen pro Jahr (betreffend der Summe, nicht bezüglich des Preises!) verpflichtet, diese Kosten zu erstatten. Die genannten Leistungsarten sind zwar Angebote der Pflegeversicherung, aber sie können hinsichtlich der Preisgestaltung, und in welcher Form sie angeboten werden (ob z. B. pro ¼ Stunde, ½ Stunde oder als Leistungskomplexe), von den Pflegediensten frei gestaltet werden, denn sie sind ja Privatzahlerleistungen. Das heißt, sie können auch so kalkuliert werden, dass damit Gewinne erzielt werden. Aus diesen Gründen gehören Sie thematisch, inhaltlich und bezüglich ihres Ergebnisses nicht in Vergütungsverhandlungen zum SGB XI.

Konkret bedeutet das für die Kostenrechnung:
Die Zeit, welche für Verhinderungspflege und für Betreuungs- und Entlastungsleistungen erbracht wird, muss **differenziert erfasst** werden und **darf** – umgerechnet in Kosten – **nicht der Kostenstelle SGB XI angelastet** werden.

Andererseits werden die **Erträge** zwar in der Buchhaltung unter der Überschrift „SGB XI" verbucht. Sie sind aber im Rahmen der Kostenstellenrechnung und für Vergütungsverhandlungen zum SGB XI wieder herauszurechnen, und **gehören inhaltlich zur Kostenstelle „Privatzahlerleistungen."**
Als Ergebnis stellt sich dann die um diese Faktoren korrigierte Kostenstelle SGB XI meist schlechter da, als wenn die Kosten und Erlöse mit einbezogen würden.
Nachweislich einer wirtschaftlichen Betriebsführung für die **„selbständig wirtschaftende Einrichtung nach § 71 SGB XI"** müssten dann entsprechend höhere leistungsgerechte Vergütungen verhandelt werden können.

Fatal wäre es, wenn mit den Gewinnen, die bei (stundenweiser) Verhinderungspflege und mit den zusätzlichen Betreuungsleistungen erzielt werden können, der Druck sinken würde und dazu führen würde, in den Kostenstellen SGB XI (Pflegeversicherung) und SGB V (Krankenversicherung) mit den Kassen nicht mehr angemessen zu verhandeln.
Letzten Endes bestünde die Gefahr einer Quersubventionierung von Leistungsträgern der Sozialversicherung.

3.3.7 Aufbau eines neuen Leistungsangebotes

Ab dem Jahr 2017 müssen neue Leistungen entwickelt werden

Es steht mit dem PSG II an, dass die bisherigen Betreuungsleistungen nach §45b SGB XI durch sogenannte Entlastungsleistungen mit einem einheitlichen Betrag von 125 € pro Monat ersetzt werden. Bisher waren diese Leistungen inhaltlich und namentlich weitgehend frei definierbar, und im Prinzip vollkommen frei in der Preisgestaltung.

2015 war sogar das Jahr, in dem „Hauswirtschaft" als Betreuungsleistungen nach §45b SGB XI erbracht werden konnten und dies auch in großem Umfang um sich griff.

Das wird sich ab dem Jahr 2017 ändern. Ab 2017 sollen die Entlastungsleistungen den Regelleistungen im Rahmen der Sachleistungen nach §36 der Pflegeversicherung gleichgestellt werden. Das heißt, sie müssen mit den Kostenträgern inhaltlich diskutiert, festgelegt und verhandelt werden.

Zudem wird sich im Jahr 2016 in den 16 Bundesländern klären, welcher Zulassungsvoraussetzungen es bedarf, um einen Dienst zu führen, der niedrigschwellige Betreuungs- und Entlastungsleistungen nach den §§45b Abs. 1 Pkt. 4 und §45c SGB XI erbringt. Auch hier wird es Vorgaben der Bundesländer geben hinsichtlich der Inhalte, einer eventuellen finanziellen Förderung und damit auch eine Mitsprache bei den Preisen. Die Preise der niedrigschwelligen Betreuungs- und Entlastungsleistungen nach den §§45b Abs. 1 Pkt. 4 und §45c SGB XI werden mit Sicherheit niedriger sein als die der Entlastungsleistungen.

Neben dem Erfüllen der Zulassungsvoraussetzungen muss also das Leistungsangebot der Entlastungsleistungen mit den Angeboten für niedrigschwellige Betreuung und Entlastung nach §45c SGB XI abgestimmt werden. Das wird so oder so noch einmal schwierig werden, die Unterschiede dieser beiden Leistungsarten bei den Inhalten und vor allem bei den Preisen den Kunden zu verdeutlichen.

Erschwerend kommt hinzu, dass die Landesverbände der Pflegekassen eine Leistungs- und Preisvergleichsliste erstellen werden, diese einmal pro Quartal aktualisieren und auf ihrer eigenen Internetseite veröffentlichen. Das Jahr 2016 sollte also genutzt werden, um das gesamte Leistungsprofil des Dienstes neu zu entwickeln.

Die Preisfindung

Die Betreuungsleistungen nach § 45 b SGB XI können (im Jahr 2016 noch) in kleineren Einheiten erbracht werden, z. B. in Viertelstunden. Die Betreuungsleistungen nach § 45 b SGB XI sollten möglichst in großen Zeiteinheiten angeboten werden, oder kürzere Einheiten werden über den Preis gestaffelt verkauft, z. B.

¼ Stunde = 12 €uro
½ Stunde = 20 €uro
¾ Stunde = 27 €uro
1 Stunde = 32 €uro.

Darüber hinausgehend kostet ¼ Stunde dann 8 €uro.

Für die Preise bei den Betreuungsleistungen muss ein ambulanter Dienst sich nicht rechtfertigen und auch keine Nachweise über die eigenen Kosten erbringen.

Für das Jahr 2017 könnte es von Vorteil sein, wenn in den zwei Jahren zuvor die selbst gestalteten Preise großzügig gestaltet waren, inklusive kalkulatorischer Risiken, einem Unternehmerlohn und einem angemessenen (**alleine vom Träger** einzusetzenden) Gewinn.

1. Diese Renditen können im großen Finanzierungstopf im Rahmen der Mischkalkulation gut gebraucht werden für andere Leistungen, die sich „nicht so gut rechnen". Trotzdem sollten natürlich auch grundsätzlich die anderen Leistungen des ambulanten Dienstes im Prinzip leistungsgerecht bzw. kostendeckend sein.
2. Wenn dann für das Jahr 2017 die Entlastungsleistungen verhandelt werden, können die Leistungsträger (Pflegekassen und Sozialhilfeträger) kaum hinter die Preise der Jahre 2015 und 2016 zurückgehen.

3.3.8 Pro-aktive Personalpolitik und neues zusätzliches Personal

Pro-aktive Personalpolitik

Zunächst einmal sollten der Träger, die Inhaber oder die Geschäftsführung und Leitung den Mut haben, eine pro-aktive Personalpolitik einzuführen, d. h. zuerst wird das Personal zur Verfügung gestellt, dann erst können die Leistungen angeboten und „verkauft" werden.

Ohne zusätzliches Personal werden es die Pflegedienste nicht schaffen, die neuen für sie durchaus lukrativen Leistungen in großem Umfang anzubieten. Die bisherige Praxis, nachdem Personal erst dann eingestellt wurde, wenn die Über-/Mehrstunden über einen längeren Zeitraum zu hoch wurden, sollte nicht mehr angewendet werden.

Ab sofort sollte Personal für die „neuen", wachsenden Dienstleistungen **pro-aktiv** eingestellt werden (also ohne dass es dafür eine Anzeige in Form von Über-/Mehrstunden gibt). Denn nur so können Sie gewährleisten, dass überhaupt Personal vorhanden ist, wenn die Leistungen den Kunden angeboten und dann nachgefragt werden.

Damit setzen sich die Leitungs- und Beratungskräfte selbst „unter (positiven) Druck", diese lukrativen Leistungen auch tatsächlich anzubieten. Würden weiterhin erst abgewartet bis entsprechende Über-/Mehrstunden anfallen, gäbe es innere Blockade-Haltungen bei den Mitarbeitern und den Beratungskräften, und die neuen Leistungen kämen nicht zum Ansatz. Diese pro-aktive Einstellungspolitik sollte mit der gebotenen kaufmännischen Vorsicht kombiniert werden, weshalb die neuen zusätzlichen Mitarbeiter Schritt für Schritt eingestellt und/oder deren Stunden erhöht werden sollten. Damit verringert sich das betriebswirtschaftliche Risiko.

Neues und zusätzliches Personal
Es ist zu vermuten, dass neben dem schon als dramatisch erkannten Pflegefachkraftmangel kurz- und mittelfristig auch die Nachfrage nach geeigneten Mitarbeitern für die Betreuungs- und Entlastungsleistungen sehr groß sein wird, so dass es eng wird bei der Personalbeschaffung.

Da die neuen Leistungen meist nur in größeren zeitlichen Einheiten, nämlich nach ganzen Stunden erbracht werden, benötigen wir auch eine neue „Art" von Mitarbeitern. Die neuen Mitarbeiter müssen in der Lage sein, entspannt arbeiten zu können, sie stehen nicht unter Zeitdruck, weil die neuen Leistungen großzügig beraten und verkauft werden. Wir sind als Pflegedienst frei, das so zu tun.

Bisherige Mitarbeiter sind es gewohnt, „Minuten-getaktet" ihre Leistungen zu erbringen, und dann sofort zum nächsten Kunden zu gehen. Viele der bisherigen Mitarbeiter werden gar nicht in der Lage sein, so – in dieser neuen „entspannten" Form zu arbeiten. Sie wissen mit der Zeit nichts anzufangen. Deshalb müssen es neue Mitarbeiter sein, weil die zeitintensiven neuen Leistungen gar nicht in der bisherigen Touren- und Personal-Einsatz-Planung unterzubringen wären. Die Planung der neuen Dienstleistungen erfolgt nach einer anderen und einfacheren Logistik. Für die neue Vorgehensweise, neue und zusätzliche Mitarbeiter pro-aktiv einzustellen sollte ein Konzept entwickelt werden, welches die eben genannten Punkte aufnimmt.

4 Personalentwicklung aus betriebswirtschaftlicher und strategischer Sicht

von Thomas Sießegger, Hamburg

4.1 Kontinuierliche und strategisch orientierte Personalentwicklung in ambulanten Pflegediensten

Die ambulante Pflege steht vor immensen Herausforderungen. Die stetig steigende Nachfrage und die Bedarfe nach häuslicher Pflege werden Pflegedienste nur „überleben", wenn sie selbst rechtzeitig Maßnahmen ergreifen, welche die anstehenden Entwicklungen vorwegnehmen. Die Politik wird hier im besten Falle nur unterstützen können, oder die Umstände mildern können, und das oft, wenn es schon sehr spät ist, und die schädlichen Auswirkungen nicht mehr zu übersehen sind.

Es wird für die Existenz eines Pflegedienstes von Bedeutung sein, wer seine Mitarbeiter halten kann, und ob sie entwickelt werden können, um sie zu dem zu motivieren, was die Pflege wirklich braucht, was derzeit jedoch viele Ausbildungen nicht leisten können.

Der Prozess der Personalentwicklung beginnt jedoch erst einmal mit der Personalbeschaffung also mit der Frage, wo neue geeignete Mitarbeiter zu „bekommen" sind.

Gründe für strategische zukunftsorientierte Personalentwicklung in Pflegediensten und Sozialstationen

Die Personalprobleme sind vielfältig in ambulanten Pflegediensten:

1. Es gibt schon jetzt zu wenige Pflegefachkräfte, die Situation wird sich aber weiter dramatisieren.
2. Pflegehelferinnen sind im Prinzip noch genügend vorhanden, doch sie müssen für eine zukünftige Organisation und für den verstärkten Einsatz in ambulanten Pflegediensten weiter entwickelt und geschult werden.
3. Pflegedienstleitungen gibt es nicht in genügender Anzahl. Und „Gute" noch viel weniger. Die Bezahlung ist nicht angemessen gut, die Anforderungen sind jedoch enorm und hoch differenziert.
4. Da zunehmend die Abrechnung automatisiert von Softwareprogrammen übernommen wird, stehen Verwaltungskräfte vor einer notwendigen Neuverteilung der Aufgaben zwischen PDL und Verwaltungskraft. Sie werden sich dann alternativ wahrscheinlich mehr und mehr zu *Assistentinnen der Leitung* entwickeln müssen.

5. Die Pflegestatistiken belegen, dass Pflegedienste immer größer werden. Ab einer Patientenanzahl von ca. 110 empfiehlt es sich, den Pflegedienst in zwei organisatorische Einheiten zu teilen. Ein drittes Team kommt ab ca. 270 Patienten hinzu (siehe Grafik auf Seite 10), und bei einer Größenordnung von 360 – 450 Patienten sind vier Teams notwendig. Dieses Wachstum bedeutet, Veränderung in der Struktur und Organisation, aber genauso – in der Folge davon – höhere Anforderungen an Qualität, Fachwissen und Kommunikationskompetenz der Leitungskräfte.

All das sind Gründe, Personalentwicklung in den Fokus der Aufmerksamkeit für Geschäftsführung und PDL zu stellen.

4.2 Von der Fachkraft zur Leitungskraft

Wird bei der Teilung eines Pflegedienstes, zum Beispiel in zwei Standorte, eine Pflegekraft zur Teamleitung mit 90 %-iger Freistellung für Leitungsaufgaben, ergeben sich daraus neue Aufgaben. Mit den neuen Aufgaben werden aber auch andere Erwartungen, an die Rolle der Teamleitung(en) gestellt. Grob gesagt, gilt es jetzt nicht nur die eigene Pflegeleistung zu verantworten sondern die Verantwortung für die Leistung und die Qualität eines Teams zu übernehmen.

Wichtig in dieser neuen Rolle ist, dass sich die Teamleitung von ihren vorherigen bekannten Pflege-Aufgaben löst und lediglich in Notsituationen oder zur Qualitätssicherung Pflegetouren übernimmt. Auch kleine organisatorische Aufgaben müssen delegiert werden. Die Einstellung: „Das habe ich schneller selbst gemacht!" führt oft zu Überlastungssituationen.

4.3 Ausbildung selbst durchführen, Praktika anbieten

In die Ausbildung von eigenen Mitarbeitern sollte investiert werden. Hier gibt es grundsätzlich Möglichkeiten für die Verbände und die Träger, die aber oft nicht in dieser Form genutzt werden. Ausbildung eigener Mitarbeiter ist jedoch die günstigste Form der Personal"beschaffung".

Von außen Personal zu besorgen ist oft riskant, die neuen Mitarbeiter oder Leitungskräfte sind unbekannt, und so wichtige Aspekte wie Dialekt und örtliche Kenntnis sind nicht vorhanden und müssen durch andere Aspekte kompensiert werden. Zudem ist Personalbeschaffung natürlich mit Kosten verbunden.

Aber auch die Kosten für die Ausbildung eigener Mitarbeiter und Leitungskräfte erscheint zunächst als eine hohe Investition. Das stimmt auch. Aber wenn Träger und Verbände ihre Mitarbeiter selbst ausbilden, können sie über drei Jahre hinweg beobachtet werden und mit Ihnen kommuniziert werden, um ihre

Stärken zu erkennen und an ihren Entwicklungspotenzialen gezielt zu arbeiten, und um sie letztlich für sich zu gewinnen.

Danach wissen Sie sehr genau, ob diese Mitarbeiter zu Ihnen passen oder nicht.

Deshalb ist es ein erster Schritt, zunächst intensiv Praktika anzubieten. So können Interessenten sehen und fühlen, warum der „Job" in einem ambulanten Pflegedienst viele Vorteile bietet und ein attraktiver Arbeitsplatz ist, wo man sich um die Wünsche, Bedürfnisse und Belange der Mitarbeiter kümmert.

Hier gilt es, im Vergleich zu stationären Pflegeeinrichtungen und zu Krankenhäusern einen interessanten und abwechslungsreichen Arbeitsplatz anbieten zu können, und dies sollte sich natürlich in der täglichen Arbeit bewahrheiten.

4.4 Pflege„helfer"innen werden zu Assistenten (der Pflegefachkräfte)

Die demografische Entwicklung wird dazu führen, dass immer mehr Patienten versorgt werden müssen. Gleichzeitig wird es immer weniger an potenziellen Pflegefachkräften geben. Diese beiden Entwicklungen spielen sich in den nächsten 10 – 15 Jahren ab, dann stagniert das Wachstum ein paar Jahre, um dann bis in ca. 40 Jahren zu seinem Höhepunkt zu kommen.

Erste Auswirkungen sind schon jetzt deutlich in Pflegediensten zu sehen und zu spüren. Es gibt mancherorts bereits Pflegedienste, welche keine Patienten mehr annehmen können. Unter betriebswirtschaftlichen Gesichtspunkten ist es heute immer noch so:

Pflegefachkräfte rechnen sich besser, weil
1. „Helferinnen" **mehr Leitung** benötigen zur Einarbeitung, Anleitung und ständigen Kontrolle,
2. durch Einsätze verschiedener Qualifikationen mehr und zusätzliche Absprachen notwendig sind, also die **Organisationszeiten höher** sind,
3. durch Einsätze von Helferinnen für „einfachere" Tätigkeiten – losgelöst von der Behandlungspflege oder anderen Einsätzen der Pflegefachkräfte – **zusätzliche Fahrt- und Wegezeiten** entstehen,
4. bei niedriger Fachkraft-Quote **nicht so viele gemischte Einsätze möglich** sind, bei den sehr effizient sowohl SGB V-, als auch SGB XI-Leistungen erbracht werden.

... aber auch, weil die Lohnunterschiede zwischen Pflegefachkräften und Helferinnen in den meisten Fällen bzw. in Tarifsystemen nicht so hoch sind, als dass die vier genannten Punkte aufgewogen würden.

In 10 bis 15 Jahren ist jedoch abzusehen, dass Pflegedienste nicht mehr mit einer Quote von 50 % bis 90 % an Pflegefachkräften arbeiten können, sondern dass eher 20 % bis 50 % der Fall sein werden. Nicht aus Kostengründen, sondern einfach, weil der Markt die große Anzahl an Pflegefachkräften nicht zur Verfügung stellen kann.

Deshalb müssen Pflegedienste und deren Träger und Verbände sich Gedanken machen, wie diese Herausforderungen bewältigt werden können. Denn Pflegefachkräfte werden dann (in 10 bis 15 Jahren) eher so eine Art Managerin sein oder Teamleitung sein mit all den damit verbundenen Aufgaben. Es ist denkbar, dass Pflegefachkräfte dann für jeweils 4 bis 6 Helferinnen (die dann „Assistent/innen" oder einfach „Pflegekräfte" heißen werden) zuständig sein werden. Das heißt konkret: Einarbeitung, Schulung, Begleitung, Kontrolle und finanzielle/wirtschaftliche Verantwortung für die Ergebnisse der kleinen Teams.

Diese Fähigkeiten müssen in den meisten Pflegediensten aber erst noch erworben und entwickelt werden. Ein Abgleich mit den jetzigen vorhandenen Pflegefachkräften zeigt: Hier muss noch viel gemacht werden. Diese Personalentwicklung wird nicht in einem Jahr oder zwei Jahren zu erreichen sein, sondern setzt einen längeren Zeitraum mit vielen Teilschritten voraus. Es gibt keinen Startschuss, z. B. ab 1. Januar 2017 wird anders gearbeitet. Die Herausforderung ist es, Jahr für Jahr konkret zu planen, was jede einzelne Mitarbeiterin an Fort- und Weiterbildungen und Ausbildungen zur Gesamt-Organisationsentwicklung des Pflegedienstes beitragen muss.

Die Personalentwicklung muss gezielt und individuell erfolgen; mehr zu diesem Thema lesen Sie in Kapitel 6.4.

Eine mögliche Maßnahme der Personalentwicklung soll hier beispielhaft dargestellt werden, nämlich die Fortbildungsplanung. Mitarbeiter sollten gezielt fortgebildet werden. Dafür ist auf deren Wünsche zu achten, andererseits sind die Fortbildungen an den Erfordernissen des Pflegedienstes auszurichten. Außerdem sollte die Fortbildung vielfältiger werden.

Mögliche Bereiche der internen und (externen) Fortbildung (Beispiele)

Pflegerische Themen, Pflegewissenschaft	Spezifische Themen des Beispiel-Pflegedienstes	Hauswirtschaftliche Themen, Haushaltsnahe Dienstleistungen
Hygiene	Abgrenzung spezifischer „Caritativer" Leistungen von a) »nicht abrechenbaren Leistungen« und b) nicht abgerechneten Leistungen	Zeiterfassung für die Leistungen der Hauswirtschaft mit oder ohne MDAs?
Neuerungen bei der Dekubitusbehandlung		Hauswirtschaft nun auch im Rahmen des 1. Pflegestärkungsgesetzes möglich bei den Betreuungsleistungen nach § 45 b SGB XI
Naturheilkundliche Verfahren in der Pflege	Welche spezifischen Leistungen bietet die Caritas-Sozialstation? Entwicklung von Privatzahlerleistungen bis zum Januar 2017	Die Dokumentation von hauswirtschaftlichen Leistungen im Zusammenhang mit Pflege
Erste Hilfe		
Rückenschonendes Lagern und Betten	Das Leitbild der Caritas-Sozialstation Visionen, Ziele, Strategien, Maßnahmen	Welche pflegerischen Leistungen dürfen im Rahmen der Hauswirtschaft erbracht werden?
Druckverbände und Kompressionsstrümpfe	Entwicklung eines Privatzahler-Kataloges	Schutz vor aggressiven Reinigungsmitteln – Alternativen
Der Zusammenhang von Impfen und „Alterskrankheiten"	Integration der Ehrenamtlichen des Vereins in die Arbeit des Pflegedienstes	Wann sollten Pflegefachkräfte hauswirtschaftliche Leistungen bei ihrem Einsatz mit erbringen?
Gesundheitsmanagement	Neue Teambildung aufgrund des Wachstums Neue Gebietsaufteilung	Umstellen der stundenweise Verhinderungspflege nach § 39 SGB XI von Leistungskomplexen auf Stunden
usw.	usw.	usw.

Rechtsfragen, Arbeitsrecht, Sozialrecht	Kostenbewusstsein, Betriebswirtschaft, Controlling Mitarbeiter-Verantwortung	allgemeine Themen
Grundlagen der Pflegeversicherung § 39 SGB XI und § 45b SGB XI – Das 1. Pflegestärkungsgesetz Ausblick auf das PSG II	Das optimale Verkaufen von Leistungen beim Erstbesuch Rückmeldung der Mitarbeiter, wenn sich der Leistungsumfang geändert hat	Die Veränderung der Arbeitswelt in der Zukunft
„Richtige" Beratung der Zeitleistungen gegenüber den Leistungskomplexen		Umgang mit Pflegefachkräfte-Mangel
Der richtige Abschluss eines Pflegevertrages	Was kostet die Durchführung einer Dienstbesprechung? Was kostet die Stunde einer ex. Pflegefachkraft? usw.	Wie kann die Pflege auf Personalmangel reagieren?
Beraten und Verkaufen beim Erstgespräch		
Der richtige Umgang mit Verordnungen – Möglicher Umgang mit Ärzten; Erstellen von Informationsmaterial	Die Bedeutung der Personal-Einsatz-Planung für die Wirtschaftlichkeit	Selbstmanagement und Zufriedenheit am Arbeitsplatz
Rechtliche Grenzen der Erbringung von Behandlungspflege durch Helferinnen	Notwendige Zahlen für SGB XI-Verhandlungen; Aussichten für die Einzelverhandlung	Personalentwicklungsmaßnahmen nach der Beratung von Thomas Sießegger
Ablehnungsgründe für SGB V-Leistungen; mögliche Verfahren für Widersprüche	Auswirkung der aktivierenden Pflege auf die Zeitwerte bei den Patienten	Demografische Entwicklung und daraus resultierende Angebote
30% Umsatzsteigerungspotenziale durch das 1. Pflegestärkungsgesetz/ Wie setzen wir das um?	Steigern des Umsatzes im SGB XII	Gelassenheit gewinnt
usw.	usw.	usw.

4.5 Personalentwicklung für Leitungskräfte

Viele Verantwortliche von Pflegediensten erkennen zu spät, dass es in der Vergangenheit unterlassen wurde, Personalentwicklung für neue Leitungskräfte zu betreiben. Gerade in diesen Jahren findet in Deutschland ein großer Generationenwechsel bei Leitungskräften statt. Zusätzlich wird sich in den nächsten Jahren die notwendige Zahl an Leitungskräften in der ambulanten Pflege angesichts der demografischen Entwicklung nahezu verdoppeln. Eine große Herausforderung. v.a. angesichts dessen, dass in den letzten Jahren zu wenig Pflegedienstleitungen ausgebildet wurden.

Die schnelle Not-Lösung

„Auf die Schnelle", in der Not hilft meist nur noch, sich im Umfeld des Pflegedienstes umzusehen. Eventuell gibt es eine bisher zu wenig beachtete Kollegin, die durchaus in der Lage ist, Leitungsverantwortung zu übernehmen, aber noch eine ganze Weile entwickelt und gefördert und unterstützt werden muss.

Oder Sie machen es so, wie es bereits viele Pflegedienste machen, Sie werben für Leitungskräfte und schauen sich auch bei Krankenhäusern, stationären Pflegeeinrichtungen, anderen ambulanten Pflegediensten oder Mitbewerbern um.

Die schnelle Lösung ist jedoch nicht ohne Risiko, denn Sie konnten „die Neue" meist nicht über Jahre hinweg beobachten und in deren Entwicklung beeinflussen.

Noch riskanter (und teurer) ist es, so genannte Personalberater (= Headhunter) einzuschalten, aber manchmal rächen sich die Versäumnisse der Vergangenheit eben auf diese Weise. Das Abwerben von Leitungen ist also schlechter als die eigene Entwicklung von Pflegefachkräften.

Wenn die Situation total verfahren ist oder von Konflikten überlagert, kann es hilfreich sein, jemand kommt von außen und „räumt auf". Diese Person kennt niemanden, muss keine große Rücksicht nehmen, kann zielorientiert die Einrichtung schnell umgestalten. Sie sollte aber in relativ kurzer Zeit damit fertig sein, max. in einem Jahr. Bis dahin sollte der Pflegedienst soweit sein, sich wieder aus eigenen Ressourcen weiterzuentwickeln. Das ist also eine Not-Lösung, und v.a. sollte sie nicht von Dauer sein.

Eine zweite Notlösung oder besser gesagt eine Zwischenlösung ist der Einsatz eines Interimsmanagements, also von Leitungskräften, die bewusst für eine Übergangszeit eingesetzt werden, um die Organisation vorzubereiten, eine dauerhafte und nachhaltige Lösung zu finden. Solche Not- oder Zwischenlösungen sind jedoch meist nicht günstig.

Langfristige und kontinuierliche Personalentwicklung von Leitungskräften
Es ist viel Erfolg versprechender, eigene Leitungskräfte heranzuziehen, und dies bedeutet, Zeiträume von bis zu 15 Jahren im Vorfeld zu berücksichtigen.

Das ist strategische Weitsicht,

» rechtzeitig die fähigen und engagierten Pflegefachkräfte zu erkennen,

» deren persönliche Schwächen und Lebensumstände sensibel zu identifizieren und zu akzeptieren,

» und die Potenziale gezielt zu fördern und zu fordern,

» bis eines Tages die Zeit reif ist, diese Mitarbeiter mit verantwortungsvollen Aufgaben zu versehen.

Dabei kann es sich durchaus um einen Zeitraum von 10 – 15 Jahren handeln.

Neue Ausbildungen zur Pflegedienstleitung sind notwendig
Kritisch zu betrachten sind die bisherigen Ausbildungen zur PDL. Die Managementkompetenz im Bereich Betriebswirtschaft, Führung, Verkaufen, aber auch das Sozialrecht kamen als Themen in den letzten 10 Jahren zu kurz. Hier müssten die Träger konzeptionell ihre Ausbildungen aufbessern.
　　Bei einer z. B. 15-wöchigen Ausbildung zur Pflegedienstleitung sollten mindestens 6 Wochen konkrete und praxisnahe Betriebswirtschaft und Sozialrecht beinhaltet sein.
　　Wichtig ist es auch, dass die ambulante PDL-Ausbildung (zumindest in Teilen) von der stationären Ausbildung zur PDL getrennt ist/wird, denn die Unterschiede in der Praxis sind zum Teil erheblich. Ambulant „denkt" anders als stationär.

Eine Alternative zu einer „nicht optimalen Ausbildung" ist es, diese durch gezielte Ein- oder Zwei-Tages-Seminare zu ergänzen mit ganz speziellen Themen, z. B.

» Kostenrechnung für ambulante Pflegedienste, neue Ideen für ambulante Pflegedienste usw.,

» Anwendung des SGB XI und SGB V in der Praxis,

» neue Leistungsangebote:
　· Privatzahlerleistungen,
　· zusätzliche Betreuungsleistungen (ab 2017: Entlastungsleistungen) nach §45 b SGB XI,

- niedrigschwellige Betreuungs- und Entlastungsleistungen nach den §§ 45b Abs. 1 Pkt.4 und § 45c SGB XI,
- stundenweise Verhinderungspflege nach § 39 SGB XI.

» Führung,

» Verkaufsrhetorik,

» usw.

Tipps

1. Mitarbeiter werben Mitarbeiter: Für die Vermittlung einer neuen Pflegefachkraft gibt es eine Prämie, zum Beispiel 400 Euro. Wenn die (ab)geworbene Mitarbeiterin die Probezeit besteht, erhält die Vermittlerin den gleichen Betrag noch einmal.
    Vorteile:
    a) Die Mitarbeiterin würde niemanden empfehlen, von dem/der sie nicht überzeugt wäre, dass er/sie zum Team passt. Das Risiko ist insofern gering.
    b) Die „Kosten" für diese Form der Personalbeschaffung halten sich in Grenzen. Sie sind wesentlich niedriger und erfolgversprechender als eine Anzeige in der regionalen Tageszeitung.
    c) Die Mitarbeiter werden in die Personalentwicklung und in die Probleme des Trägers involviert und denken mit. Das erhöht auch die Bindung zum Unternehmen.

2. Wenn es in Ihrem „Tarif"-System möglich ist: Sorgen Sie für einen genügenden Lohnabstand zwischen den examinierten Pflegefachkräften und den Helferinnen. Der Unterschied sollte Angebot und Nachfrage am Markt widerspiegeln und kann durchaus 5 € pro Stunde ausmachen.

3. Wenn Sie im Rahmen der Personalbeschaffung in anderen Bundesländern inserieren, bieten Sie Hilfe an beim Umzug und bei der Wohnungssuche. Auch die Dienstleistungen eines Relocation Service könnte es attraktiv machen, zu Ihnen zu kommen: Hilfe bei Kindergartenplatz, Gänge zu Ämtern, Ummelden usw.

4. Schaffen Sie einen Lohnabstand von drei bis fünf Euro pro Stunde zwischen den Pflegefachkräften und den Helferinnen. Die Pflegefachkräfte werden in Zukunft noch mehr Verantwortung und Managementaufgaben wahrnehmen müssen.

4.6 Die Verwaltungskraft = Assistentin der Pflegedienstleitung

Neue Aufgaben für Verwaltungskräfte

4.6.1 Verwaltungskräfte übernehmen immer mehr betriebswirtschaftliche Aufgaben

Noch vor 10 Jahren begann ein Monat immer hektisch: Die Abrechnungen sollten möglichst schnell (von der Verwaltungskraft) bearbeitet werden. Meist schaffte sie das bis Mitte des Monats. Heutzutage sollte man in den ersten Tagen des Monats fertig sein mit 90 % der Abrechnungen.

Der Hauptauslöser für Veränderungen und die Notwendigkeit, die Aufgaben zwischen Pflegedienstleitung und Verwaltungskraft neu zu ordnen, sind die Möglichkeiten der Software:

Wenn
a) schon während des Monats die Leistungen minutiös geplant werden und täglich bezüglich SOLL und IST abgeglichen werden, und wenn
b) die Leistungsnachweise der Mitarbeiter weitgehend (ohne große aufwendige Kontrolle) identisch sind mit den während des Monats korrigierten IST-Zahlen (Leistungen und Zeiten), dann ist die Abrechnung quasi ein 100 %iges Nebenprodukt der eben beschriebenen Prozesse.

Während bis vor ein paar Jahren die Tätigkeiten einer Verwaltungskraft weitgehend gleichgesetzt wurden mit der Abrechnung der Leistungen, hat heutzutage die Verwaltungskraft mit den Abrechnungen gar nichts mehr zu tun.

Das heißt aber nicht, die Stunden der Verwaltungskräfte abbauen zu können oder sie gar zu entlassen. Fast das Gegenteil ist der Fall. Die Stunden der Verwaltungskräfte müssen überdacht werden und vor allem, die Aufgaben müssen komplett neu verteilt werden.

Die Verwaltungskraft ist vor allem Mittlerin von Informationen zwischen den

» Patienten und deren Angehörigen

» den Mitarbeitern und

» der Pflegedienstleitung.

4.6.2 Notwendige Veränderungen und Umverteilungen von Tätigkeiten zwischen Verwaltungs- und Leitungskräften

Kernaufgaben einer Verwaltungskraft	wegfallende Aufgaben	zusätzliche Aufgaben kommen hinzu (überwiegend zur Entlastung der PDL)
• Gestaltung und Durchführung der Aufnahme neuer Patienten, zusammen mit der Pflegedienstleitung • Ablage und Verwaltung der Patienten-Stammdaten • Organisation und Kontrolle über die Verordnungen und Genehmigungen • Allgemeiner Telefondienst, Informationen an Krankenhäuser, Ärzte, Kunden, Angehörige – in „zurufbarer" Nähe der Leitungskräfte • Verordnungsmanagement und Genehmigungen (in Zusammenarbeit mit der PDL) • Verantwortung und Gestaltung des Formularwesens • Information der anrufenden Kunden, wo die Mitarbeiter sich aufhalten (Notwendigkeit des Einblicks in die Personal-Einsatz-Planung vor Ort) • EDV-Ablage und EDV-Organisation • Informationsvermittlung zwischen PDL, Verwaltungskraft und Mitarbeitern • Bearbeitung des Postein- und -ausgangs • Führen das Kassenbuchs • Erstellen von Statistiken • usw.	• Kontrolle der Leistungsnachweise [zusammen mit der PDL] • Eingabe der SGB V und der SGB XI-Daten in das Abrechnungsprogramm **... diese Aufgaben werden nun durchgeführt von den Leitungskräften (im Vorfeld einer Abrechnung)** **Diese Aufgaben verbleiben weiterhin bei den Verwaltungskräften:** • Ausdruck der Rechnungen • Sortieren der Rechnungen • Versand der Rechnungen • Gemeinsame Kontrolle [mit der PDL] der Zahlungseingänge	• Terminieren und Auswerten der Beratungsgespräche nach §37 Abs. 3 SGB XI • Terminieren und Auswerten der jährlich mindestens 1 x stattfindenden erneuten Kundenbesuche (und/oder Pflegevisiten) • Erstellen von Statistiken • Ausarbeiten und Durchführung des Controlling • Kalkulationen und Unterstützung bei der Vorbereitung von Vergütungsverhandlungen • Erstellen von Entscheidungsvorlagen für die PDL • Projektarbeiten (oder Projektverantwortung) • Unterstützung der Mitarbeiter, welche die Beratungsgespräche nach §37 Abs. 3 SGB XI durchführen • Mitarbeiter bei der Strategieentwicklung • Ständiges Aktualisieren und Vervollständigen der Erstgesprächsmappen der Leitungskräfte und der Mitarbeiter, welche die Beratungsgespräche nach §37 Abs. 3 SGB XI durchführen

1. Drücken Sie die Wertschätzung aus für die Verwaltungskraft, geben Sie ihr einen neuen Namen, z. B. „Assistentin der Pflegedienstleitung" oder „Koordinatorin" des Pflegedienstes.

2. Erstellen Sie eine Tabelle: Ordnen Sie alle wichtigen Tätigkeiten eines Pflegedienstes

    • der Pflegedienstleitung und

    • der Verwaltungskraft

    zu

3. Überprüfen Sie alle 2 – 3 Jahre die Verteilung der Aufgaben zwischen Verwaltung und Leitung. Das stetige Wachstum erfordert oftmals eine Umstrukturierung, und diese wiederum eine Neuverteilung der Aufgaben.

4. Eine Verwaltungskraft nutzt im Idealfall ein Headphone, um beide Hände frei zu haben für Eingaben im PC oder um nebenbei Akten zu suchen o. Ä.

Gerade in der ambulanten Pflege werden die Anforderungen an die Mitarbeiter/innen immer komplexer. Die Anzahl der pflegebedürftigen Menschen wird steigen, Personal für Pflegeberufe zu finden, wird immer schwieriger und Personal zu halten ebenfalls.

Alles das sind Gründe, Personalentwicklung in den Fokus der Aufmerksamkeit für Geschäftsführungen und PDL zu stellen.

5 Kaufen oder verkaufen? Eine Unternehmens-bewertung

von Thomas Sießegger, Hamburg

5.1 Was ist ein ambulanter Pflegedienst wert?

Um diese Frage geht es bei einer der folgenden Ausgangssituationen.

1. Eine Pflegedienst-Inhaberin (55 Jahre alt) möchte ihren Pflegedienst mit 60 Patienten, den sie 1995 bei Einführung der Pflegeversicherung gegründet hat, aus gesundheitlichen Gründen verkaufen. Der Kaufinteressent ist ein in der gleichen Stadt ansässiger Wohlfahrtsverband.

2. Ein Träger oder Verband hat vielerlei Dienstleistungsangebote, darunter auch stationäre Pflege, jedoch bisher noch keine ambulante Pflege. Um die Versorgungskette zu vervollständigen, um attraktiver zu werden oder um sich zu diversifizieren, soll entweder ein ambulanter Pflegedienst gegründet werden oder ein bestehender Pflegedienst übernommen werden, um die Anlaufkosten und die Risiken einer Neugründung zu vermeiden.

3. Ein Konzern, ein Investor oder ein größerer Träger von ambulanten Diensten möchte sich weitere Pflegedienste einverleiben, um Marktanteile zu gewinnen, die Pflegedienst-Kette zu vergrößern oder um Synergien zu schaffen bei zentralen Dienstleistungen. Auch weitere Hintergedanken vertrieblicher Art können eine Rolle spielen.

Weitere Gründe für Bewertungen können gerichtliche Verfahren wegen der Trennung von Ehepartnern sein oder wenn einer von zwei bisherigen Gesellschaftern eine GmbH verlässt und sicherlich viele weitere ...

Für solche Fragen bedarf es einer Einschätzung „Was ist der ambulante Pflegedienst wert?"

Die Bewertung eines ambulanten Pflegedienstes ist jedoch sehr schwierig und lässt sich kaum nach absolut objektiven Gesichtspunkten durchführen. Und eine Bewertung muss auch immer die Interessenlage des potenziellen Käufers berücksichtigen, wie viel ist er bereit zu zahlen, und was ist sein Interesse?

Unternehmensbewertungen werden auch Due Diligence genannt.

Das Problem ist, dass alle gängigen Verfahren zur Due Diligence bei ambulanten Pflegediensten nicht greifen. Im Gegensatz zu anderen Unternehmensbewertungen fehlt es bei ambulanten Pflegediensten nämlich vor allem an dem zu bewertenden Anlagevermögen. Wenn zum Beispiel Fahrzeuge geleast sind und der Pflegedienst zur Miete untergebracht ist, wird in der Bilanz kein nennenswertes Anlagevermögen ausgewiesen sein. Der Hinweis auf das so genannte „Humankapital" von Seiten des potenziellen Verkäufers zählt dann nicht. Ein Investor würde fragen: „Wo sind denn die Mitarbeiter in der Bilanz aktiviert?" Mitarbeiter lassen sich nicht kaufen. Und Patienten schon gar nicht. Jeder Kunde hat die Wahlfreiheit „seines" Pflegedienstes.

Meine Erfahrungen zeigen, dass nach unprofessionellen Verkäufen von Pflegediensten die Patienten- und Umsatzzahlen um bis zu 60 % einbrechen.

Die bei anderen Unternehmen verwendeten vergangenheitsorientierten und zukunftsorientierten Verfahren, wie

» Ertragswertverfahren,

» die Discounted Cash-Flow-Methode,

» das Substanzwertverfahren und

» das Stuttgarter Verfahren und weitere

sind vollkommen ungeeignet, die wahren Werte und wertmindernden Faktoren eines Pflegedienstes sachgerecht zu erfassen. Ein Teil dieser hier genannten Verfahren wird im Weiteren geklärt.

Deshalb ergibt sich für mich folgende Einschätzung: Für Anleger ist es ein sehr riskantes Geschäft, in diesen Bereich der ambulanten Pflege- und Betreuungsdienste zu „investieren". Denn erfolgreiche Pflegedienste leben von der Aura der Pflegedienstleitung, von der Persönlichkeit, vom „Herzblut", was in den Pflegedienst gesteckt wurde, und zum Beispiel von der richtigen Personal-Einsatz-Planung, die einem Investor nicht so leicht zu vermitteln ist. Dieser würde höchstwahrscheinlich zu gängigen „in der anderen Wirtschaft" funktionierenden Rezepten greifen (lean management, target costing oder anderen Trends, die in der Wirtschaft scheinbar erfolgreich sind), und so zum Beispiel die erlösorientierte Personal-Einsatz-Planung einsetzen.

Die Versuchung für Investoren wäre sehr groß, falsch mit den Leistungsträgern und den Kunden abzurechnen (nicht unbedingt mit Absicht, sondern eher aus Unwissen) und es könnten rechtliche Gegebenheiten nicht angemessen berücksichtigt werden.

Alle diese Erfolgsfaktoren (von denen es noch viel mehr gibt) kann man nicht kaufen!

... und schon gar nicht erfolgreich weiterführen, wenn der/die bisherige Inhaber/in weg ist.

Investoren und Gesellschaften können einen noch so perfekten Pflegedienst modellieren, er wird auch dann nicht erfolgreich sein, wenn die Menschen vor Ort diesem Pflegedienst nicht vertrauen. Und wenn die Pflegebedürftigen und deren Angehörige erfahren, da steckt ein großer anonymer Konzern oder gar ein Investor dahinter, ist es aus mit dem Vertrauen. Allenfalls funktioniert das in großen Städten, wenn zum Beispiel ein wirklicher Profi für das Betreiben des/der Pflegedienste/s gewonnen werden kann.

Für eine einigermaßen objektive Wertschätzung eines Pflegedienstes ist es unabdingbar, mit Fachwissen, Erfahrung, Vorsicht und mit Sensibilität die Strukturen und die Arbeitsabläufe des Pflegedienstes zu untersuchen und zu bewerten.

Ein Fachmann muss dazu die Prozesse und die Strukturen analysieren und in der Lage sein, diese zu bewerten.

Um einen Eindruck zu vermitteln, welche Aspekte bei der Bewertung eines Pflegedienstes zum Ansatz kommen, werden nachfolgend alle Schritte im Rahmen einer alternativen pflegedienstspezifischen **Due diligence** aufgezeigt.

Doch zuvor werden gängige Bewertungsverfahren kritisch betrachtet.

5.2 Nicht geeignete Verfahren zur Bewertung von Pflegediensten

Für die Bewertung von anderen Unternehmen (also nicht von Pflegediensten) gibt es unterschiedliche und bewährte Verfahren. Allesamt sind sie nicht geeignet für die Bewertung von ambulanten Pflegediensten, weil die dortigen Voraussetzungen ganz andere sind. Vor allem liegt das daran, dass bei den meisten Bewertungsverfahren das Anlagevermögen die Basis der Bemessung und der Einschätzung des Wertes ist.

Substanzwertverfahren

Das Substanzwertverfahren berücksichtigt bei der Bewertung die Nettosubstanzwert-Ermittlung:
Eigenkapital als Überschuss, im Sinne von:
bereinigte Aktiva ./. Verbindlichkeiten.

Dieses **Verfahren ist ungeeignet** und bietet sich nicht für eine Bewertung an, da ein ambulanter Pflegedienst in der Regel kaum über Anlagevermögen verfügt. Die Substanz und der Wert ergeben sich vielmehr aus den Mitarbeitern und den Kunden, aber dieses „Humankapital" wird nicht in Bilanzen aktiviert. Alternativ zum Kauf eines Pflegedienstes könnte der Interessent jedoch einen Pflegedienst gründen und entwickeln. Die bei diesem Gedanken („auf der grünen Wiese" neu gründen) entstehenden Anlaufverluste können jedoch mit Schätzwerten berücksichtigt werden, wenn es um den Kaufpreis eines Pflegedienstes geht. Ein Träger, der einen ambulanten Dienst „haben möchte", würde überschlägig ermitteln oder schätzen, welche Anlaufkosten er hätte. Das wäre sein maximaler Preis für den Kauf eines Pflegedienstes.

Das Stuttgarter Verfahren

Das Stuttgarter Verfahren ist ein Verfahren zur Bewertung nicht notierter Anteile an Kapitalgesellschaften nach dem Bewertungsgesetz (BewG). Die Bestimmung besagt, dass der Unternehmenswert, wenn er nicht aus Verkäufen abgeleitet werden kann, zu schätzen ist. Das Stuttgarter Verfahren hat diese Bestimmung konkretisiert, insbesondere auf der Grundlage der Berücksichtigung des Vermögenswertes als auch des Ertragswertes. Das **Stuttgarter Verfahren** wurde tatsächlich schon bei Bewertungen von Pflegediensten angewendet. Es ist jedoch vollkommen **praxisfremd** und **für die Branche der Pflege ungeeignet** und führt zu deutlich niedrigeren Werten, als den Pflegedienst-Inhabern eigentlich zustehen würden.

Liquidationswert-Ermittlung

Hier wird unterstellt, dass der Pflegedienst aufgegeben wird.

In diesem Fall wird geschätzt, welche Verkaufserlöse die Wirtschaftsgüter erzielen könnten, wenn sie einzeln verkauft werden würden. Die Summe dieser geschätzten Verkaufserlöse stellt dann den Liquidationserlös dar.

Das **Liquidationsverfahren** ist ebenfalls **unbrauchbar**, da es nur das objektiv bewertbare Anlagevermögen berücksichtigen würde. Mitarbeiter und Patienten (Kunden) können nicht „verkauft" werden, unabhängig von einer rechtlichen Würdigung eines solchen „Verkaufs". Sowohl Mitarbeiter als auch Kunden haben eine Wahlfreiheit.

Einschränkungen der diskutierten Verfahren

Die meisten in der Praxis verwendeten Verfahren werden angewendet, wenn es um den Verkauf eines Pflegedienstes geht. Je nach Zielsetzung und Bewertungsmethode lassen sich erhebliche Bewertungsunterschiede aufzeigen. So kann bei ein und demselben Pflegedienst mit einem Jahresgewinn von z. B. 80.000 Euro das ‚Stuttgarter Verfahren' einen Unternehmenswert von 0 Euro ergeben, nach der Discounted-Cash-Flow-Methode einen Wert von 200.000 Euro, und nach einer anderen Methode einen Wert von 120.000 Euro.

Ungenauigkeiten von Zukunftsdaten zu Umsatzerlösen, Erträgen und Verzinsungen, eingeschränkte Beschaffungsmöglichkeiten von Markt-Vergleichsdaten, Sachwertermittlung ohne Realisierungsbeweis, Annahmen und Schätzungen belasten die Genauigkeit eines Ergebnisses. Das Ergebnis einer Unternehmensbewertung kann also nur die Richtung oder die Bandbreite angeben, innerhalb derer sich der endgültige Kaufpreis bewegen sollte. Diese Ungenauigkeiten entstehen vor allem bei einer Betrachtung, die z. B. nur anhand von schriftlichen Unterlagen erfolgt.

Diese Einschränkungen wären bei einer wirklichkeitsnahen und möglichst objektiven Bewertung aufzuheben, indem zusätzlich zu einer Kombination von mehreren Verfahren eine konkrete und fachlich basierte Analyse der Aufbau- und Ablauforganisation durchgeführt wird.

Schwierigkeiten beim Verkauf von Pflegediensten

In Verkaufsbörsen für Pflegedienste und in Inseraten werden immer wieder 2 bis 3 Monatsumsätze als „Kaufpreis" genannt. Vor 15 Jahren sprach man sogar noch von Werten in Höhe eines Jahresumsatzes.

Diese Formen der „Bewertung" sind willkürlich und haben keinerlei inhaltliche oder fachliche Berechtigung. Es gibt keine Begründung für die Richtigkeit dieser Einschätzungen. Zudem sind sie Ausdruck mangelnder Sachkenntnis und fehlender objektiver Bewertungsmaßstäbe. Sie entsprechen am ehesten noch der Theorie von Angebot und Nachfrage, und dem sich daraus ergebenden **Marktpreis**.

Aber selbst dieser Gedanke ist weit von der Realität entfernt. Die Gespräche werden zwar öfter mit einem Wert von 2 bis 3 Monatsumsätzen als Verhandlungsbasis begonnen, beim Abschluss jedoch wird – zudem oft sehr kurzfristig – dem Verkäufer der **Preis auf einen Monatsumsatz** oder weniger **reduziert**. Über diesen Monatsumsatz hinaus gibt es dann kein weiteres Einbeziehen von wertsteigernden oder wertmindernden Faktoren.

Trotzdem: Marktübliche Verfahren sollten auch von einem Gutachter zur Kenntnis genommen werden. Deshalb ist es durchaus sachgerecht, bei der Bewertung wenigstens den Wert von 1 bis 2 Monatsumsätzen als Basis anzusetzen, und diesen Basiswert um die weiteren Bewertungsmethoden zu ergänzen.

5.3 Ein neuer spezieller Ansatz zur Bewertung ambulanter Pflegedienste

Für eine bestmögliche Objektivität in der Bewertung eines Pflegedienst müssen Kennzahlen verwendet werden und es bedarf tiefgehender und durchaus komplexer Analysen und Zahlenerhebungen, die mit den Werten anderer (erfolgreicher) Pflegedienste verglichen werden. Dafür sollten Daten von vielen Pflegediensten und entsprechende Erfahrungen als Basis zur Verfügung stehen, um einschätzen zu können, welche Aspekte von besonderer Bedeutung sind.

Oft sind es eher die so genannten „weichen" Faktoren, die den Wert eines Pflegedienstes ausmachen. Erschwerend kommt bei diesen wertsteigernden oder wertmindernden Faktoren hinzu, dass eine Beurteilung schwer fällt.

Wird zum Beispiel die Touren- und Personal-Einsatz-Planung nicht optimal geführt, also

» ohne tägliche individuelle Anpassung an die Bedürfnisse der Kunden und die Situation bei den Mitarbeitern,

» ohne zeitnahen täglichen SOLL-IST-Vergleich,

» ohne die Hinterlegung von Selbstkosten für eine Vor- und Nachkalkulation,

» ohne Kontrolle von Leistungsnachweisen, Arbeitszeitnachweisen und korrigierten Einsatzplänen usw.,

so kann dies als wertmindernd betrachtet werden.

Nimmt der potenzielle Käufer jedoch einen anderen Blickwinkel ein, weiß er, dass sich diese Sachverhalte sehr schnell ändern lassen. Dann würde aus dem ertragsarmen Pflegedienst kurzfristig ein profitabler Pflegedienst. Die erkannten Umstände wären also bei entsprechender Reorganisation und dem dafür notwendigen Fachwissen sogar wertsteigernd.

5.3.1 Grundlagen der Bewertung sind mögliche zukünftige Erträge und voraussichtliche Ergebnisse

Ein Pflegedienst besteht meist aus immateriellen Werten. Der Wert ergibt sich offiziell für die Übernahme von Kunden (Patienten) und Mitarbeitern. Diese können jedoch nicht „verkauft" werden. Deshalb bietet es sich an, die zukünftigen Betriebsergebnisse in eine Bewertung einfließen zu lassen. Hier ist die Umsatzrendite von Bedeutung. Diese ermittelt sich aus dem Ergebnis der gewöhnlichen

Geschäftätigkeit und aus den Erträgen aus Pflegeleistungen (ohne Zuweisungen und Zuschüsse und ohne sonstige betriebliche Erträge).

Beispiel für eine Berechnung

$$\frac{\text{Ergebnis der gewöhnlichen Geschäftätigkeit}}{\text{Umsatz aus Pflegeleistungen}} = \frac{36.000,00\,€}{720.000,00\,€} \times 100\,\% = 5,00\,\%$$

Diese Zahl ist jedoch so uneinheitlich bemessen, dass keine zuverlässigen Aussagen getroffen werden können. Es hängt z. B. davon ab, ob private Pflegedienstinhaber ihre Gehälter schon mit bei den Kosten berücksichtigt haben (GmbH) oder von der Rendite „leben" müssen (z. B. bei einem Einzelunternehmen oder einer GbR mit „Privatentnahmen"). Entgegen üblicher Verfahren der Bewertung sind die vergangenen Erfolge nicht sicher für die Zukunft. Deshalb ist die Schätzung zukünftiger Gewinne oder Erfolge besser als eine scheinbar sichere Bestimmung der Gewinne der Vergangenheit mit der Annahme, dass diese auch in der Zukunft realisiert werden können. Vergangene Gewinne wurden nämlich abgeschöpft und flossen meist nicht in das Anlagevermögen eines Pflegedienstes ein.

5.3.2 Wertsteigernde und wertmindernde Faktoren

Nachfolgend werden die Aspekte angeführt, die grundsätzlich für die Wertbildung eines ambulanten Pflegedienstes sind. Jeder der Punkte bildet für sich einen Wert, der aber meist nicht mit absoluter Sicherheit und eindeutig bestimmt werden kann, und der verschiedenen Einschätzungen oder dem Verhandlungsgeschick unterliegen kann.

1)   Die (positive) Außenwirkung der Pflegedienstleitung

Die Leitungskraft sollte in der Bevölkerung bekannt sein, zumindest wenn der Pflegedienst sich in einer Kleinstadt oder auf dem Land befindet. Ideal ist, wenn die Leitung an öffentlichen Veranstaltungen teilnimmt und auch ansonsten aktiv in der Gemeinde oder dem Stadtteil tätig ist. Wichtig ist die starke Verzahnung der Aufgaben der Leitung mit anderen Aufgaben in der Öffentlichkeit. Selbst der Wohnort der Leitung kann von Wert sein, wenn die Leitung bekannt und beliebt ist. Ganz entscheidend ist dann, ob die Leitung nach dem Verkauf des Pflegedienstes verbleibt oder geht. Deshalb ist die Kommunikation um den Übergang von großer Bedeutung. Im Sinne eines möglichst guten Verkaufspreises (für den Verkäufer) und einer erfolgreichen Fortführung des Pflegedienstes sollte allen daran gelegen sein, die positive Außenwirkung mit auf den neuen Pflegedienst zu übertragen und neue Leitungskräfte dementsprechend aufbauen. Wichtig sind hier die Kontakte zu Ärzten und zu anderen „wichtigen Leuten".

2) Die Monopol-Situation oder Markt-Dominanz

Wenn der Pflegedienst eine dominierende Marktposition hat, macht es ihn besonders attraktiv und effizient. Fahrt- und Wegezeiten reduzieren sich und ein großes breites Angebot kann aufgebaut werden. Eine dominierende Marktposition bedeutet aber auch, dass eine Spezialisierung kaum infrage kommt, denn um die Monopol-Situation aufrechtzuerhalten, müssen alle von Kunden gewünschten Leistungen angeboten werden.

Von Marktdominanz kann gesprochen werden, wenn der Pflegedienst
a) über 60 % Marktanteil hat im ländlichen Bereich
b) über 20 % Marktanteil in einer Stadt oder einem Stadtteil mit ca. 50.000 Einwohnern.
Der Marktanteil kann mithilfe der Angaben im Pflegelotsen errechnet werden.

3) Ein hoher Anteil an SGB XI-Erträgen, möglichst mit hohem Anteil kombinierter Einsätze (SGB XII und SGB V)

Überwiegend im SGB XI (= Pflegeversicherung) können die Umsätze durch entsprechende Beratung tatsächlich beeinflusst werden. Dabei werden folgende Aspekte differenziert berücksichtigt:

» Ausschöpfen der Pflegesachleistungen, vor allem in den Pflegestufen I bis II,

» die Wertschätzung der Beratungsgespräche nach § 37 Abs. 3 SGB XI als Marketinginstrument zur Gewinnung neuer Kunden und zum ...

» Ausschöpfen der großen Potenziale bei der stundenweisen Verhinderungspflege nach § 39 SGB XI,

» Ausschöpfen der Potenziale bei den zusätzlichen Betreuungsleistungen nach § 45 b SGB XI,

» Ausschöpfen der Potenziale bei den Privatzahlerleistungen,

» Ausschöpfen der Potenziale bei den Leistungen für Sozialhilfeträger (wichtig besonders in Großstädten).

Diese Kennzahlen sollten mit in eine Bewertung einfließen. Auch die Umsätze pro Patient können Rückschlüsse auf mögliche Wachstumspotenziale zulassen, um zukünftig entsprechend mehr Leistungen zu verkaufen.

4) **Eine hohe Schnittmenge der gemeinsamen Hausbesuche mit SGB V und SGB XI**

Einsätze sind dann effizient, wenn Synergieeffekte genutzt werden können. Diese entstehen z. B. wenn bei **einem** Hausbesuch folgende Tätigkeiten **nur einmal** ausgeführt werden müssen: Begrüßen, Ausziehen des Patienten, Anziehen des Patienten, Dokumentation, Verabschiedung des Patienten. Prinzipiell sind diese Verrichtungen in den Vergütungen im SGB V und auch im SGB XI enthalten und führen dann zu Synergieeffekten. Die Praxis zeigt, dass ein Pflegedienst tendenziell „im Plus" arbeitet, wenn mehr als 25 – 30 % der Hausbesuche Leistungen mit unterschiedlichen und mehreren Finanzierungsansprüchen enthalten[6].

5) Hoher oder steigender Anteil der Privatzahlerleistungen (>5 %)

Die Privatzahlerleistungen müssen mindestens kostendeckend kalkuliert sein, also der Preis muss angemessen sein. Privatzahlerleistungen werden zukünftig stark an Bedeutung gewinnen werden, denn Pflegedienste werden sich nicht mehr nur auf die Erträge aus Leistungen der Krankenversicherung und Pflegeversicherung verlassen können.

Auch die

» stundenweise Verhinderungspflege nach § 39 SGB XI

» zusätzlichen Betreuungsleistungen nach § 45 b SGB XI

» Betreuungs- und Entlastungsleistungen nach den §§ 45b/c SGB XI

gehören zu den Privatzahlerleistungen.

Deshalb ist es wichtig zu prüfen, ob ein attraktiver Privatzahler-Katalog zur Verfügung steht und wie groß die Potenziale sind. Die Anteil der Privatzahlerleistungen am Gesamtumsatz liegen in (reichen) Großstädten wie München und Hamburg bei teilweise über 20 %, während es im Erzgebirge, in Brandenburg, in Ostfriesland oder ähnlichen Gegenden schon gut ist, wenn ein Pflegedienst 7 % seines Umsatzes mit Privatzahlerleistungen machen kann.

6) **Eine angemessene Besetzung in Leitung (mind. 12 % Quote) und Verwaltung (ca. 4 % – 6 % Quote)**

Die 70 % oder 80 % der Kosten, nämlich die Personalkosten, müssen gesteuert werden, das bedeutet eine tägliche und aufwendige Personal-Einsatz-Planung und die vollkommene Freistellung von der reinen Pflege. An Leitung oder

---

6   Ausnahme ist hier Berlin, weil hier aufgrund der sehr hohen Zulassungsvoraussetzungen im SGB V die Organisation der Dienste für SGB V und SGB XI so oder so getrennt sind.

Verwaltung sollte nicht „gespart" werden. Zudem sind die Personen in Leitung und Verwaltung/Abrechnung sehr wichtig. Es ist nachvollziehbar, dass selbst Personen in ihrer Eignung und in ihren Fähigkeiten in gewisser Weise bewertet werden müssen, vor allem dann, wenn sie weiterhin Schlüsselfunktionen innehaben sollen. Das ist oft eine heikle Aufgabe.

7) Die optimale Betriebsgröße

Diese misst sich u. a. an der Zahl der Patienten: ca. 100 – 150 ist ideal, wenn der Betrieb von einer Leitung geführt wird. Hat der Pflegedienst zum Beispiel 200 Patienten, sollten mindestens zwei verantwortliche Teamleitungen für zwei große Teams vorhanden sein.

Bei über 100 Patienten sollte die Verantwortung bei der Planung und Kontrolle also auf mehrere Köpfe verteilt werden. Eine organisatorische Teilung des Dienstes sollte erfolgen.

Dieser Grenzwert von 100 Patienten ist aus Untersuchungen bekannt und bestätigt sich tendenziell in Betriebsvergleichen und in Beratungen vor Ort: Pflegedienste mit geringeren Patientenzahlen haben tendenziell etwas größere Schwierigkeiten, am Markt bestehen zu können, sie neigen zu Inflexibilität. Größere Pflegedienste sind aufgrund ihrer Größe für eine Person nicht mehr ohne Weiteres zu steuern.

8) Flexible Arbeitszeitmodelle

Große Flexibilität ist die Voraussetzung für Wirtschaftlichkeit. Flexibilität bedeutet, dass fixe Personalkosten zu variablen gemacht werden. Das kann nur funktionieren, wenn alle Arbeitsverträge im Durchschnitt knapp bemessen sind – und die übersteigenden Stunden immer zur Auszahlung führen. Generell angedachter Freizeitausgleich funktioniert meistens nicht und führt in vielen Fällen zu Unzufriedenheit der Mitarbeiter.

Solch ein „Arbeitszeitmodell" ist ein hoher Wert. Feste Arbeitsverträge mit hohen Stunden (womöglich Vollzeit) oder Tarifbindung (alte Verträge) mit hohem Durchschnittsalter sind deshalb zum Beispiel stark wertmindernd.

9) Analyse der EDV-gestützten Personal-Einsatz-Planung

Eine EDV-gestützte Personal-Einsatz-Planung mit hinterlegten Zeiten sichert (fast) automatisch eine wirtschaftliche Betriebsführung. Aus der Planung gehen dann Fakturierung, Zeitabrechnung, Lohnabrechnung, Kostenstellenrechnung und Controlling hervor. Die Bewertung eines Pflegedienstes beinhaltet v.a. die genaue Analyse der Personal-Einsatz-Planung:

»   Sind Zeiten für Einzelleistungen hinterlegt?

»   Arbeiten die Mitarbeiter nach diesen Vorgabe- oder Orientierungszeiten?

» Werden Abweichungen kontrolliert und geklärt?

» Werden die Zeiten individuell und täglich auf die Situation der pflege-bedürftigen Menschen angepasst?

» Gibt es eine Vor- und Nachkalkulation der Touren und der Einsätze?

» Wird eine EDV-gestützte Personal-Einsatz-Planung angewandt?

Das sind die Einstiegsfragen in eine differenzierte Analyse und Bewertung der Touren- und Personal-Einsatz-Planung.

Mögliche Risiken für die Aufrechterhaltung der Werte beim Verkauf eines Pflegedienstes

Um wertsteigernde Faktoren aufrechtzuerhalten und ggf. für einen neuen Inhaber, Käufer oder Betreiber zu sichern, muss ein Übergang vorsichtig gestaltet werden, v. a. in Hinsicht auf die Bewahrung und den Ausbau dieser Faktoren.

Die wesentlichen Aspekte sind:

» möglichst die Übernahme der bisherigen Inhaberin als Pflegedienst-leitung,

» die weitgehende Übernahme der bisherigen Mitarbeiter,

» wenn möglich, keine Verschlechterung der Arbeits- und Entlohnungs-Konditionen, da sich dies ansonsten negativ auf die Motivation der Mit-arbeiter auswirken wird,

» gemeinsames Vorstellen des neuen Trägers bei den Entscheidern (Ärzte und Krankenhäuser) und bei den Patienten, mit der Zusicherung und der Information, dass sich die Leistungsversorgung zukünftig kontinu-ierlich fortsetzen wird, und ggf. noch weiter verbessern wird. Der Über-gang muss sensibel kommuniziert werden.

» Der Name des Pflegedienstes sollte beibehalten werden, da mit diesem Namen meist ein guter Ruf verbunden ist. Erst im Laufe der Zeit (ca. 1 – 2 Jahre) sollte der Name des neuen Inhabers stärker in den Vordergrund rücken und der bisherige Name eventuell im Untertitel weitergeführt werden, z. B.

Pflegeteam Schneider
ehemals Privat-Pflegedienst Müller

Sollten diese wesentlichen Aspekte nicht berücksichtigt werden, besteht die Gefahr, dass sich der Gesamtwert eines Pflegedienstes deutlich reduziert.

Zusammenfassung

Es sind also die „**weichen Faktoren**", die den Wert eines ambulanten Pflegedienstes begründen oder zumindest stark beeinflussen. Diese Werte resultieren überwiegend aus den aufgezeigten Aspekten.

Die Wertermittlung eines ambulanten Pflegedienstes beruht also viel stärker auf Erfahrungen und Einschätzungen. Wenn die oben gestellten Fragen und Checklisten nicht positiv beantwortet werden, kann jeder Punkt für sich alleine betrachtet auch wertmindernd wirken.

Deshalb wurde das in der Praxis verwendete Verfahren weiterentwickelt.

Die Basis einer „fast klassischen" Wertermittlung wurde ergänzt um die wertsteigernden und wertmindernden Faktoren.

Vorwort von Claudia Henrichs

Die Vision steht, Ziele und Strategien sind erarbeitet. Unabhängig davon, ob es sich um eine verstärkte Ausrichtung vom reinen Pflegedienst zum Pflege- und Betreuungsdienst, die Übernahme eines anderen Pflegedienstes, die Umstellung der Tourenplanung auf mobile Geräte oder um die Entwicklung einer positiveren Haltung zum Thema „Ambulante Pflege verkaufen" handelt, immer sind es die tätigen Menschen, die die Vision leben, die Ziele erreichen und die Strategien umsetzen sollen.

Im zweiten Teil dieses Buches geht es also um die Personal- und Organisationsentwicklung in der ambulanten Pflege.

Sie werden beim Lesen dieses Teils feststellen, dass die Themen nicht trennscharf voneinander abgrenzbar sind. Die Maßnahmen und Aktivitäten der Personal- und Organisationsentwicklung befinden sich in einer Wechselwirkung zueinander und gehen Hand in Hand.

Daher hier ein Überblick zu den Themen, die in diesem Teil auf Sie warten.

Im **sechsten** Kapitel werden Sie lesen, was Personalentwicklung/PE eigentlich ist und wie sie sich von der Organisationsentwicklung/OE unterscheidet oder beide sich vielmehr gegenseitig beeinflussen. Sie werden sehen, dass Organisations- und Personalentwicklung nicht nur ein Aufgabenfeld für große Einrichtungen oder Verbände ist, sondern auch in jedem kleineren Pflegedienst automatisch Bestandteil ist. Wenn Sie über Personalentwicklung nachdenken, dann finden Sie die drei wesentlichen Kriterien und die wichtigsten Grundhaltungen für wachstumsorientierte Personalentwicklung ebenfalls in diesem Kapitel. Grundhaltungen, die förderlich sind, damit sich alle Mitarbeitenden engagiert, mit hohem Verantwortungsbewusstsein und leistungsbereit für die Ziele Ihres bzw. ihres Pflegedienstes einsetzen. Und das auch in Zeiten, in denen es einmal schwieriger ist.

Ob Personalentwicklung immer eine Aufstiegsentwicklung ist und was genau sich in der Fachlichkcit verändert, wenn es um eine höhere Position geht, lesen Sie am Beispiel einer Fachkraft, die die Position der Pflegedienstleitung übernimmt.

Der Frage „Was ist der Sinn?", der Unternehmenszweck in Verbindung mit der Vision, aus der sich Strategien und Ziele ableiten, widmet sich das **siebte** Kapitel. Im Kontext von Wertefragen im ambulanten Pflegedienst wird deutlich, dass Organisationen ausschließlich aufgrund eines Zweckes entstehen und Mitarbeitende ihre Arbeitszeit sinnhaft mit dem Fokus auf den Visionen der Einrichtung verbringen wollen. Lesen Sie, wie Sinn vorgelebt werden kann, lebendig bleibt, mit einer energievollen Kraft versehen und neue Mitarbeitende mit der Vision Ihrer Einrichtung in Verbindung gebracht werden können, in diesem Kapitel.

Im **achten** Kapitel richte ich zuerst den Fokus auf die Mitarbeitenden. Hier geht es um die grundsätzliche Frage, was motiviert? Was bewegt Menschen dazu, Leistung zu erbringen? Sind es Prämien und Bonifikationen oder das Empfinden, dass Leistung zum großen Ganzen beiträgt? Und wenn Letzteres zutrifft, wie kann Leitung im Pflegedienst Rahmenbedingungen schaffen, die Verantwortungsbewusstsein, Leistungsbereitschaft und Engagement möglich machen. Sie erfahren, welche fünf Kriterien dazu führen, dass Mitarbeitende sich für die Ziele einsetzen, und was Sie als Leitungskraft tun können, dass Ihr Pflegedienst als „Place to be" in Ihrem Umkreis wahrgenommen wird und Personalgewinnung leichter geht als vielleicht heute noch. Ein weiterer Aspekt gilt den Leitungskräften, die sich vielleicht auch manchmal fragen: „Wer motiviert mich denn?" Zum Thema Selbstmotivation finden Sie in diesem Kapitel einige Ideen.

Im **neunten** Kapitel geht es um Veränderungen in der ambulanten Pflege. Durch gesetzliche, strukturelle oder personalbedingte Einflüsse sind sie zahlreich und eher die Norm als die Ausnahme. Daher widme ich diesem Thema ein eigenes Kapitel. Welche Einstellung zu Veränderungen macht die Bewältigung leichter, welche Schritte im Veränderungsprozess gehen Ihre Mitarbeitenden und was können Leitungskräfte tun, um Veränderungen schneller und produktiver zu gestalten? Lernen Sie eine mutige Alternative zu bisherigen Veränderungs-Schritten kennen.

Lassen Sie uns also gemeinsam auf den Weg gehen, Lernen und Entwicklung nicht mehr als Defizitbetrieb, sondern als Wachstumsmotor für die Bewältigung der Herausforderungen der Zukunft zu sehen.

Ziel aller Interaktionen, die auf Organisationen und das Verhalten von Mitarbeitenden Einfluss haben, ist, einen Pflegedienst mit Inseln der Lebendigkeit zu schaffen, der für

» begeisternde Führung,

» wertschätzende Zusammenarbeit und

» loyale Kunden steht.

Wenn Sie dem zustimmen, weil es genau so bei Ihnen schon ist oder Sie noch ein Stück näher an diese Vorstellung herankommen möchten, dann werden Sie mir zustimmen, dass dies nur zu erreichen ist, wenn sich die Leitungskräfte – von der Geschäftsführung, der Geschäftsfeldleitung über die Pflegedienstleitungen bis zur Teamleitung, als Architekten des sozialen Betriebssystems verstehen müssen.

6 Wertschätzende Organisations- und Personalentwicklung

von Claudia Henrichs, Köln

Personal für Pflegeberufe zu finden, wird immer schwieriger, Personal zu halten ebenfalls. Die ambulante Pflege steht vor immensen Herausforderungen, da die Anforderungen an die Mitarbeitenden immer komplexer werden. Gesetzliche Neuerungen müssen umgesetzt und Arbeitsprozesse an die technischen Anforderungen der Zukunft angepasst werden. Den sich ändernden Bedürfnissen und Erwartungen der immer zahlreicher werdenden Kunden muss Rechnung getragen werden. Zusätzlich gehören neue Kommunikations- und Entscheidungsstrukturen, zum Beispiel bei der Reorganisationen von Teams, berücksichtigt. Neue Projekte, wie etwa die Einführung von Betreuungsteams oder das Medikamentenmanagement über externe Dienstleister, erfordern andere Arbeitsweisen.

Sie sehen, es gibt viele Gründe, Organisationsentwicklung/OE und Personalentwicklung/PE in den Fokus der Aufmerksamkeit zu stellen und als strategischen Erfolgsfaktor zu nutzen, um Mitarbeitende langfristig für sich zu gewinnen und diese zu versierten Führungskräften weiterzuentwickeln.

6.1 Die Wechselwirkung von OE und PE

Personal- und Organisationsentwicklung sind eng miteinander verknüpft und scheinen für kleinere Pflegedienste zu groß und zu komplex und für Mitarbeitende von Verbänden und großen Trägerstrukturen zu weit weg, weil für beide Themen die Personalabteilung zuständig ist.

Schauen wir uns die Unterschiede, die Gemeinsamkeiten und die Bedeutung für Geschäftsführung und Pflegedienstleitungen an. **Organisationsentwicklung** beschreibt die Veränderungsprozesse des gesamten Systems, dessen Strukturen und Prozesse. Das gesamte System kann ein einziger Pflegedienst aber auch das gesamte Geschäftsfeld ambulanter Dienste eines großen Verbandes sein.

Wird zum Beispiel im Zuge der gesetzlichen Fokussierung auf die Betreuungs- und Entlastungsleistungen ein neues Betreuungsteam eingerichtet oder werden aus einem Pflegedienst aufgrund der gestiegenen Anzahl seiner Patienten zwei Pflegedienste, dann ist das eine Strukturveränderung, die immer auch eine Veränderung der Prozesse oder auch Arbeitsabläufe genannt nachsichzieht.

Betroffene Prozesse bei Teilung eines Pflegedienstes sind zum Beispiel:

» Budgetplanung,

» Kundeninformation,

» Teambesprechungen,

» interne Kommunikation,

» Aufgaben- und Arbeitsplatzbeschreibung,

» Qualitätsmanagement,

» Qualifikation der Mitarbeiter,

» Kostenstellen,

» Abrechnungssystem,

» Fuhrpark,

» Prozessdokumentation,

» und verschiedene mehr.

Bei der **Personalentwicklung** stehen die Menschen im Vordergrund; deren Förderung, Bildung und Unterstützung, mit dem Ziel, dass diese ihr Potenzial zur Verfügung stellen können, um motiviert ihren Anteil an der Zielerreichung des Pflegedienstes zu erbringen. Je klarer die Ziele des Pflegedienstes formuliert sind und je besser sie von den Beschäftigten verstanden und akzeptiert sind, desto erfolgversprechender kann Personalentwicklung sein. Bei der Zielformulierung: *„Ende des Jahres haben uns x % Angehörige und Pflegebedürftige eine positive Rückmeldung gegeben"*, kann erarbeitet werden, welches Verhalten der Mitarbeitenden notwendig ist, um dieses Ziel zu erreichen.

Da eine Organisation immer ein „System" aller Beteiligten abbildet, die in ihr und mit ihr arbeiten, haben die Menschen mit ihren Entscheidungen und Ideen immer einen Einfluss auf die Regelungsprozesse (z. B.: Strukturen, Anforderungsprofile, Qualitätsmanagement, Tourenplanung etc.) des Pflegedienstes. Organisations- und Personalentwicklung stehen also immer in einer interaktionellen Wechselwirkung zueinander.

Deshalb ist auch nicht allein entscheidend, ob jemand kompetent im Sinne von feststehenden „Eigenschaften" ist. Denn je nachdem, wie die Organisationsstrukturen gestaltet und von den Mitarbeitenden erlebt werden, tragen sie dazu bei, dass Mitarbeitende ihre Kompetenzen überhaupt bewusst erleben, sie ihnen wirksam zugänglich werden und es für sie Sinn macht, sie einzusetzen.

Rahmenbedingungen können zur Aktivierung von Kompetenzen, Ressourcen und Fähigkeiten einladen. Wird der Pflegedienst dagegen als inkongruent, abwertend, ängstigend, verunsichernd, defizit-fokussierend erlebt, trägt dies dazu bei, dass der Zugang zu den Fähigkeiten der Mitarbeitenden deutlich behindert wird.

Das heißt, auch in kleineren Pflegediensten findet immer automatisch Organisations- und Personalentwicklung statt. Ob die Aktivitäten zieldienlich sind, hängt davon ab, ob der Unternehmenszweck definiert ist, kommuniziert und gelebt wird, die daraus abgeleiteten aktuellen und künftigen Ziele transparent sind und kompetenzfördernde Rahmenbedingungen vorhanden sind.

Je nach Kultur einer Einrichtung zielt Personalentwicklung auch darauf ab, die Eigenverantwortlichkeit der Mitarbeitenden zu stärken, damit Veränderungsprozesse auch „bottom-top" (von unten in der Hierarchie in die Führungsebenen hinein) initiiert werden können und eine lebendige Organisation entsteht.

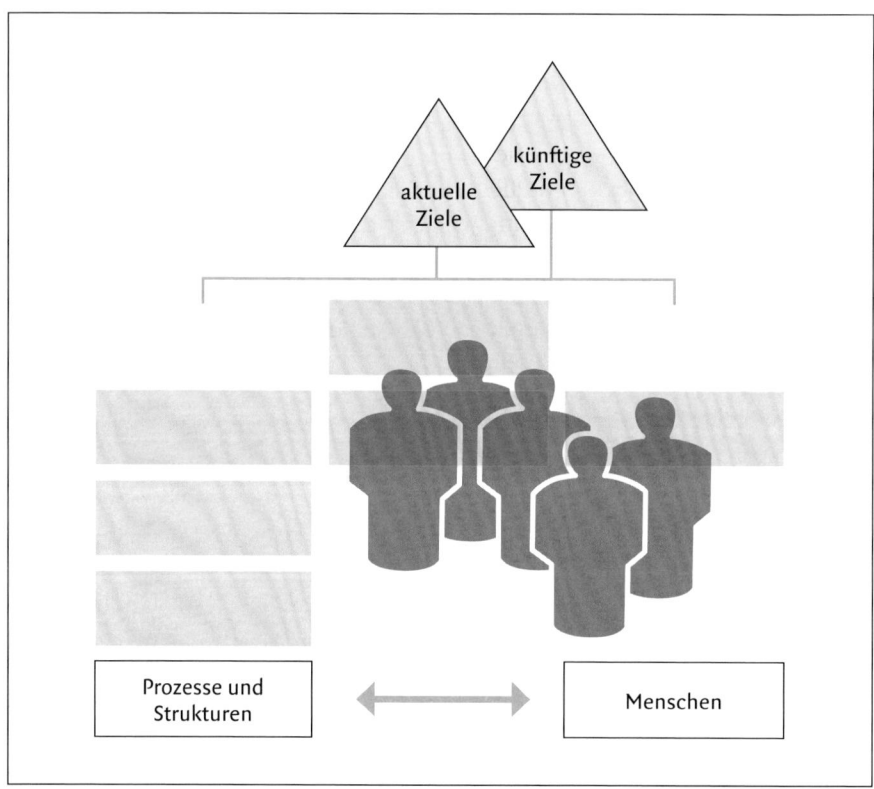

» Organisationsentwicklung/OE hat den Fokus auf Prozessen und Strukturen.

» Bei der Personalentwicklung/PE stehen die Menschen im Vordergrund.

» Sowohl OE als auch PE müssen sich an den aktuellen und den künftigen Zielen sowie dem Unternehmenszweck ausrichten.

» OE und PE stehen in einer Wechselwirkung miteinander.

» Der Erfolg von OE- und PE-Maßnahmen ist abhängig vom Ausmaß kompetenzfördernder Rahmenbedingungen.

6.2 Kriterien für Personalentwicklungs-Konzepte

Alle Maßnahmen der Personalentwicklung, angefangen bei der Bedarfs- und Potenzialanalyse über Ausbildung, Weiterbildung, Feedback-, Beurteilungs- und Kritikgespräche, Coaching, Kollegialer Fallberatung, Verhaltenstrainings- und aufgehört bei Outplacement-Maßnahmen, müssen drei Kriterien erfüllen:

1. **Orientierung an den aktuellen und künftigen Zielen des Pflegedienstes**
   Jede Maßnahme muss in Bezug auf die aktuellen und die künftigen Ziele der Organisation sinnvoll – zieldienlich – sein.
   Gerade in der ambulanten Pflege verändern sich alleine durch gesetzliche Bestimmungen, die Erwartungshaltung der Kunden und auch durch den technischen Fortschritt, die Anforderungen an die Organisation und den Einzelnen absehbar. In diesem Zusammenhang ist die Frage wichtig, welche Fähigkeiten und Schlüsselqualifikationen werden in den nächsten fünf bis zehn Jahren notwendig sein. Personalentwicklung hat also immer auch eine strategisch zukunftsorientierte Komponente.

2. **Personalentwicklung gilt für alle Menschen eines Pflegedienstes**
   Qualifikationsangebote müssen für alle vorhandenen Zielgruppen, Mitarbeitende, Führungskräfte, Teams und Abteilungen adressiert sein und als Wachstumschance statt als Reparaturbetrieb von Defiziten verstanden werden. Das Motto des Learning Campus von adidas heißt: „Ihr lernt – wir wachsen!" Ich halte das für ein gutes Beispiel, Bildungsaktivitäten positiv zu besetzen und mit dem Unternehmenserfolg zu verbinden.

3. **Die Leitungskraft vor Ort ist der wichtigste Personalentwickler**
   Personalentwicklung ist eine der Hauptaufgaben der direkten Leitungskraft. Das Herausfinden der Zukunftsvorstellungen, die Einschätzung von Potenzialen und Fähigkeiten der Mitarbeiter sowie die Unterstützung bei der

Umsetzung von Neuem im Praxisfeld erfordert aufmerksame und an ihren Mitarbeitern interessierte Führungskräfte.

6.3 Grundhaltungen wachstumsorientierter Personalentwicklung

Wenn Personalentwicklung eine der Hauptaufgaben der jeweiligen direkten Führungskraft ist, gibt es in jedem Pflegedienst so viele Personalentwickler wie Führungskräfte. Das bedeutet, es braucht eine durchgängige allgemeingültige Grundhaltung zum Thema Personalentwicklung.

In der Praxis unterscheiden sich Pflegedienste sehr deutlich voneinander, was individuelle Entwicklungschancen betrifft. Die ausschließlich an betriebswirtschaftlichen Kennzahlen orientierte Unternehmensführung lebt eher die Haltung: „Der Mensch ist Mittel. Punkt." Wenn die betriebswirtschaftlichen Zahlen schlecht sind, ist für Personalentwicklung kein Geld übrig, in Zeiten eines Konjunkturhochs ist keine Zeit verfügbar. Wenn Pflegekräfte ein gut gefülltes Überstundenkonto vor sich herschieben, die freie Zeit mit Sondereinsätzen verknappt wird, ist an Weiterbildung aus Sicht der Leitungskräfte nicht zu denken und den Mitarbeitenden fehlt verständlicherweise die Antriebskraft.

Die Haltung „Ihr lernt – wir wachsen!" von jedem Entscheidungsträger gelebt und kommuniziert, beinhaltet dagegen eine Zusammenarbeit auf Augenhöhe für ein gemeinsames Ziel. Darüber hinaus wird damit ein Stück Kultur geprägt. Wenn Menschen in einer Kultur arbeiten, die eher rückwärtsgewandt auf der Suche nach dem Schuldigen für den Fehler lebt, wird die Fluktuation höher sein als in einer Organisation, in der Fehler als Wachstumschance gesehen werden und wertvolle Rückmeldungen für die Prozesse geben.

Alister McGrath, Professor für Theologie, brachte es in einem Artikel im Harvard Business Review auf den Punkt: „Wenn alles, was ein Unternehmen an Wert besitzt, jeden Abend nach Hause geht, ist eine andere Art der Zusammenarbeit zwischen Management und Belegschaft erforderlich."

Auf den ambulanten Pflegedienst trifft diese Aussage sehr genau zu. Die Menschen mit dem direkten Kontakt zu Pflegebedürftigen und deren Angehörigen sind der größte Wert der Einrichtung. In der Qualität der Kommunikation und der Erbringung der vereinbarten Dienstleistung entscheidet sich, ob Erlöse erwirtschaftet und Empfehlungen ausgesprochen werden.

Der Grundhaltung „Ihr lernt – wir wachsen" können vier weitere Grundhaltungen zugeordnet werden.

6.3.1 Jeder Mensch, jedes Team, jede Organisation hat ein ungeahntes Potenzial

Die meisten Menschen können viel mehr leisten, als sie selbst für möglich halten. In lösungs- und ressourcenorientierten Ansätzen wird davon ausgegangen, dass alle Fähigkeiten und alles, was je an Erfahrung gemacht wurde, im Unbewussten gespeichert und als Wissen zur Verfügung steht. Die Konzentration auf dieses innere Wissen und diese intuitive Klugheit, die jedem Menschen innewohnt, kann als Grundlage seiner Arbeitsweise beschrieben und für das Finden von Lösungen genutzt werden.

Darum ist es wichtig, dass Sie als Leitungskraft im ambulanten Pflegedienst fest davon überzeugt sind, dass Ihre Mitarbeitenden unentdecktes Potenzial haben. Richten Sie Ihre Handlungen auf das aus, was sein kann und nicht auf das, was noch fehlt. In meinen Workshops erlebe ich immer wieder, dass Pflegedienstleitungen sagen: „Meine Pflegekräfte werden sich nicht beteiligen, keine Fragen stellen und schon gar nicht vor allen ein Gruppenergebnis am Flipchart präsentieren!" Da ich fest daran glaube, dass die meisten genau das tun werden, habe ich bisher in jeder Veranstaltung aktive, kluge, sich beteiligende und mit Stolz präsentierende Menschen erlebt.

Schon von Goethe ist folgender Satz überliefert: „Nimmst du jemanden, wie er ist, wird er bleiben, wie er ist. Gehst du mit ihm um, als ob er WÄRE, was er sein könnte, wird er zu dem WERDEN, was er sein könnte."

6.3.2 Jede Person hat ihre eigene Interpretation der Situation

Wir alle machen uns ein Bild von den Situationen, die wir erleben und konstruieren unsere eigene Wirklichkeit. Heinz von Foerster, Vertreter des kritischen Konstruktivismus sagt: „Was wir als Wirklichkeit wahrnehmen, ist unsere Erfindung." (in Watzlawick, 2006, S.40)

Wir schaffen uns anhand von dem, was wir sehen, hören, fühlen, riechen, schmecken und früher erlebt haben eine Art Landkarte der Umwelt in unserem Kopf. Wir geben Situationen, Gegenständen und Personen eine bestimmte uns passende Bedeutung und bewerten diese anschließend.

Das bedeutet, jeder Mensch hat seine eigene „Landkarte". Auch wenn er dieselbe Situation erlebt hat, sind völlig unterschiedliche Interpretationen und Bewertungen möglich. Folglich gibt es kein „richtig" oder „falsch", „ich habe recht und du nicht".

Was bedeutet das für Sie als Leitungskraft eines Pflegedienstes?

Eine Pflegdienstleitung schildert den Fall, dass eine Mitarbeiterin das ganze Team „aufmischt". Die Mitarbeiterin vertritt den Standpunkt, dass ihre Leitungskraft nicht verlässlich ist.

Wer hat recht? Beide, ist meine Antwort, denn beide sehen dieselbe Situation aus ihrer Sicht. Nun hilft uns das nur begrenzt weiter, wenn es darum geht, den Konflikt zu lösen und das gemeinsame Ziel, reibungslose Zusammenarbeit und Patienten mit hoher Qualität und Empathie zu versorgen, zu erreichen.

Mögliche Lösungsschritte für die Pflegedienstleitung:

1. **Umdeutung der Situation**
   Statt „Sie mischt das ganze Team auf!", besser ist es, konkrete Beobachtungen zu notieren:
   - 5 Mal in den letzten drei Wochen bekam ich einen Krankenschein, wenn ich sie zum Spätdienst einteilte,
   - 6 Mitarbeiter/innen beschweren sich über Zusatzdienste in ihrer freien Zeit, weil sie einspringen mussten.

2. **Einen Gesprächstermin vereinbaren**
   Kündigen Sie das Thema und die geplante Dauer an und lassen Sie sich während des Gesprächs nicht stören.

3. **Absolute Aussagen vermeiden**
   - Statt: „Das ist so…" oder: „Alle beschweren sich über Zusatzdienste in ihrer freien Zeit!" besser: „Mir kommt das so vor, als ob …" oder „Für mich sieht das folgendermaßen aus: …"

4. **Die Landkarte der Mitarbeiterin verstehen WOLLEN**
   Stellen Sie erkundende Fragen, um die Situation, so wie sie sich für die Mitarbeiterin darstellt, verstehen zu können. Verstehen heißt nicht das Verhalten akzeptieren. Beispiele für erkundende Fragen:
   - Bitte schildern Sie mir Ihre Situation.
   - Welche Erwartungen haben Sie an mich?
   - Welche Vorstellungen haben Sie, die Dienste gerecht zu verteilen?
   - Was ist aus Ihrer Sicht die Konsequenz, wenn Ihre Vorstellungen nicht umsetzbar sind?

Würdigen Sie die Argumente der Mitarbeiterin als kompetente Beiträge, wertvolle Sichtweisen und Bedürfnisse.

5. **Entscheidung und/oder Vereinbarung treffen**

   Wenn Sie feststellen, dass die Werte und Ziele der Mitarbeiterin mit denen ihres Pflegedienstes nicht übereinstimmen und auch keine Übereinstimmung erzielt werden kann, dann treffen Sie die Entscheidung sich zu trennen. Auch wenn die Personalnot noch so groß ist. Inkongruentes Führungsverhalten wird von allen anderen Mitarbeitenden sofort wahrgenommen.

6.3.3 Jeder will an der Entwicklung der Zukunft beteiligt sein

Wie geht es Ihnen, wenn ihre Geschäftsführung beschlossen hat, einen weiteren privaten Pflegedienst zu kaufen oder zu einem anderen Softwareanbieter zu wechseln oder eine betriebswirtschaftliche Beratung durchführen zu lassen und Sie erfahren das erst, wenn die Entscheidung schon getroffen wurde?

Selbst wenn Sie alle diese Maßnahmen als zieldienlich empfinden, bleibt oft ein Gefühl des Übergangen-Worden-Seins zurück. Schließlich haben diese Entscheidungen Auswirkungen auf Ihren Verantwortungsbereich. Schnell kommt der Gedanke: „Und jetzt das auch noch! Wie sollen wir das denn alles schaffen?" Wenn dann die Gedanken in die Richtung gehen: „Warum hat mich denn keiner gefragt?" oder „Die da oben wissen mal wieder alles besser!" ist Demotivation nicht mehr weit.

Mitarbeitende akzeptieren in der Regel, dass sie „nur" ein Rädchen im Gesamtsystem Pflegedienst sind. Jeder möchte aber auch wissen, wie dieses Rädchen sich mit allen anderen zum Großen und Ganzen zusammenfügt, möchte den Sinn in seinem Tun erkennen und mit Ideen dazu beitragen, dass „sein" Pflegedienst einen guten Ruf hat, wirtschaftlich stabil ist und auch in Zukunft ein attraktiver Arbeitgeber mit begeisterten Kunden sein wird.

Wie Sie Beteiligung ermöglichen:

» Gestalten Sie Entschcidungsprozesse so transparent wie möglich. Informieren Sie Ihre (Leitungs-)Teams rechtzeitig und erklären Sie die Notwendigkeit der anstehenden Entscheidungen mit dem Fokus auf die gemeinsame Vision oder die künftigen Ziele.

» Laden Sie dazu ein, Perspektiven und Ideen einzubringen und mögliche Auswirkungen der Entscheidungen für den einzelnen Arbeitsplatz zu nennen. Wertschätzen Sie jeden Kommentar und berücksichtigen Sie dabei, dass jeder lediglich einen Teil des Ganzen sehen und bewerten kann.

» Fragen Sie nach vermuteten Vor- und Nachteilen der anstehenden Entscheidung. Nehmen Sie geäußerte Nachteile ernst.

» Würdigen Sie Ideen und Anregungen, die Sie (so) nicht übernehmen können mit der PMB – Methode:
  • P = sagen Sie, was Sie an der Idee **positiv** finden
  • M = welche **Möglichkeiten** Sie sehen, die Anregung umzusetzen
  • B = welche **Bedenken** Sie haben

» Wenn es erforderlich ist, dass Entscheidungen getroffen werden müssen, die für alle Mitarbeitenden gelten und als Einschränkung wahrgenommen werden, begründen Sie dies transparent und plausibel. Lassen Sie Sichtweisen und Bewertungen zu und würdigen sie diese als kompetente Beiträge und wertvolle Bedürfnisse.

» Geben Sie Rückmeldungen zum Verlauf des Prozesses auch und gerade dann, wenn er nicht wie geplant reibungslos verläuft.

» Machen Sie deutlich, welchen Anteil die Ideen und Anregungen Ihrer Mitarbeitenden an dem Prozessverlauf hatten. Damit entwickeln Sie eine Kultur der Beteiligung, Kreativität und Verantwortungsbereitschaft.

6.3.4 Fehler sind Lernchancen und wertvolles Feedback für unsere Prozesse

Suchen Sie Schuldige oder finden Sie Lösungen? Hier eine Geschichte, die auch auf Ihren Pflegedienst übertragbar ist:

GESCHICHTE

Eine junge Führungskraft hatte in ihrem ersten verantwortungsvollen Job im Unternehmen durch eine Fehlentscheidung einen Verlust von 200 Tsd. Euro gemacht. Sie wurde zu einem Gespräch mit dem Vorstand gebeten und schrieb, bevor sie sich auf den Weg dorthin machte, ihre Kündigung. Als die Führungskraft sie seinem Vorstand überreichte, polterte dieser: „Was fällt Ihnen ein zu kündigen, wo wir doch gerade 200 Tsd. Euro in Ihre Weiterbildung investiert haben!"

Wo Menschen arbeiten, passieren Fehler – auch im ambulanten Pflegedienst. Wenn durch den Fehler andere Menschen zu Schaden kommen, ist das besonders schmerzlich. Monika Habermann, Leiterin des Zentrums für Pflegeforschung und Beratung (ZePB) der Hochschule Bremen, hat in einer Studie belegt, dass Pflegekräfte selten Fehler melden (Habermann in: AOK Bundesverband, 2014). Die Grafik auf der nächsten Seite zeigt, welche Gründe dafür genannt werden.

Auffallend ist, dass Angst vor disziplinarischen Konsequenzen und Angst vor dem Verlust an Ansehen im Team zwei große Hinderungsgründe darstellen, eigene und die Fehler der anderen zu melden.

Wenn Fehler tabuisiert, vertuscht oder verniedlicht werden, kann das weitreichende negative Folgen für die Kunden und das Image des Pflegedienstes haben. Abgesehen davon, dass dadurch auch die Chance vertan wird, Arbeitsabläufe zu optimieren, sind auch Entwicklungschancen für Mitarbeitende kaum möglich. Viel Energie wird für Scham, Ärger und Verdecken verbraucht. Diese Energie ist besser aufgewendet für das Suchen nach besseren Lösungen, damit in der Zukunft ein Fehler nicht ein zweites Mal passiert.

Warum Pflegende Fehler nicht melden

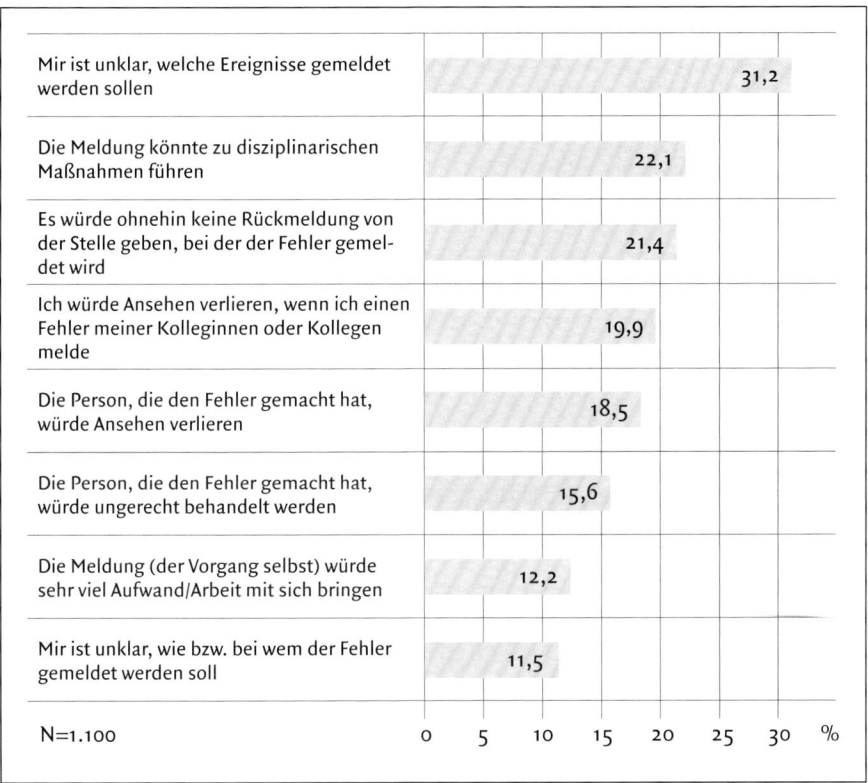

	%
Mir ist unklar, welche Ereignisse gemeldet werden sollen	31,2
Die Meldung könnte zu disziplinarischen Maßnahmen führen	22,1
Es würde ohnehin keine Rückmeldung von der Stelle geben, bei der der Fehler gemeldet wird	21,4
Ich würde Ansehen verlieren, wenn ich einen Fehler meiner Kolleginnen oder Kollegen melde	19,9
Die Person, die den Fehler gemacht hat, würde Ansehen verlieren	18,5
Die Person, die den Fehler gemacht hat, würde ungerecht behandelt werden	15,6
Die Meldung (der Vorgang selbst) würde sehr viel Aufwand/Arbeit mit sich bringen	12,2
Mir ist unklar, wie bzw. bei wem der Fehler gemeldet werden soll	11,5

N=1.100

Quelle: Zebp-Fehlerstudie

Eine **Wachstumskultur** (statt Fehlerkultur) zeichnet sich durch folgende Kriterien aus:

1. Sie leben die Kultur, das Fehler menschlich sind und eine wertvolle Information für gemeinsamen Lern- und Unterstützungsbedarf liefern. Und darüber hinaus, dass für gewünschte Ergebnisse noch weitere oder andere Aspekte berücksichtigt werden müssen.

2. Sie übernehmen die Verantwortung, aber nicht die Schuld für einen Fehler der Mitarbeitenden. Verantwortung übernehmen heißt, gemeinsam zu erarbeiten, was getan werden muss, um den Fehler in Zukunft zu vermeiden. Mit dem Blick auf das erwünschte Ergebnis können dann auch Fragen, die die Vergangenheit betreffen und der Analyse dienen, gestellt werden.
   - Wie ist es zu dem Fehler gekommen? Wer hat was dazu beigetragen?
   - Welche Auswirkungen sind entstanden?
   - Was müssen wir tun, um den Fehler in Zukunft zu vermeiden?
   - Was kann aus dem Fehler gelernt werden?
   - Was ist wichtig für die Kollegen/innen und die Arbeitsprozesse?

3. Wertschätzen Sie die Kommunikation von Fehlern und Schwierigkeiten (Fehlermeldungen) als verantwortungsbewusste Beiträge, damit eine angstfreie Kultur und Sicherheit entstehen kann.

4. Übernehmen Sie die Perspektive, dass man es noch so „gut" machen kann und dennoch das Ergebnis nicht im Voraus wissen und die Entwicklung nicht ganz kontrollieren kann.

6.3.5 Wenn jemand ein Problem formulieren kann, hat er auch schon eine Vorstellung von der Lösung

Ganz einfach ausgedrückt ist ein Problem die Abweichung zwischen dem Ist-Zustand und dem Soll-Zustand. Wenn jemand einen Ist-Zustand als problematisch empfindet, kann er das nur, wenn er eine Vorstellung von einer optimaleren Situation hat. Damit sind Probleme berechtigte Sehnsüchte nach etwas Besserem und notwendig für Veränderungen.

Problemschilderungen und Lösungsvorstellungen

	Problemschilderungen	Lösungsvorstellungen
1	Ich komme mit der Klientin nicht zurecht!	Die Klientin freut sich, wenn ich komme, plaudert mit mir, unterstützt die Pflege und hat Verständnis, wenn ich zu spät komme.
2	Die Absprachen im Team bezüglich der Urlaubszeiten sind schwierig!	Alle nehmen Rücksicht auf die Bedürfnisse der anderen. Gerechtigkeit ist ein hoher Wert im Team. Ich muss mich nicht rechtfertigen, wenn ich meine Urlaubswünsche nenne.
3	Ich weiß nicht, wie ich das alles schaffen soll. Ich bin völlig überarbeitet!	Toll wäre, wenn entweder der Tag noch 5 Stunden mehr hätte oder nur noch die Hälfte meiner Aufgaben auf mich warten würden.
4	Ich komme mit der mobilen Tourenplanung nicht zurecht!	Ich kann die Technik gut bedienen, weil ich verstehe, wie sie funktioniert, und ich habe Zeit genug mich damit zu beschäftigen.
5	Mein Team ist komplett demotiviert!	Ich wünsche mir ein motiviertes, energievolles Team, das auch in schwierigen Zeiten zusammenhält.
6	Das Thema haben wir schon 3x besprochen und immer noch funktionieren die Übergaben nicht!	Veränderungen in unseren Arbeitsprozessen werden sofort von allen nach der Teambesprechung umgesetzt.

Bestimmt gibt es noch andere Vorstellungen von der möglichen Lösung, der Sehnsucht nach dem besseren Zustand. Wichtig ist, dass Sie als Leitungskraft fest daran glauben, dass es sie gibt. Möglicherweise wird sie gerade nicht gesehen und kann noch nicht formuliert werden.

Statt jetzt den Mitarbeitenden die Arbeit abzunehmen, nach dem Motto „schnell mal selbst gemacht" hier einige Tipps, die die Selbstwirksamkeit und Motivation der Mitarbeitenden erhöht:

» Halten Sie sich mit ihren Lösungen zurück, nehmen Sie den „Auftrag" nicht sofort auf Ihre Schultern, sondern fragen Sie nach dem für den Mitarbeitenden optimalen Zustand.

Selbst wenn, wie im Beispiel 3 in der Tabelle, eine unrealistische Idee geäußert wird, zeigt Ihnen jede Antwort eine mögliche Lösung.

» Fragen Sie nach alternativen Wegen, danach, was vorher schon unternommen wurde, um das Problem zu lösen. Fragen Sie, welche Ideen andere schon dazu geäußert haben und stellen Sie gemeinsam die Vor- und Nachteile der jeweiligen Idee gegenüber.

» In den Beispielen 1, 5 und 6 ist auch die Frage zieldienlich, welchen Anteil die Person selbst daran hat, dass es so ist, wie es ist. Was kann anders gemacht werden als bisher, um das gewünschte Ergebnis zu erreichen?

Oft kennzeichnen Problemschilderungen das Verweilen im gegenwärtigen suboptimalen Zustand. Abhängig von der Komplexität des Problems scheint es auf den ersten Blick alleine keine Lösung zu geben. Manchmal ist das Schildern eines Problems der Appell an die Leitungskraft: „Tu du etwas!" im Sinne von „Sag mir, was ich tun soll." oder „Übernimm du den Job!" oder „Tröste und bedauere mich!" In den ersten beiden Fällen handelt es sich um klassische Rückdelegation. Wenn Sie sich darauf einlassen, dürfen Sie sich nicht wundern, wenn diese Methode auch auf andere Mitarbeitende übergreift.

Viele Leitungskräfte genießen es auch, gefragt zu werden, weil es ihre Wichtigkeit und Unabkömmlichkeit unterstreicht. Andere, die eher auf die Selbstwirksamkeit ihrer Mitarbeitenden Wert legen, genießen es, wenn im Urlaub niemand anruft und auch ohne Anwesenheit alles reibungslos läuft.

6.4 Horizontale und vertikale Personalentwicklung

von Claudia Henrichs und Thomas Sießegger

Von **horizontaler Weiterbildung** ist immer dann die Rede, wenn sich das Aufgabengebiet durch zusätzliche Tätigkeiten erweitert, die Anforderungen an die derzeitige Position gestiegen sind, neue Verhaltensweisen notwendig sind oder eine Differenz zwischen Erwartungen und Fähigkeiten erkennbar ist.

Beispiel: Die Position Pflegefachkraft bleibt gleich, die Kompetenzen und Fähigkeiten werden gezielt und geplant angereichert.

Anlass	Beispiel	mögliche PE-Maßnahmen
Aufgabengebiet wird durch zusätzliche Tätigkeiten erweitert.	Pflegekraft übernimmt Verantwortung für die Beratungsgespräche.	Schulung zum Gesetzesinhalt Training on the Job: Gemeinsam mit PDL Analyse der Kundenstrukturen und der BWA Projekt: Beratungskonzept erarbeiten
Die Anforderungen an die derzeitige Position sind gestiegen.	Präsentationen des Pflegedienstes bei Ärzten, Apothekern und sonstigen Veranstaltungen.	Onlinekurs: Präsentationsmaterial erstellen Workshop: Rhetorik und Präsentation Training on the Job: GF bei Präsentationstermin begleiten
Neue Verhaltensweisen sind notwendig.	Dienstbesprechungen werden zu Teambesprechungen und erfordern mehr Moderations- als Informationsfähigkeiten.	interne Weiterbildung in Beziehungsfertigkeiten und der Kultur des Unternehmens Workshop: Moderation und Führung Leitungskreis: Impulse aus dem Workshop an die Kollegen vermitteln
Eine Differenz zwischen Erwartungen und Fähigkeit ist erkennbar.	Wissen, welche Dienstleistungen in den Leistungskomplexen enthalten sind.	Selbststudium anhand der vorhandenen Leistungsbeschreibungen Teambesprechung: Ein Quiz für alle

Vertikale Weiterbildung ist eine Aufstiegsqualifikation für eine höhere Position in der Hierarchie. Pflegefachkräfte werden Teamleitung oder Pflegedienstleitung.

Wenn immer mehr Patienten versorgt werden wollen, aber immer weniger Pflegefachkräfte auf dem Arbeitsmarkt verfügbar sind, werden Pflegefachkräfte in Zukunft verstärkt Managerin oder Teamleitung sein. Es ist denkbar, dass sie dann für die Steuerung und Führung eines kleinen Teams von vier bis sechs Pflege- und Betreuungskräften zuständig sein werden.

Leitung kann aber nicht von heute auf morgen gelernt werden. Wie oft wird die beste Pflegefachkraft zur Pflegedienstleitung „gemacht" und stößt bei aller Freude darüber und gutem Willen an ihre Grenzen, weil Führung mehr und andere Fähigkeiten benötigt.

Geben Sie daher Ihren potenziellen zukünftigen Leitungskräften die Chance, sich zu bewähren, schaffen Sie Projekte oder Aufgaben, in denen sie sich entwickeln können:

» Übernahme der Verantwortung für die Qualitätssicherung: Aufbau eines webbasierten Qualitätsmanagements.

» Weiterbildungsplanung entsprechend den Anforderungen und den Potenzialen der Kolleg/innen.

» Übernahme der Verantwortung für erneute Kundenbesuche („betriebswirtschaftliche Pflegevisiten"): Konzepterstellung, Planung, Koordination, Auswertung.

» Übernahme von Parts auf Teambesprechungen.

» Aufbereitung der betriebswirtschaftlichen Zahlen für die Geschäftsführung.

» Konfliktgespräch bei Problemen mit der Einsatzplanung übernehmen.

» Einarbeitung und Begleitung neuer Mitarbeiter.

» Übernahme der Verantwortung für Schüler, Praktikanten und Auszubildende.

» Entwicklung eines Konzeptes für die Privatzahlerleistungen.

» Übernahme der Verantwortung für die Beratungsgespräche nach § 37.3 SGB XI.

» Mitarbeit in Gremien, Ausschüssen oder Arbeitskreisen.

» Verantwortung für die Kontaktpflege zu externen Dienstleistern.

Beschreiben Sie gemeinsam das zu erreichende Ziel oder das gewünschte Ergebnis. Legen Sie Bewertungskriterien fest und geben Sie Rückmeldungen während des Projektes und bei Abschluss.

Nutzen Sie das jährliche Gespräch mit Ihren Mitarbeitenden, um immer wieder auszuloten, welche Zukunftsvorstellungen diese haben, welche versteckten Kompetenzen zusätzlich eingebracht werden können und wie hoch die Motivation ist, Leitungsfunktion in Zukunft übernehmen zu wollen. Begründen Sie auf der Basis konkreter Verhaltensbeobachtungen, warum Sie die Mitarbeitende für eine Leitungsrolle geeignet halten und fragen Sie, welche Vorstellungen der Unterstützung und Weiterbildung die Mitarbeitende selbst für sinnvoll hält.

Machen Sie am besten in jedem Einstellungsgespräch schon deutlich, dass Weiterentwicklung (horizontal und vertikal) zur Kultur Ihres Pflegedienstes gehört und suchen Sie, je nach Größe Ihres Verantwortungsbereiches ruhig zwei bis drei Mitarbeitende aus, die Sie auf dem Weg zur Leitungskraft zeitgleich begleiten können.

Dazu können auch Mitarbeitende gehören, die einen Vollzeitvertrag haben, familienbedingt jedoch für einen absehbaren Zeitraum nicht viele geteilte Dienste übernehmen können. Die Chancen stehen gut, dass diese Mitarbeitenden später für Leitungsaufgaben gern zur Verfügung stehen.

6.4.1 Neue Rolle: Von der Fachkraft zur Leitungskraft

Aus strategischer Sicht ist es für viele Träger und Verbände sinnvoll, Synergieeffekte aus der Größe von Pflegedienst oder Pflegedienst-Konzernen zu ziehen. Dieser Trend der Vergrößerung von Pflegediensten ist eindeutig zu beobachten (vgl. Grafik Seite 58).

Wird bei der organisatorischen Teilung eines Pflegedienstes, zum Beispiel in zwei neue Einheiten, eine Pflegefachkraft zur Leitung, ergeben sich daraus neue Aufgaben. Mit den neuen Aufgaben werden auch andere Erwartungen an die Rolle der Führungsperson gestellt. Grob gesagt, gilt es jetzt nicht nur die eigene Pflegeleistung zu verantworten, sondern die Verantwortung für die Leistung und die Qualität eines Teams zu übernehmen.

Wie kommt es vor, dass es vielen Pflegedienstleitungen, die nur unzureichend auf die Führungsrolle vorbereitet sind, schwer fällt, sich von ihren vorherigen pflegefachlichen Aufgaben und vielleicht auch noch aus dem Team als Kollegin zu lösen? Die Antwort: Sie begeben sich auf ein neues unbekanntes Feld, welches viele Risiken des Scheiterns birgt. Die Eigenwahrnehmung von Kraft, Stärke und Kompetenz und damit auch Sicherheit und Souveränität des Verhaltens fußt auf dem Vorherigen. Kein Wunder, dass viele Gelegenheiten gesucht, gefunden und auch gerechtfertigt werden, so oft es geht wieder einzuspringen, Touren zu übernehmen, um sich auf dem sicheren Feld wieder kraftvoll zu fühlen.

Durch eine gute Vorbereitung auf die Leitungsrolle und wenn man sich bewusst macht, welche neuen Anforderungen in den Bereichen Fach-, Methoden-, Sozial-, Persönlichkeits- und Führungskompetenz die neue Rolle mit sich bringt, wird es gelingen, auf den schon vorhandenen Fähigkeiten aufzubauen und sich zu einer guten Führungskraft zu entwickeln.

Kompetenzfelder

Wenn Sie die Kompetenzbereiche gedanklich einmal auf die Position einer Pflegefachkraft und die einer Pflegedienstleitung übertragen, wird deutlich, dass sich Fachwissen, Methodenkompetenz, soziale Fähigkeiten und Persönlichkeitskompetenz auf zusätzliche und andere Themen, Bereiche sowie Aufgaben beziehen. Der Bereich der Führungsfähigkeit kommt ganz neu hinzu.

Fachkompetenz

Fachbezogenes und fachübergreifendes Wissen besitzen sowie die Fähigkeit, erworbenes Wissen zu verknüpfen, zu vertiefen, kritisch zu prüfen und in Handlungszusammenhängen anzuwenden.

Methodenkompetenz

Kenntnis über und Umsetzung von verschiedenen Arbeitsmethoden zur Strukturierung von Tätigkeiten und Erreichung von Arbeitszielen.

Soziale Kompetenz

Bereitschaft und Fähigkeit Gedanken, Gefühle, Einstellungen und Bedürfnisse wahrzunehmen sowie die Fähigkeit sich situations- und personenbezogen zu verständigen und mit anderen zusammenzuarbeiten.

Persönlichkeitskompetenz

Auf der Basis eines realistischen Selbstbildes handeln können und bereit sein, soziale Verantwortung zu übernehmen.

Führungskompetenz

Motivierende Rahmenbedingungen schaffen, Aufgaben delegieren, Entscheidungen treffen und dadurch gemeinsam mit dem Team die Unternehmensziele erreichen.

Anforderungsprofil für Pflegedienst- und Teamleitung

Kompetenz	Anforderungsprofil
Fach-kompetenz	Wissen zu • Personaleinsatzplanung und -steuerung • Kostenstellenrechnung und Kalkulation • BWA-Analysen • Controlling • Qualitätsmanagement • Softwareprogrammen • Führung • pflegerelevanten Gesetzen und Rechtsprechung • …
Methoden-kompetenz	• Softwareprogramme anwenden können • Mathematische und betriebswirtschaftliche Analysen durchführen und strategische Maßnahmen ableiten können • Organisationstalent • QM-System aufbauen • Entwicklung einer kontinuierlichen Personalbedarfsberechnung, kontinuierliche Anpassung der Beschäftigungsumfänge • Vergütungsverhandlungen vorbereiten und führen können • Personalentwicklung, Weiterbildungsplanung • …
Soziale Kompetenz	• Mit allen Personen eines Teams, den eigenen Führungskräften sowie internen und externen Kontaktpartnern (Krankenhaus, Ärzte, Sozialämter, Pflegekassen, politische und kirchliche Gremien) eine tragfähige Beziehung aufbauen können • Kommunikations-, Moderations- und Konfliktfähigkeit • Einfühlungsvermögen • Sicheres Auftreten und Präsentationsfähigkeit bei Verhandlungen und öffentlichen Auftritten. • Mitarbeiterwünsche bei der Einsatzplanung berücksichtigen können • …
Persönlich-keits-kompetenz	• Die Rolle der Weisungsbefugnis annehmen, abgrenzen, delegieren, ermutigen, fördern, steuern wollen • Flexibilität der Arbeitszeitgestaltung nutzen • Eigene Kritikfähigkeit und Selbstreflexion, Fähigkeit zur Analyse und Differenzierung • Ausgeglichenheit, Ausdauer, Initiative und Einsatzbereitschaft • Bereitschaft für eigene Weiterbildung • …
Führungs-kompetenz	• Entscheidungen treffen • Sinnstifter sein und Position beziehen • Motivierende Rahmenbedingungen schaffen • Delegieren können • Unparteiisches Urteilsvermögen • Verantwortung übernehmen für die Leistung und Ergebnisse des Teams • …

Wie deutlich zu sehen ist, liegen die erfolgsrelevanten Faktoren nicht nur in rein betriebswirtschaftlichen oder fachlichen Kenntnissen, sondern vor allem in der komplexen Zusammenführung aller notwendigen Fähigkeiten und Kenntnisse.

In der neuen Führungsrolle ist es wichtig, dass sich die Leitung von ihren vorherigen bekannten Pflege-Aufgaben löst und lediglich in Notsituationen, in einem fest definierten Umfang oder zur Qualitätssicherung, Pflegetouren selbst übernimmt. Auch kleine organisatorische Aufgaben müssen delegiert werden. Die Einstellung: „Das habe ich schneller selbst gemacht!" führt oft zu Überlastungssituationen.

Empfehlenswert ist, dass die neue Leitungskraft vor der Übernahme der Führungsposition sowie in den ersten Monaten Unterstützung durch Coaching erhält, wenn sie aus einem bestehenden Team heraus die Leitungsrolle übernimmt und/oder es sich um die erste Führungsposition handelt. Wenn für den Pflegedienst eine betriebswirtschaftliche Beratung durchgeführt wurde, ist es zieldienlich, wenn die Handlungsempfehlungen aus dem Bericht Bestandteil des Coachingprozesses sind.

6.4.2 Weiterbildung planen, durchführen und die Umsetzung sicherstellen

Die Planung der individuellen Personalentwicklung orientiert sich, wie auf Seite 122 beschrieben, an den Anforderungen, die sich aus der Vision, dem Leitbild, den Strategien und den Zielen Ihres Pflegedienstes ergeben.

Den auf der nächsten Seite folgenden Kreislauf mit seinen typischen Fragen für jeden Schritt können Sie als Checkliste verwenden und sowohl für die Weiterbildung Ihres Gesamtteams als Fünf-Jahres-Plan als auch für jede einzelne Maßnahme nutzen. Passen Sie die einzelnen Bausteine an Ihre Rahmenbedingungen und Bedürfnisse an.

Jede PE-Maßnahme braucht ein von den Zielen des Pflegedienstes abgeleitetes eigenes Ziel, welches beschreibt, welche Veränderungen bezogen auf die passenden Kompetenzfelder erreicht werden sollen.

Selbst wenn Sie das Angebot eines externen Anbieters wahrnehmen und dieses eine Zieldefinition enthält, ist es wichtig, dass Sie als Leitungskraft gemeinsam mit den Mitarbeitenden, die die Veranstaltung besuchen wollen, Ziele definieren, die auf Ihre individuellen Belange passen.

Eine klare, transparente und mit positiver Energie geladene Zieldefinition ist einer der entscheidenden Faktoren für eine erfolgreiche Umsetzung der Veranstaltungsinhalte in Ihrem Verantwortungsbereich.

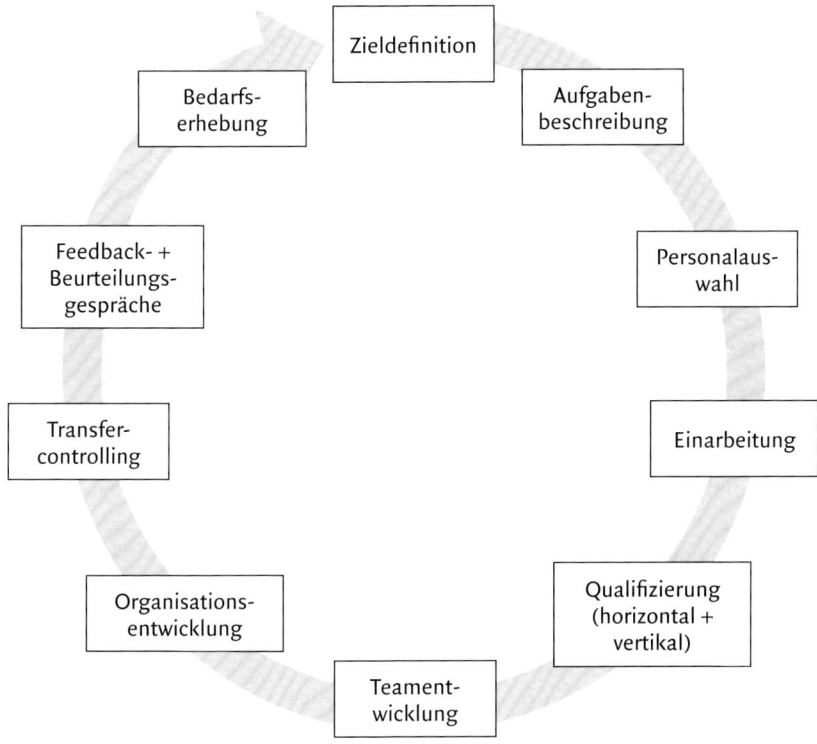

Prüfen Sie einmal, ob die Zukunftsfrage für Sie ein brauchbares Modell ist. Stellen Sie sich in der Planung und Vorbereitung vor, die Veranstaltungsreihe, die Weiterbildung, der Workshop, das Training on the Job, der Onlinekurs, das Selbststudium oder die Sequenz, die Sie für Ihre Teambesprechung geplant haben, ist schon vorbei.

» Was möchten Sie am Ende der Maßnahme erreicht haben?

» Was ist dann anders als jetzt? Bei Ihnen (dem Teilnehmenden selbst), den Kunden, bezogen auf die Arbeitsabläufe, die Zusammenarbeit, die Kommunikation, die Qualität Ihrer Leistung. Kurz: Was wissen, können, tun die Teilnehmenden danach mehr, nicht mehr oder anders?

Formulieren und notieren Sie Ihre Zielvorstellung. Damit haben Sie eine gute Grundlage, die weiteren Schritte zu planen und zu entscheiden.

» Methodik und Didaktik (Vortrag oder Interaktion)

» Zeit (eine Stunde, ein Tag, mehrere Tage)

» Kontext (intern mit Kollegen oder extern mit anderen Teilnehmenden)

PE-Modul	Fragen für die Führung	Beispiel
Zieldefinition Pflegedienst	Was soll erreicht werden?	Erlössteigerung um x% durch stundenweise Verhinderungspflege bei 30% aller Beratungsgespräche nach §39.3 SGB XI
Ziel der Veranstaltung	Was wissen, können, tun die Teilnehmenden/TN mehr, nicht mehr oder anders?	Die Teilnehmer können das Thema „Ambulante Pflege verkaufen" im Rahmen ihrer Teambesprechungen so vermitteln, dass die Einstellung zum Thema Verkaufen bei den Mitarbeitenden offensiver und positiver wird. Sie können unsere Dienstleistungen im Vertragsgespräch, Folgegespräch und Beratungsgespräch so erläutern, dass unsere Kunden verstehen, welche Vorteile sie haben.
Aufgabenbeschreibung	Wie soll es gemacht werden?	Beratungsgespräche auf der Basis einer Checkliste, Beratungsmappe sowie einer Gesprächsstruktur mithilfe von Tablet-Computern durchführen.
Personalauswahl	Wer soll es machen?	Stellvertretende PDL plus x ausgewählte MA mit Potenzial
Einarbeitung	Welcher Zeitraum? Welche Form? Wer ist Mentor?	Drei Monate. Kombination von Learning on the Job und Indoor-Seminar. PDL ist Mentor.
Qualifizierung	Inhouse? Outhouse? Dauer? Methoden?	Workshops Inhouse durch externen Berater, Vorbereitung, Begleitbesuche und Feedbackgespräche mit PDL.
Teamentwicklung	Welche Auswirkungen hat das auf das Gesamtteam? Wie kann das Team profitieren?	MA, die an Qualifizierung teilgenommen haben, berichten auf den Dienstbesprechungen von ihren Erfahrungen und geben Impulse weiter.
Organisationsentwicklung	Welche Auswirkungen hat das auf die Arbeitsabläufe?	Ggf. Kommunikationsstrukturen, QM-Handbuch anpassen. Checklisten und Beratermappe erstellen bzw. aktualisieren. Ideen der MA aufgreifen.
Transfercontrolling	Wie sichern wir Umsetzung und Nachhaltigkeit?	Feedbackgespräche und Unterstützung durch PDL.
Feedback und Beurteilungsgespräche	Welche Kriterien liegen zugrunde? In welchem Zeitabstand?	Kriterien- und Fragenkatalog erstellen.
Bedarfserhebung	Wie hoch ist die Differenz zwischen Anforderung und Potenzial? Welche Anregungen kommen von den TN?	Ergebnis der Feedbackgespräche dokumentieren und ggf. weitere Maßnahmen planen.

6.4.3 Zukunftsorientierte Personalentwicklung verringert Personalsorgen

Zukunftsorientierte Personalentwicklung bedeutet, fünf bis 15 Jahre im Voraus zu denken, rechtzeitig die fähigen und engagierten Pflege(fach)kräfte zu erkennen, ihre persönlichen Stärken und Lebensumstände sensibel zu identifizieren und zu akzeptieren.

Das kann nur gelingen, indem Sie erkundende Mitarbeitergespräche führen. Erkundend bedeutet, neugierig im positiven Sinne die Wünsche, Ideen und Vorstellungen Ihrer Mitarbeitenden zu erfragen.

Beispielfragen für das **mindestens** jährliche Mitarbeitergespräch:

» Was ist Ihnen besonders wichtig in Ihrem Beruf?

» Wann ist für Sie die Balance von Arbeit und Privatzeit optimal?

» Wie wird sich das in Zukunft ändern?

» Welche Vorstellung haben Sie, wo Sie in fünf Jahren stehen wollen?

» In welchen Bereichen würden Sie sich gerne weiterbilden/qualifizieren?

» Worauf legen Sie Wert, wenn es darum geht, in einem Team zu arbeiten?

» Wo sehen Sie Ihre Stärken?

» Worauf sind Sie stolz, was gelingt Ihnen gut bei der Bewältigung Ihrer Aufgaben?

» Welche Erwartungen haben Sie an mich/an uns, das Leitungsteam?

» Wenn Sie meine Position hätten, was würden Sie tun, ändern?

» Welche Ideen haben Sie, das Problem zu lösen? Das Thema anzugehen?

» Was fällt Ihnen schwer?

» Welche Unterstützung brauchen Sie, um die Aufgabe zu bewältigen?

» Was schlagen Sie vor?

» Was ist Ihnen wichtig?

» Wie kann das Gesamtteam von Ihren Impulsen profitieren?

» Welche Erfahrungen haben Sie gemacht?

Halten Sie die Antworten fest und nutzen Sie diese als Anregung für die zukünftig gezielte Weiterbildungsplanung Ihrer Mitarbeitenden. Achten Sie darauf, dass jeder jedes Jahr, bezogen auf sein individuelles Stärkenprofil, von Weiterbildungen und Zusatz-Ausbildungen profitieren kann, um zur Gesamt-Organisationsentwicklung Ihres Pflegedienstes mit Freude beitragen zu können.

Investieren Sie auch in die Erstausbildung oder Umschulung. Nutzen Sie die grundsätzlichen Möglichkeiten der Verbände und der Träger, weil das auf lange Sicht die günstigste Personalentwicklung ist. Kosten für die Ausbildung eigener Mitarbeiter erscheinen zunächst als eine hohe Investition. Aber wenn Träger und Verbände ihr Personal selbst ausbilden, können Sie über drei Jahre hinweg deren Stärken und Potenziale erkennen und die Entwicklung begleiten, um sie letztlich für sich zu gewinnen.

Ein erster Schritt ist es, zunächst verstärkt Praktika anzubieten. So können Interessenten sehen und fühlen, warum der „Job" in einem ambulanten Pflegedienst viele Vorteile bietet und ein attraktiver Arbeitsplatz ist, wo man sich um die Wünsche, Bedürfnisse und Belange der Mitarbeitenden kümmert.

Nehmen Sie auch bei der Ausbildung von Mitarbeitenden die Chance wahr, eine starke Überzeugung zu vermitteln, dass die Arbeit in der ambulanten Pflege einen hohen gesellschaftlichen Wert hat und dass jeder ein wichtiger Teil des großen Ganzen ist.

Auch wenn die Zeit für Personalentwicklung scheinbar im Alltag nicht vorhanden ist oder hierfür in der Vergangenheit kein Geld budgetiert wurde: Die Qualifikation der Mitarbeitenden ist wesentlich einfacher und kostengünstiger als die Suche nach Ersatz von fluktuiertem Personal!

7. Sinn – Das „Wozu" im Zusammenhang mit der Vision

von Claudia Henrichs, Köln

Wer eine Sache sinnvoll findet, den kann auf dem Weg zum Ziel kaum etwas beirren, der hängt sich rein, denkt mit und gibt sein Bestes. Sinn ist also eine starke Kraft.

Jede Organisation kann als ein System verstanden werden, welches für bestimmte Zwecke, Ziele und Ergebnisse gebildet wurde bzw. wird. Der Sinn eines ambulanten Pflegedienstes entsteht also aus dem „Wozu" gibt es diesen Pflegedienst? Was ist das Große und Ganze, das über die individuelle Existenzsicherung hinausgeht? Alle Regelungsprozesse, Struktur-Gestaltungen, Rollen- und Aufgaben-Definitionen müssen so gestaltet sein, dass sie in bestmöglicher Weise dem Unternehmenszweck, der Vision der Organisation dienen.

Die Kraft für optimale Kooperation und Motivation kommt aus dem Fokus auf die Vision und die Ziele, wenn sie denn von den Mitarbeitenden des ambulanten Pflegedienstes als akzeptabel bewertet werden.

7.1 Was ist Sinn?

Das Sinnempfinden eines Menschen ist auf rationalen und emotionalen Prozessen begründet und wird durch die Realisierung der wichtigsten individuellen Werte gebildet. Wer also weiß, welche Werte ihm im Leben und auch im Beruf wichtig sind und im Einklang mit ihnen lebt und arbeitet, der empfindet Sinn.

Sinn ist also vielschichtig, individuell und selbst erzeugt. Es gibt Menschen, denen das Resultat ihrer Arbeit so wichtig ist, dass sie auch belastende Arbeitsbedingungen in Kauf nehmen. „Wer ein ‚Wofür' hat, der kann fast jedes ‚Wie' ertragen", sagte Viktor Frankl (Begründer der Logotherapie). Auch die Resilienzforschung belegt, dass Sinnempfinden ein starker Schutzschild gegen Frust, Stress und Burn-out ist.

Obwohl sich das Sinnempfinden aus sehr individuellen Werten zusammensetzt, ist es vielen Menschen besonders wichtig, dass ihre berufliche Tätigkeit dem Allgemeinwohl dient und anderen Menschen zu Hilfe oder zugutekommt. Gerade ambulante Pflege ist also für viele Mitarbeitende ein wertebehafteter sinnhafter Arbeitsbereich.

7.2 Sinn möglich machen und die Vision leben

Thomas Sießegger führt aus (S. 17), dass die Unternehmensvision bildhaft beschreibt, wofür der Pflegedienst oder Träger steht, was der Unternehmenszweck ist und deshalb zu Beginn einer Strategieentwicklung festgelegt sein muss. Bei vielen Trägern ergänzen Leitbilder die Vision. Beides ist oft im Internet, auf Flyern, in Mitarbeiterbroschüren oder als Wandposter in den Räumen des Pflegedienstes zu finden. Bei manchen hat eine Werbeagentur gute Arbeit geleistet.

Beispiele für Visionen:

» Wir werden als die Spezialisten im Bereich Pflege, Betreuung und Entlastung wahrgenommen und geschätzt.

» Wir werden mit unseren Angeboten allen Bedürfnissen pflegebedürftiger Menschen, die Zuhause leben, in unserer Region gerecht.

Beispiele für die Mission (Mottoaussage)

» Weil Ihr Zuhause zählt

» Das PflegePLUS für Ihr Zuhause

» Pflegedienst Colonia: Damit Sie so lange, so sicher und so selbstständig Ihr Zuhause genießen können

Beispiele aus einem Leitbild

» Der Mensch in seiner ganzen Würde steht im Mittelpunkt unserer Arbeit

» Unser Dienst gilt allen Menschen, unabhängig von Religion, Nationalität und wirtschaftlicher Situation

» Mitarbeitende sind das wichtigste Potenzial des Verbandes.

Klingt gut, oder? Die wichtigste Frage ist nun, wie kommen Vision und Leitbild vom Flyer in die Herzen der Menschen und werden im Handeln sichtbar? Viele Mitarbeitende stellen sich bewusst oder unbewusst folgende Fragen:

» Sind die Visionen und Leitbilder, die mein Arbeitgeber nach außen vertritt, erkennbar, wenn ich sie mit meinem Arbeitsalltag vergleiche?

» Ist das, was ich tagtäglich an meinem Arbeitsplatz mache, wirklich sinnvoll?

» Kann ich mich mit den Dienstleistungen meines Arbeitgebers identifizieren?

» Will ich die Ziele mittragen?

7.2.1 Eine Vision erstellen oder überarbeiten

Wenn eine sinngebende Vision erstellt oder überarbeitet werden soll, ist ein dialogischer Prozess, der alle Mitarbeitenden mit einbezieht, sinnvoll, um eine gemeinsame Identität zu entwickeln. Wie kann das gehen? Ganz einfach. Gehen Sie als Leitungskraft ins Gespräch. Auf allen Ebenen und möglichst in jeder Kontaktsituation.

Stellen Sie Fragen, sammeln Sie die Antworten und geben Sie Rückmeldungen zu den Äußerungen. Wenn Sie jetzt denken, dass kostet aber viel Zeit und wer soll das auswerten, dann halte ich diese Gedanken für sehr berechtigt. Meine Empfehlung ist, legen Sie nicht zu viel Energie auf das System der Datenerfassung und -auswertung an sich, sondern zeigen Sie mit Ihrer Begeisterung, dass es Ihnen persönlich wichtig ist.

Hier einige Beispielfragen

» Was ist Ihrer Meinung nach der Zweck unseres Trägers/Pflegedienstes? Wozu sind wir da?

» Was hat Sie am Anfang, als Sie bei uns angefangen haben, begeistert? Was waren Ihre ersten Eindrücke?

» Was schätzen Sie besonders an sich, an Ihrer Arbeit und an unserem Pflegedienst?

» Was genau halten Sie in Ihrer täglichen Arbeit für wirklich sinnvoll?

» Mit welchen unserer Dienstleistungen können Sie sich 100 %ig identifizieren?

» Welche Ideen haben Sie, zu unseren Jahreszielen ihren Beitrag zu leisten?

» Wo stellen Sie Übereinstimmung fest mit dem, was wir in Vision, Leitbild und Mottoaussage nach außen kommunizieren im Vergleich mit dem, was Sie intern erleben?

» Welches sind Ihrer Meinung nach die Schlüsselfaktoren, die unserer Einrichtung Vitalität und Kraft geben? Welche Beispiele können Sie erzählen?

» Was erzählen Sie einem Freund/Bekannten oder Verwandten, der sich bei uns vorstellen möchte über unseren Pflegedienst?

» Welche Vorstellungen und Bilder haben Sie davon, wo unser Pflegedienst in fünf Jahren steht?

» Welchen Beitrag wollen Sie dazu leisten, dass dies gelingt?

» Welche Rückmeldungen haben Sie, was unseren Kunden an unserem Pflegedienst besonders gut gefällt?

7.2.2 Eine Vision am Leben halten

Nehmen wir an, Sie haben schon eine sinnstiftende Vision und eine Mottoaussage formuliert. Dann stellt sich die Frage, woran erkennbar ist, dass alle sich entsprechend verhalten.

Fragen Sie doch einfach mal Ihre Mitarbeitenden, wie denn die aktuelle Vision und die Mottoaussage heißen oder was Bestandteil des Leitbildes ist.

Sie als Führungskraft im ambulanten Pflegedienst sind „Architekt" des sozialen Betriebssystems und können aktiv dazu beitragen, dass Rahmenbedingungen wie Fokussierung auf die

» Vision,

» Wertschätzung,

» Erfolgsmuster des Gelingens,

» Kompetenzen,

» Zielgestaltung mit optimaler Selbstwirksamkeit,

» Ermutigung,

» Neugier,

» Forscher-Freude,

» Belohnung von Eigeninitiative,

» entwicklungsorientierte Feedback-Kultur und

» imaginationsfähige Kommunikation

ein Teil Ihrer Kultur sind.

Die Art und Weise mit welcher Grundhaltung Sie Vision und Mottoaussage leben, gibt Orientierung und strahlt auf Ihre Mitarbeitenden und Kunden aus. Ihr Führungshandeln entscheidet darüber, ob Ihr Pflegedienst „Place to be" für neue Mitarbeitende und Kunden wird.

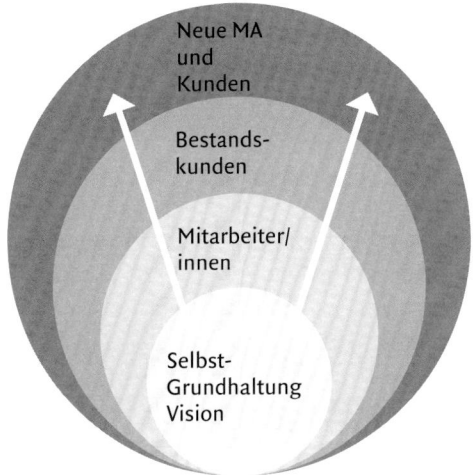

Ideen für das Leben einer Vision

» Reden Sie als Leitungskraft selbst über den Sinn, den sie in Ihrer Arbeit sehen. Erzählen Sie Beispiele aus Ihrem täglichen Alltag und beziehen Sie diese auf Vision und Mottoaussage.

» Eröffnen Sie jede Besprechung mit dem Tagesordnungspunkt: Beispiele aus unserer Pflegearbeit, die unsere Vision zeigen. An welchem konkreten Verhalten können wir erkennen, dass wir unsere Vision leben. Nutzen Sie dafür ruhig die Praktiken des Geschichtenerzählens, um Selbstausdruck zu unterstützen und Gemeinschaft zu bilden.

Erzählen Sie, warum Sie das künftig einführen. Auch zu dieser kleinen Interaktion ist es wichtig, dass Ihre Mitarbeitenden den Sinn verstehen. Achten Sie darauf, dass es dabei nicht ausschließlich zu Jammer- oder Beschwerderunden kommt, sondern legen Sie den Fokus auf den Bestandteil der Geschichte, der trotz erschwerter Rahmenbedingungen gut im Sinne der Vision war und würdigen Sie das Erzählen über Schwierigkeiten als wertvolle Rückmeldung.

» Wertschätzen Sie Informationen, die darauf hinweisen, dass jemand entgegen der Vision handelt als verantwortungsbewusste Beiträge dafür, dass für das gewünschte Verhalten noch weitere oder andere Aspekte berücksichtigt werden müssen.

» Ermöglichen Sie Weiterbildungsmöglichkeiten in Beziehungsfertigkeiten und in der Kultur des Unternehmens. Delegieren Sie diese Veranstaltungen nicht an externe Berater (höchstens bezogen auf die Moderation), treten Sie selbst mindestens mit einem Führungsstatement auf, in dem Sie die Bedeutung, die diese Veranstaltungen für den Pflegedienst haben, herausstellen.

» Planen Sie im Qualifizierungsprogramm Rotationsmöglichkeiten ein, sodass möglichst viele Mitarbeitende alle Aufgaben des Pflegedienstes und dadurch die gesamte Organisation kennen lernen.

» Nutzen Sie Mitarbeiter- bzw. Beurteilungsgespräche, um die Übereinstimmung der individuellen Berufung mit der Vision des Pflegedienstes zu erkunden.

» Wählen Sie Besprechungsmethoden, die das voneinander Profitieren und miteinander Lernen im Sinne der Vision fördern und jedem eine Stimme geben. Überlegen Sie einmal mehr, ob es wirklich die Front-Information, vielleicht sogar mit Beamer und Folie sein muss. Mitarbeitende wollen gehört und beteiligt werden.

» Schaffen Sie eine sichere Umgebung, indem Vision, Mottoaussage und Leitlinien in Grundregeln für (in)akzeptables Verhalten übersetzt wird. Im Kapitel 6.3.4 Fehler sind Lernchancen ... Tabelle Seite 117 wird zum Beispiel aufgezeigt, dass über 30 % der Pflegekräfte nicht wissen, welches (Fehler)-Ereignis gemeldet werden soll.

Einige dieser Beispiele sind dem Buch „Reinventing Organizations – Ein Leitfaden zur Gestaltung sinnstiftender Formen der Zusammenarbeit" entnommen. Unter anderem wird hier die größte Organisation für ambulante Pflegedienste in den Niederlanden vorgestellt. Buurtzorg wurde 2006 von Jos de Blok mit einem Team von 10 Mitarbeitern als Alternative zu bestehenden Pflegediensten gegründet, hatte 2013 schon 7.000 Mitarbeitende, einen Marktanteil von 60 % und erhält monatlich 400 Bewerbungen von Pflegekräften.

7.2.3 Neueinstellung: Übereinstimmung des Sinns erkunden

Händeringend suchen ambulante Pflegedienste Personal. Die Anzeigen variieren zwischen dem Suchen nach der „eierlegenden Wollmilchsau", die alles können muss und nichts erwarten soll, über den Anreiz „Brauchen Sie ein Auto?" bis zu der Zusicherung eines unbefristeten Arbeitsvertrages.

Wenn wir der These folgen, dass die meisten Pflegekräfte ihren Beruf aus Berufung gewählt haben, weil sie Sinn darin sehen, anderen Menschen Gutes zu tun, und genau das zu ihrem Wertsystem passt, bieten sich Anzeigen und Einstellungsgespräche geradezu an, die Schnittstelle zwischen dem individuellen Sinnempfinden und dem Sinn des Pflegedienstes zu untersuchen.

Mögliche Fragen können sein:

» Wie könnte die Arbeit in unserem Unternehmen mit dem übereinstimmen, was Sie in Ihrem Leben tun möchten?

» Welcher Aspekt unserer Vision stößt bei Ihnen auf Resonanz?

» Welche ihrer einzigartigen Talente und Fähigkeiten könnten Sie zu unserem Pflegedienst beitragen?

Eine weitere Idee ist, Bewerbungsgespräche als Diskussions- und Informationsrunde im Kreis des potenziellen künftigen Teams zu führen. Beide Seiten sind daran interessiert zu erfahren, was genau sie betragen können, um gemeinsam im Sinne der Vision zu wachsen.

Auch wenn es noch so schwer fällt, sagen Sie lieber „Nein" zu einem Bewerber, wenn Sie den Eindruck haben, dass die Wertsysteme nicht zueinander passen. Letztendlich, wenn die Ablehnung wertschätzend und gut begründet ist, spart es Ihrem Team und auch dem Bewerber viel Energie.

Wünsche und Bedürfnisse der Pflegefachkräfte berücksichtigen

Nicht alle Pflegefachkräfte wünschen sich exakt das, was in der Stellenausschreibung gesucht wird, werden aber in den Bewerbungsgesprächen und dann in der täglichen Arbeit in ein Raster gepresst, das langfristig zur Unzufriedenheit führt. Zudem werden gutmütige Pflegefachkräfte besonders häufig zu Über-/Mehrstunden aufgefordert, da neues Personal so schwer zu finden ist.

Fragen Sie daher in Ihren Bewerbungsgesprächen auch

a) nach den Zeitwünschen. An welchen Tagen können oder möchten die Bewerber nicht arbeiten,

b) wie viel Geld (netto) sie benötigen,

c) was ihre maximale Stundenzahl ist, die sie erbringen können.

Nehmen Sie die Ergebnisse dieser Gespräche ernst und berücksichtigen Sie diese später im Alltag ernsthaft als „Grenzwerte" in der Dienstplanung bei der täglichen Personal-Einsatz-Planung.

Wiederholen Sie diese Kommunikation, die Sie bei der Bewerbung geführt haben, in den jährlichen Mitarbeiter-Gesprächen. Denn im Laufe der Zeit kann sich einiges hinsichtlich der Wünsche und Bedürfnisse der Mitarbeitenden ändern.

In einem meiner letzten Workshops berichtete eine Pflegedienstleitung von einer Pflegekraft, die einer neuen Mitarbeiterin den Tipp gab: *„Die brauchen uns, du kannst also ruhig öfter einen Krankenschein einreichen, wenn dir der Dienst nicht passt!"*

Die Frage „Wozu werden die Pflegekräfte gebraucht?" ist meines Erachtens die Frage nach dem Unternehmenszweck. Wenn die Aufmerksamkeit auf das Auto, den Stundenlohn, das 13. Gehalt, die vermögenswirksamen Leistungen gelegt wird, geht meines Erachtens die Wichtigkeit der Vision verloren und die Chance, Mitarbeitenden zu ermöglichen, ihre Arbeit als sinnvoll und wertvoll zu erleben. Natürlich spielen die oben genannten wirtschaftlichen Faktoren eine Rolle. Es gibt aber auch viele Beispiele dafür, dass Menschen bei geringerer Bezahlung überdurchschnittlich engagiert sind, weil sie aus innerer Überzeugung heraus arbeiten.

In dem oben geschilderten Fall ist es dringend notwendig, ein Gespräch mit der tippgebenden Pflegekraft zu führen.

Folgende Fragen müssen geklärt werden:
» Nur einmal angenommen, die Aussage „Die brauchen uns. Wenn dir ein Dienst nicht passt, kannst du öfter mal einen Krankenschein einreichen!" ist so getroffen worden, welche Auswirkungen hat das auf die neue Mitarbeiterin, das Team und die Patienten?
» Was ist der persönliche Anteil der länger tätigen Mitarbeiterin an der Erfüllung des Zwecks des Pflegedienstes? Inwieweit trägt sie die Idee mit, dass alle Beschäftigten dafür da sind, dass die Patienten so lange, so sicher und so selbstständig wie möglich zu Hause wohnen können. Und dass die Arbeit und damit auch die Dienste gerecht verteilt werden?

Sollte sich herausstellen, dass die schon länger tätige Mitarbeitende keine Verantwortung für die gute Zusammenarbeit im Team sowie die qualitativ hochwertige Unterstützung der Patienten übernimmt, halte ich eine Trennung für die beste Lösung. Selbst wenn der Personaldruck noch so hoch ist, wird das Gesamtteam die Mehrarbeit für einen überschaubaren Zeitraum eher auf sich nehmen als zu sehen, dass einige wenige sich auf ihre Kosten Freiheiten herausnehmen, ohne dass die Leitungskraft klar Position bezieht.

7.3 Machen Anreizsysteme Sinn?

Manchmal werde ich gefragt, was ich von einem Belohnungssystem, zum Beispiel finanziellen Gratifikationen für Mitarbeitende, halte. Ich bin da sehr skeptisch und frage zurück:

» Was soll belohnt werden?

» Wer soll belohnt werden?

» Warum soll belohnt werden?

» Nach welchen Kriterien soll belohnt werden?

» Wer dokumentiert und kontrolliert?

Gesetzt der Fall, Sie belohnen die Tatsache, dass sich jemand bereit erklärt, einen Dienst zu übernehmen, statt das verdiente Wochenende zu genießen und das häufiger vorkommt, werden Sie die einsatzbereiten Mitarbeiter an ihre Leistungsgrenze bringen. Geld ist, wie jede andere materielle Belohnung, ein extrinsischer Anreiz, der erstens nur kurzfristig wirkt und zweitens die Gefahr birgt, Leistung nicht um den Zweck der Arbeit zu erbringen, sondern wegen des Geldes. Der Fokus verschiebt sich. Erfahrungen aus anderen Branchen zeigen, dass wenn in einem Jahr 500 Euro mehr gezahlt wurden und im darauffolgenden Jahr nur 200 Euro, es eher als Verlust denn als Belohnung empfunden wird.

Wertschätzender und zieldienlicher finde ich es, dafür zu sorgen, dass die Krankheitsquote sinkt und genügend Personal (auch für stressige Zeiten) vorhanden ist und der einspringenden Kollegin für ihren Einsatz im Sinne der Vision gedankt wird.

Wenn eine Beratungsmitarbeiterin durch ihre Fachkompetenz und Empathiefähigkeit mehr Kunden von zusätzlichen Leistungen überzeugt als je zuvor, wer hat dann eine Belohnung verdient? Nur sie oder auch alle anderen, die an der Ausgestaltung des Vertrages, der Durchführung der Dienstleistung und der Sicherstellung der Qualität beteiligt sind? Und wenn die Beratungsmitarbeiterin in Aussicht gestellt bekommt, pro Vertrag eine Summe x als Provision zu erhalten, was glauben Sie, wie lange wird es dauern, dass ihr entweder die Bedürfnisse der Kunden zweitrangig sind oder sie in einen Gewissenskonflikt mit ihren Werten kommt?

Wer definiert, dokumentiert und kontrolliert die Kriterien für eine Belohnung? Egal wie Sie es machen, irgendjemand fühlt sich immer ungerecht behandelt. Darüber hinaus kosten diese Systeme viel Verwaltungsaufwand, Zeit und damit auch Geld.

Von **Zielvereinbarungssystemen** rate ich ebenfalls ab. Wenn Sie mit jemandem ein Ziel vereinbaren, dass als Aufgabe nicht in der Stellen- und Aufgabenbeschreibung enthalten ist, sagen Sie zwischen den Zeilen, dass da jemand nicht ausgelastet ist. Wenn das nicht der Fall ist, und Sie vereinbaren, dass bestimmte Tätigkeiten für das neue Projekt wegfallen, brauchen Sie auch keine Zielvereinbarung. Es handelt sich dann um einen Fall von Job Enrichment oder der Qualifikation für eine Leitungsposition. In der Regel bringt das schon genügend Motivation.

Wenn Jahresziele mit der Auszahlung von Prämien verknüpft sind und die Zielerreichung aufgrund von geänderten Rahmenbedingungen unmöglich geworden ist, aber schon Zeit und Energie investiert wurde, wird dann die Prämie gezahlt oder nicht?

Meines Erachtens gibt es wirkungsvollere Methoden, wie Führungskräfte Raum für Motivation schaffen können. Darum geht es im nächsten Kapitel.

8 Was Mitarbeiter wirklich motiviert

von Claudia Henrichs, Köln

In meinen Führungs-Workshops werde ich häufig von Pflegedienstleitungen gefragt, wie sich Mitarbeitende motivieren lassen, zum Beispiel die Umstellung der Tourenplanung reibungslos mitzumachen oder mit Begeisterung Kunden auf zusätzliche Leistungen anzusprechen. Meine Antwort lautet: „Gar nicht!" Menschen sind grundsätzlich von sich aus, also intrinsisch, motiviert.

Das Wort Motivation ist auf das lateinische Verb movere (bewegen, antreiben) zurückzuführen und geht von dem Wort Motiv aus. Ein Motiv ist ein Beweggrund oder anders ausgedrückt, die Triebkraft, etwas zu tun, um ein Ziel zu erreichen. Die Gesamtheit der Beweggründe (Motive), die zur Handlungsbereitschaft führen, wird Motivation genannt.

Wenn wir weiterhin davon ausgehen, dass jeder Mensch aus sich heraus motiviert ist, seinen Anteil zum Unternehmensziel beizutragen, stellt sich die Frage, was Leitungskräfte im ambulanten Pflegedienst tun können, damit ihre Mitarbeitenden ihr Potenzial entfalten können.

8.1 15 % aller Mitarbeiter in Deutschland sind engagiert und leistungsbereit

Seit 2001 geht das Markt- und Meinungsforschungsinstitut Gallup jährlich der Frage nach, wie hoch in Deutschland die emotionale Bindung von Mitarbeitenden zu ihrem Arbeitgeber ist. Eine hohe emotionale Bindung führt zu mehr Eigeninitiative, mehr Verantwortungsbewusstsein und zu mehr Leistungsbereitschaft. Darüber hinaus ist die Bereitschaft, sich für die Ziele des Arbeitgebers einzusetzen, ebenfalls stark ausgeprägt.

Das Ergebnis im Jahr 2014:

15 %	aller Mitarbeitenden haben eine hohe emotionale Bindung,
15 %	haben keine emotionale Bindung an ihren Arbeitgeber und die innere Kündigung schon ausgesprochen,
70 %	haben eine geringe emotionale Bindung und machen Dienst nach Vorschrift.

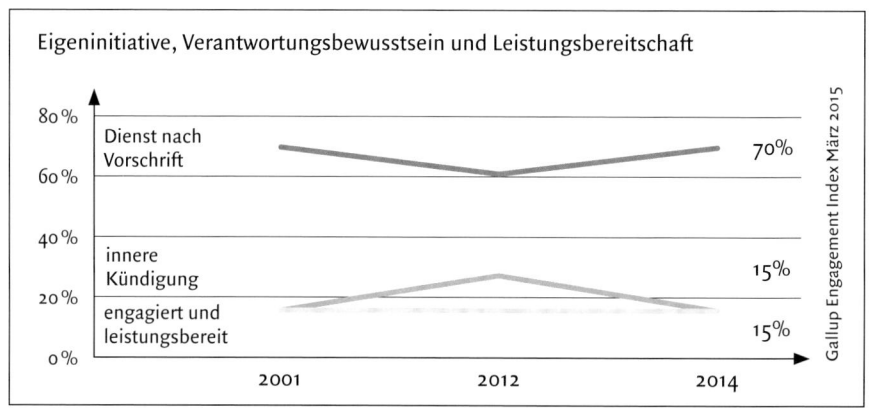

Spannend ist der Unterschied zwischen den 15 % mit geringer und den 15 % mit hoher emotionaler Bindung bei den folgenden fünf Kriterien:

1. Ich werde nach meiner Meinung gefragt,
2. Meine Führung zeigt Interesse an mir als Mensch,
3. Meine persönliche Entwicklung wird gefördert,
4. Ich bekomme Anerkennung für gute Leistung und
5. ich erhalte konstruktives Feedback

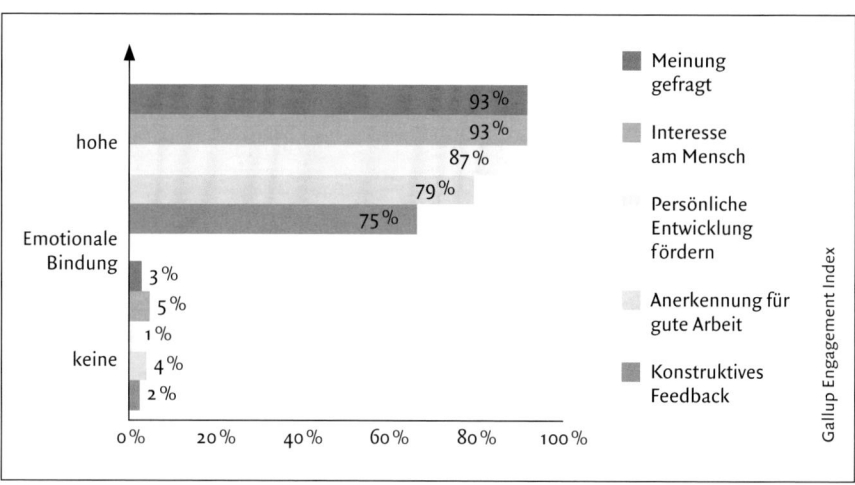

Befragte, die sich engagiert für die Ziele ihres Unternehmens einsetzen, lagen im Gegensatz zu denen, die schon innerlich gekündigt hatten, alle im oberen Drittel mit ihrer Antwort zu den fünf Kriterien.

8.2 Erfolgsfaktoren für motivierte Mitarbeitende

Oft sind es die direkten Führungskräfte vor Ort, die ihre Mitarbeitenden, meistens ohne Absicht, demotivieren. Einfach dadurch, dass sie nicht aufmerksam sind, keine Anerkennung zeigen, wegen Kleinigkeiten kritisieren, gute Leistungen viel zu selten würdigen, Aufgaben nicht klar formulieren oder viel zu viel Papierkram einfordern.

Gute Leitungskräfte wissen, dass Kommunikation der Kern der Führung ist. Je nach Position beträgt der Zeitaufwand für Kommunikation bis zu 80 % täglich. Erkundende Fragen stellen, zuhören, Mitarbeitende einbinden, Aufgaben delegieren, Ergebnisse besprechen, Beratung einfordern, Feedback geben, Teamsitzungen und Leitungsrunden moderieren sind kommunikative Führungsaufgaben.

Dabei kommt es vor allem auf das Verhalten an, das Leitungskräfte selbst tagtäglich zeigen. Machen Sie Ihren Mitarbeitern immer wieder deutlich, warum sie ihre Arbeit tun und warum sie so wichtig ist. Bedanken Sie sich und sprechen Sie Wertschätzung aus. Anerkennung gehört zu den grundlegenden menschlichen Bedürfnissen.

Auf den nächsten Seiten finden Sie einige Ideen, wie Sie die in der Gallup-Studie benannten Kriterien in konkretes Führungsverhalten umsetzen können.

8.2.1 Ich werde nach meiner Meinung gefragt

» Informieren Sie Ihre Mitarbeiter frühzeitig über anstehende Veränderungen.

» Lassen Sie Ihre Mitarbeiter an Entscheidungsfindungen mitwirken; Diskutieren Sie gemeinsam mögliche Lösungen.

» Lassen Sie sich von Ihren Mitarbeiter/innen beraten. Fordern Sie deren Kompetenz und stellen Sie erkundende Fragen.

Beispiele für erkundende Fragen:

» „Welche Ideen haben Sie?"

» „Was würden Sie als erstes verändern, wenn Sie die Möglichkeit dazu hätten?"

» „Was würden Sie entscheiden, wenn Sie an meiner Stelle wären?"

» „Worauf müssen wir achten?" „Was gilt es zu berücksichtigen?"

» „Wer gehört beteiligt?"

» „Welche Widerstände könnte es geben?"

» „Welche Auswirkungen hat das Ihrer Meinung nach auf unsere Kunden, unser Image, unsere Zusammenarbeit, unsere Vision und unser Leitbild?"

» „Wie können wir negative Auswirkungen abfedern oder gar nicht erst entstehen lassen?"

Geben Sie neuen Mitarbeitenden am ersten Arbeitstag die Aufgabe, sich während der nächsten sechs Wochen alles zu notieren,

» was ihnen an Arbeitsweisen auffällt, die im Sinne der Vision und der Ziele besser gemacht werden könnten,

» was ihnen gefällt und

» welche Erwartungen sie an ihre Kollegen und an Sie als Leitungskraft haben.

Vereinbaren Sie sofort mit der Übertragung der Aufgabe schon den nächsten Gesprächstermin und betonen Sie, dass Sie an allen Informationen interessiert sind, weil sie wertvolle Rückmeldungen sind.

Fragen Sie ausscheidende Mitarbeitende am letzten Arbeitstag, spätestens nachdem das Zeugnis ausgehändigt wurde, was sie anders machen würden und was sie sich anders gewünscht hätten und auch, was ihnen gefallen hat.

8.2.2 Meine Führung zeigt Interesse an mir als Mensch

Meine Erfahrungen im ambulanten Pflegedienst sagen, dass eine freundschaftliche Beziehung zwischen Pflegedienstleitungen und Team eher die Norm ist. Selbstverständlich werden Geburtstage beachtet, nach Familienereignissen gefragt und individuelle Dienstwünsche, wenn möglich, berücksichtigt.

Interesse am Mensch zeigen, geht darüber hinaus:

» Nehmen Sie Ihre Mitarbeiter als Persönlichkeiten mit individuellen Wünschen und Zielen wahr und ernst. Selbst wenn Sie anderer Meinung sind, fragen Sie interessiert nach und erkunden Sie die Welt Ihrer Gesprächspartner.

» Hören Sie aktiv zu, um einen Einblick in die Werthaltungen, Gefühle und Bedürfnisse Ihrer Mitarbeiter zu erhalten.

8.2.3 Meine persönliche Entwicklung wird gefördert

Entwicklung bedeutet nicht in jedem Fall und jetzt die Übernahme von Führungsverantwortung. Manchmal lassen familiäre oder gesundheitliche Bedingungen ein mehr an Engagement zum aktuellen Zeitpunkt noch nicht zu.

» Nutzen Sie mindestens einmal im Jahr die Gelegenheit, mit jedem darüber zu sprechen
  - wo er/sie sich in drei und fünf Jahren sieht,
  - welche Kompetenzen und Fähigkeiten weiter gefördert werden sollen,
  - welche versteckten Fähigkeiten noch eingebracht werden können und
  - fragen Sie, ob die Vision der Einrichtung noch mit den individuellen Werten zusammenpasst.

  Meines Erachtens ist ein solches Gespräch wichtiger als die formalisierten Beurteilungsgespräche.

» Übertragen Sie so viel Verantwortung wie möglich und betrachten Sie Fehler als Feedbackschleifen für das System.

» Fordern Sie Leistung und vermitteln Sie eine positive Erwartungshaltung – trauen Sie Ihren Mitarbeitenden etwas zu.

» Helfen Sie bei Schwierigkeiten und suchen Sie gemeinsam mit Ihren Mitarbeitern nach Lösungswegen. Lassen Sie die Arbeit/Aufgabe bei dem Mitarbeitenden, auch wenn es Ihnen in den Fingern juckt, sie schnell selbst machen zu wollen.

8.2.4 Ich bekomme Anerkennung für gute Leistung

Erkennen Sie die Leistungen Ihrer Mitarbeiter an: Die Anerkennung muss ehrlich sein und von Herzen kommen. Sie bedeutet für den Mitarbeiter positive menschliche Zuwendung und persönliche Beachtung, Zugewandtheit, ehrliches Interesse, Freundlichkeit und Aufmerksamkeit.

Von Vera Birkenbihl (2000, S. 41) habe ich gelernt, dass jeder Mensch täglich ca. sieben Worte persönlicher Anerkennung (WPA = Streicheleinheiten für die Seele) benötigt, damit sein Selbstwertgefühl erhalten bleibt oder sogar gestärkt wird.

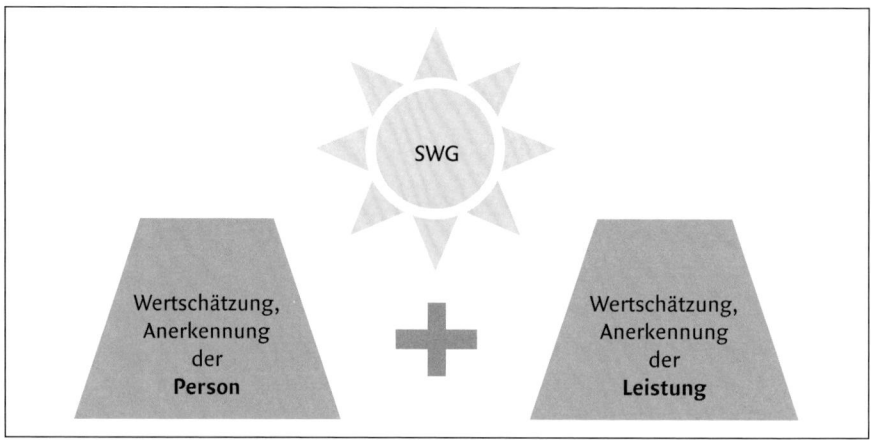

Optimale Führungskommunikation heißt also, das Selbstwertgefühl des anderen zu achten. Im Berufsleben gibt es zwei Bereiche, in denen es besonders wichtig ist, wertschätzend zu kommunizieren:
1. Die Person betreffend
    Zum Beispiel „Wie schön, Sie zu sehen!"
2. Die Leistung einer Person betreffend
    Zum Beispiel „Danke, dass du das Team über deine Erkenntnisse aus der letzten Fortbildung informiert hast. Das hilft uns allen, die Qualität zu verbessern!"

Ausgesprochene Anerkennung oder auch Wertschätzung unterscheidet sich vom Lob dadurch, dass vier Kriterien erfüllt sein müssen:
1. Ich-Botschaft des Senders,
2. eine ganz konkrete Situation beschreiben,
3. zum Mitarbeitenden passen und
4. sich auf ein gemeinsames Ziel beziehen.

Erfüllt die ausgesprochene Anerkennung diese Kriterien nicht, fragt sich die angesprochene Person oft

» „Was soll ich denn jetzt zusätzlich noch tun?" oder

» „Was will die Chefin jetzt von mir?" oder

» „Das ist doch völlig normal und gehört zu meiner Arbeit."

Die Anerkennung soll sich auf ein gemeinsames Ziel beziehen, um die Sinnhaftigkeit des Handelns noch deutlicher in den Kontext des Unternehmenszwecks der Einrichtung einzubinden und sich nicht nur auf die individuellen Vorlieben der Leistungskraft zu beschränken. Gemeinsame Ziele können sein:

» die Vision und das Leitbild,

» die reibungslose Zusammenarbeit im Team,

» die qualitätsreiche Dienstleistung am Patienten,

» die Arbeitsabläufe,

» die Kundenbeziehung,

» die Zielerreichung von Projekten,

» die wirtschaftlichen Zahlen des Pflegedienstes.

Anerkennung passt immer dann zum Mitarbeitenden, wenn Sie herausstellen, dass ein gezeigtes Verhalten eine besonders ausgeprägte positive Eigenschaft betrifft. Wenn Sie Routineaufgaben hervorheben oder Aufgaben, die schon immer so erledigt wurden, die zum Alltag gehören, dann wird sich die angesprochene Person eher irritiert wundern.

Wenn es für eine Mitarbeiterin selbstverständlich ist, gewissenhaft zu arbeiten, gehört das zu ihrem Wertsystem und wird nur dann als Anerkennung aufgenommen, wenn Sie betonen, dass diese Eigenschaft eben besonders wichtig für das Team oder den Arbeitsablauf ist.

Beispiel:

„Deine gewissenhafte Art, unsere Kunden über ihre Ansprüche zu informieren, gefällt mir besonders gut. Vielleicht ist das für dich ganz normal. Ich möchte trotzdem einmal sagen, wie wertvoll das für unsere Zielerreichung ist."

Wenn Sie sich fragen, wie häufig Sie Anerkennung aussprechen sollen, dann lautet meine Antwort: „So oft wie möglich!"

Am besten Sie machen es sich zur Gewohnheit, jeden Tag die Aufmerksamkeit auf die Fragen zu richten „Was läuft heute gut?" oder „Was gefällt mir heute besonders gut?"

Wenn Ihnen auf diese Fragen Beispiele einfallen oder auffallen, dann sagen Sie es den betreffenden Mitarbeitenden ganz spontan.

Wenn Sie jede Teambesprechung mit dem Tagesordnungspunkt „Was uns seit dem letzten Meeting gut gelungen ist" beginnen, hat das eine sehr positive Wirkung auf den weiteren Verlauf.

Scheuen Sie bitte auch nicht davor zurück, Einzelnen in einer Teambesprechung Anerkennung auszusprechen. Sie machen damit deutlich, welches Verhalten Sie zieldienlich finden. Sie geben damit allen Mitarbeitenden Orientierung. Achten Sie dabei darauf, dass im Laufe der Zeit unterschiedliche Personen in den Genuss kommen und die oben genannten vier Kriterien erfüllt sind.

Dass Anerkennung im jährlichen Mitarbeitergespräch auf jeden Fall Bestandteil des Gesprächs sein muss, ist selbstverständlich. Wenn Sie sich die drei oben beschriebenen Fragen zum täglichen Ritual machen, hat das sogar den Vorteil, dass Sie in Zukunft mehr und konkretere Beispiele im Mitarbeitergespräch anführen können.

8.2.5 Ich erhalte konstruktives Feedback

Interessant finde ich, dass die beiden Kriterien „Ich bekomme Anerkennung für gute Leistung" und „Ich erhalte konstruktives Feedback" in der Gallup-Studie voneinander getrennt gefragt werden. Das zeigt, dass konstruktives Feedback eher als Kritik an einer gezeigten Leistung verstanden wird. In meinem Verständnis betrifft konstruktives Feedback sowohl eine gute als auch eine fehlerhaftete Leistung. Daher verwende ich ab jetzt den Begriff konstruktive Kritik.

Hier ein kurzer Wortwechsel aus meinem Workshop mit dem Titel **Umgang mit Konfliktsituationen**: *„Eine Kundin hat sich über eine Mitarbeiterin beschwert"*, erzählte eine Teilnehmerin. *„Und, haben Sie mit Ihrer Mitarbeiterin gesprochen?"*, fragte ich. *„Nein, ich warte ab, bis es ein zweites Mal vorkommt!"*

In dieser kleinen Sequenz wird das Problem des negativen Feedbacks deutlich. Sowohl die Person, die ein Fehlverhalten kritisieren muss als auch die Person, die ihr Verhalten ändern soll, führen in der Regel ungern solche Gespräche.

Vom Empfänger werden Kritikgespräche meist als unangenehm empfunden, weil das Selbstwertgefühl infrage gestellt wird, und umgekehrt erteilen Leitungskräfte auch ungern Kritik, weil sie wissen, dass diese kaum willkommen ist. Zu oft haben sie schon erlebt, dass Kritik zu Abwehr oder Verteidigung führt, in endlose Diskussionen ausartet und möglicherweise demotivierend wirkt.

Nun ist auf der anderen Seite die Kommunikation über Probleme, Fehler und Fehlverhalten unverzichtbare Voraussetzung dafür, dass Missstände behoben werden können.

Es ist also **Kritikkompetenz** gefragt und zwar auf beiden Seiten. Der Empfänger benötigt die Fähigkeit, Kritik als nützlichen Hinweis für Handlungsverbesserungen aufzunehmen und der Kritikgeber benötigt die Kompetenz, Kritik so zu formulieren, dass der Empfänger

»   sein Gesicht wahren kann

»   und motiviert aus diesem Gespräch herausgeht.

Die Bezeichnung **konstruktive** Kritik zeigt in diese Richtung. Das Wort konstruktiv wird aus dem Wort Konstruktion hergeleitet und bedeutet aufbauend.

Die Grundvoraussetzungen für konstruktive Kritik
1.   Nehmen Sie sich Zeit und bereiten Sie sich auf das Gespräch vor.

2.   Vereinbaren Sie einen Gesprächstermin, der in den nächsten zwei Tagen stattfinden kann, und nennen Sie das Thema, um das es geht, damit sich auch Ihr Gesprächspartner vorbereiten kann.

> **Beispiel:**
> *„Ich möchte mit dir über eine Rückmeldung sprechen, die ich von Frau Meier bekommen habe. Sie hat sich über deinen letzten Einsatz beschwert und ich möchte gerne deine Sicht der Situation kennen lernen. Morgen um 11:00 Uhr ist ein Patient aus deiner Tour weggefallen. Die Zeit möchte ich nutzen, damit wir uns in Ruhe bei mir im Zimmer darüber unterhalten können.“*

3.   Üben Sie Kritik nicht in Gegenwart Dritter.

4.   Nehmen Sie sich Zeit für das Gespräch und reservieren Sie sich 15 bis 30 Minuten nach dem Gespräch, um Ihre Eindrücke und Vereinbarungen festzuhalten.

Bestandteile eines konstruktiven Kritikgesprächs

1. **Wertschätzung**

Mit einem Satz persönlicher Anerkennung stellen Sie die Weichen des Gesprächs auf „positiv" und nehmen ein wenig Spannung raus. Da Ihr Gesprächspartner weiß oder ahnt, dass es um eine Kritik geht, ist dessen Grundhaltung oft entweder auf Verteidigung oder Abwehr eingestellt.

Ich halte nichts davon, zu Beginn etwas Positives zu einem **anderen Thema** anzubringen. Das lenkt nur ab, wird manchmal als Täuschungs- oder Verschleierungs- oder Beschwichtigungsmanöver empfunden. Meiner Meinung nach reicht es aus zu sagen: „Ich freue mich, dass wir Zeit gefunden haben, uns über das Thema xyz zu unterhalten!" oder „Schön, dass wir jetzt in Ruhe über das Thema xyz sprechen können!" Hierbei ist wichtig, dass Sie die Freude auch wirklich empfinden. Wenn Sie sehr ärgerlich oder sogar wütend sind, dann stellen Sie sich vor, welchen wunderbaren Zustand Sie am Ende des Gesprächs erreicht haben. Dann kommt doch Freude auf – oder?

2. **Tatsachenbeschreibung**

Bei diesem Schritt zahlt sich gute Vorbereitung aus. Hier ist Ihre Aufgabe sachlich, ohne Untertöne oder anklagende Stimme zu beschreiben, was die Fakten sind. Beschreiben Sie das Verhalten, das Sie nicht akzeptieren können. So neutral, so sachlich wie möglich.

Bitte bedenken Sie, Sie schildern Ihre Sicht der Situation. Genauer gesagt, Ihre Interpretation der Fakten. Dabei ist es durchaus möglich, dass die Sicht und die Interpretation Ihres Gesprächspartners anders ausfallen.

Vermeiden Sie daher in diesem Schritt Nullmengen „**Nie** geben Sie die Leistungsnachweise pünktlich ab!" oder Vielmengen „**Immer** muss ich Sie daran erinnern, dass bei Frau Meier kleine und nicht große Grundpflege vereinbart ist!" oder unkonkrete Wertungen bzw. Abwertungen „Dieser Zustand ist unhaltbar."

3. **Ich-Botschaft**

Wenn es um ein Kritikgespräch geht, dann spielen bei Ihnen als Leitung meistens Emotionen eine Rolle. Nicht nur, dass Sie vielleicht so ein Gespräch an sich als unangenehm empfinden oder Sie sich unsicher fühlen. Die Situation oder das Verhalten, um das es geht, löst bei Ihnen ebenfalls Emotionen aus. Diese Emotionen lassen sich nicht verbergen. Es sei denn, Sie haben die Schauspielerei als Hobby. Wenn Sie jetzt denken: „Ich muss sachlich bleiben!", dann stimmt das bezogen auf den **Schritt 2 Tatsachenbeschreibung**. Hier im **Schritt 3,** der

Ich-Botschaft, ist es wichtig, dass Sie Ihre Emotionen aussprechen. „Das ärgert mich!", „Das macht mich hilflos/ratlos/unsicher/traurig!", „Das nervt mich!" Wenn Ihr Ärger sehr groß ist, empfehle ich sogar, zuerst die Ich-Botschaft zu setzen und dann erst die Tatsachenbeschreibung anzuschließen. Ihre emotionale Beteiligung sucht sich nämlich einen Ausdruck. **Meistens!** Sei es in der Gestik, der Mimik, der Art und Weise wie Sie sprechen und atmen. Also trauen Sie sich, eine Ich-Aussage zu formulieren!

4. Deutungen

Die wenigsten Menschen machen absichtlich Fehler oder verhalten sich bewusst gegen die Regeln. Meistens hat Fehlverhalten einen Grund. Je intensiver Sie sich mit den möglichen Gründen bei der Vorbereitung auseinandergesetzt haben, desto treffsicherer können Sie Vermutungen über Absichten, Motive und Bedürfnisse des anderen aussprechen.

Ich empfehle, dass Sie zuerst fragen, ob Sie eine Vermutung äußern dürfen: „Darf ich einmal ganz offen aussprechen, was ich vermute, woran das liegt?" Mit dieser Frage machen Sie deutlich, dass Sie sich
a) Gedanken über den anderen gemacht haben,
b) dem Gesprächspartner Raum lassen, andere Gründe zu benennen und
c) an der Interpretation des Empfängers interessiert sind.

Wenn es zur Situation und zum Thema passt, verknüpfen Sie in Schritt 4 und 5 **positive** Eigenschaften, Fähigkeiten und Erlebnisse mit Ihren Schilderungen und Fragen. Das stärkt das Selbstwertgefühl des Gesprächspartners, Abwehr- und Vermeidungsverhalten sinkt und die Bereitschaft zu einer Veränderung steigt.

Beispiel:
„Meine Vermutung ist, es liegt Ihnen ganz arg am Herzen, dass es unseren Patienten so gut wie möglich geht. Das ist eine Eigenschaft, die ich sehr an Ihnen schätze. Wenn Sie dann jemand bittet, noch schnell etwas Zusätzliches zu tun, fällt es Ihnen schwer das abzulehnen, oder?"

5. Deutungen klären – Ursachen finden

Indem Sie Fragen stellen, die Antworten des anderen spiegeln, Schlüsselbegriffe erkundend hinterfragen, klären Sie gemeinsam, ob Ihre Deutung richtig war oder ob es andere Gründe für das Verhalten gibt. Sprechen Sie aus, dass Sie Verständnis für die Gründe haben. Aus Sicht Ihres Gesprächspartners lässt sich fast alles nachvollziehen. Würdigen Sie die Antworten als wertvolle Informationen über achtenswerte Bedürfnisse.

Beispiel:

„Ich verstehe das sehr gut, dass es Ihnen unangenehm ist, Ihre Patienten darauf aufmerksam zu machen, dass die zusätzliche Leistung auch vertraglich festgehalten werden muss und gegebenenfalls ein Eigenanteil notwendig ist." Ihre Antwort bringt mich zu der Erkenntnis, dass ich noch nicht genügend über die Vorteile gesprochen habe, die unsere Patienten und Angehörigen haben. Oder brauchen Sie noch mehr Informationen darüber, welche Leistungen wir konkret erbringen und wer sie durchführt?"

6. Auswirkungen

Beschreiben Sie die Auswirkungen, die das Verhalten Ihres Gesprächspartners hat. Hier geht es um die Einordnung in die gesamte Organisation. Nehmen Sie den Blick weg von dem subjektiven kleinen Kreis „Du und ich" und lenken ihn auf das Gesamtsystem. Beschreiben Sie die Auswirkungen auf

a) die Kunden,
b) den Pflegedienst,
c) den Träger,
d) das Team und
e) die Arbeitsabläufe.
d) Machen Sie deutlich, inwieweit das Verhalten von Ihrer Vision und dem Leitbild abweicht.

Hier haben Sie die Möglichkeit Sinn zu stiften, den Horizont zu erweitern, den Blick weg vom eigenen Bauchnabel zu ermöglichen. Oft kommt an dieser Stelle die Aussage „Das habe ich so gar nicht bedacht!" Hier wird auch deutlich, dass es nicht darum geht, ob Sie sich sympathisch sind oder die Kritik lediglich eine subjektive Marotte von Ihnen ist. Hier machen Sie sich – auch sprachlich – zur Vertreterin Ihres gesamten Verantwortungsbereiches.

Beispiel:

„Die Gefahr ist, wenn Sie das einmal machen, wird es als Selbstverständlichkeit aufgefasst und Sie werden immer öfter gefragt und Sie kommen zu spät zum nächsten Patienten. Wenn jemand anderes Ihre Tour fährt und die zusätzliche Leistung ablehnt, wirkt das negativ. Möglicherweise werden Sie gegeneinander ausgespielt nach dem Motto „Gute Schwester – Böse Schwester" und im Team kommt es zu Spannungen oder Rechtfertigungen. Darüber hinaus hat Ihr Verhalten negative Auswirkungen auf unser wirtschaftliches Ergebnis."

7. Wunsch, Appell für künftiges Verhalten

Sagen Sie hier deutlich und ganz klar, wie Sie sich das künftige Verhalten vorstellen. Wenn es das erste Mal ist, dass Sie zu diesem Thema miteinander sprechen, dann formulieren Sie es als Wunsch. „Ich wünsche mir, dass du …". Wenn es ein dringend zu veränderndes Verhalten ist, welches sogar die weitere Zusammenarbeit gefährdet, dann formulieren Sie es als Erwartung. „Ich erwarte, dass du ...“ An dieser Stelle – und nicht in Stufe 6 Auswirkungen, nennen Sie bitte auch die Konsequenzen für den Fall, dass sich das Verhalten nicht ändert.

Beispiel:
Ich wünsche mir, dass du in solchen Situationen freundlich aber bestimmt ungefähr Folgendes sagst. *„Das mache ich gerne einmalig für Sie! Wenn Sie sich darauf verlassen wollen, dass jeder von uns diese Leistung bei jedem Besuch erbringt, sage ich gerne meiner Pflegedienstleitung bescheid, damit diese Leistung in den Vertrag aufgenommen werden kann!“*

8. Offene Frage
Wenn Sie jetzt denken, „Das ist ja ein unendlicher Monolog“, dann sehe ich das so wie Sie. Die zehn Bestandteile der „Konstruktiven Kritik“ sollen Ihnen einen roten Faden für die Vorbereitung und die Durchführung des Gesprächs geben. Offene, erkundende Fragen sind auch zwischendurch ein wunderbares Mittel, um Augenhöhe herzustellen und um deutlich zu machen, dass Sie an einer guten Lösung interessiert sind. Nachdem Sie Ihren Wunsch oder Appell für künftiges Verhalten geäußert haben, bieten sich folgende Fragen für eine gute Lösungsfindung an:

a) Wie siehst du das?
b) Was ist für dich die ideale Lösung?
c) Was schlägst du vor?
d) Was brauchst du, um dahin zu kommen?
e) Welche Unterstützung wünschst du dir von mir?

9. Klare Verabredung
Fassen Sie jetzt noch einmal zusammen, worauf Sie sich geeinigt haben, was genau die nächsten Schritte sind und wann und in welcher Form Sie sich wieder zu diesem Thema sprechen.

Beispiel:
„Gut, dann halten wir also fest, dass du genau schaust, bei welchen Patienten du mehr machst, als vertraglich vereinbart. Du überlegst dir vor dem Besuch, was du sagst, und schaust noch einmal in die Unterlagen vom letzten Workshop. Dann probierst du es aus. Wenn es dir schwer fällt, dann setzt du dich eine Stunde mit Karen zusammen und ihr übt einmal die Formulierungen. Auf der nächsten Teambesprechung erzählst du uns allen, wie es dir ergangen ist. Ich glaube, das hilft auch den Kolleg(inn)en, die nicht am Workshop teilnehmen konnten.“

10. Danke – Zukunft – Zuversicht

Beenden Sie das Gespräch mit einem Dank an Ihren Gesprächspartner und drücken Sie Ihre Freude aus, dass Sie miteinander in dieser Form haben sprechen können und dass Sie ein gutes Ergebnis gemeinsam erarbeitet haben. **Ganz wichtig: Machen Sie deutlich, dass Sie zuversichtlich sind, dass es gelingt.**

8.3 Positive Auswirkungen motivierter Mitarbeiter

Die Aufgabe von Leitungskräften ist es, äußere Rahmenbedingungen zu schaffen, in denen es möglich ist, engagiert zu arbeiten. Diese Erkenntnis ist nicht neu. Schon 1997 beschrieb Falko Rheinberg in seinem Handlungsdiagramm, was Menschen bewegt zu handeln.

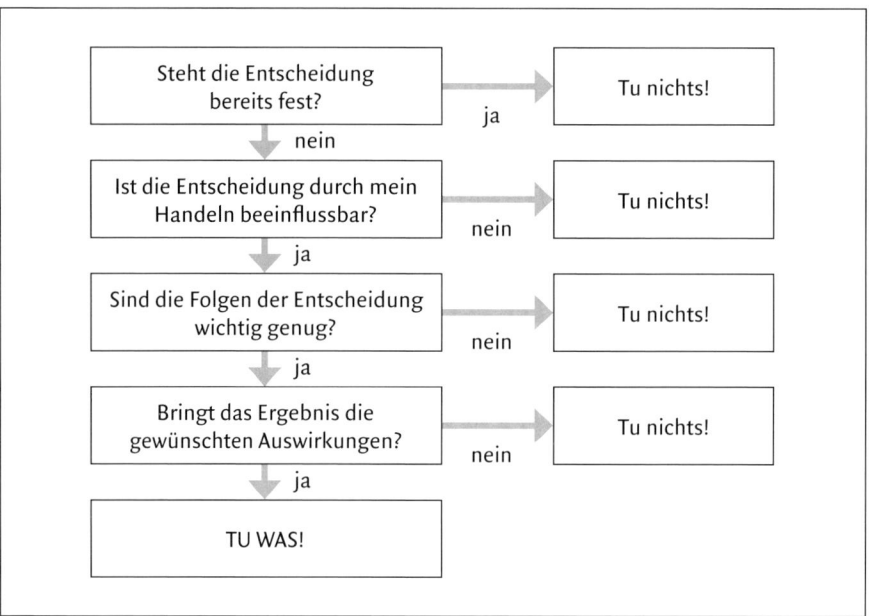

Handlungsdiagramm nach Rheinberg in Sprenger, 2000, S. 11

Beispiel:

Ein Pflegeteam wird auf einer Teambesprechung darüber informiert, dass die Tourenplanung in Zukunft mit dem Smartphone online durchgeführt wird.

Die PDL ist von der Idee begeistert, weil sie sich mittelfristig Arbeitserleichterung erhofft und eine noch bessere Zeitsicherheit für die Patienten. Sie ahnt auch, dass nicht alle Mitarbeitenden sofort überzeugt sind, da sie Schwierigkeiten im Umgang mit der Technik und möglicherweise mehr Kontrolle befürchten.

Ziel: Alle tragen die Entscheidung mit, sind bereit, die ausgewählten Modelle zu testen und Veränderungsideen einzubringen. Qualifikationswünsche und Bedenken werden geäußert.

Prüfen wir einmal, ob die Ziele auf der Basis des Handlungsdiagramms erreicht werden können

Steht die Entscheidung bereits fest?	Nicht ganz, aber so gut wie. Da sich die PDL für dieses Thema Zeit nimmt, die Vorteile aus ihrer Sicht beschreibt, die Befürchtungen und Bedenken von sich aus anspricht, erreicht sie eine positivere Haltung zum Thema.
Ist die Entscheidung durch das Handeln der MA beeinflussbar?	Die grundsätzliche Entscheidung nicht wirklich. Da das Angebot ausgesprochen wird, die infrage kommenden Modelle zu testen und Veränderungsideen einzubringen, bekommen die Mitarbeitenden Einflussmöglichkeiten. Darüber hinaus wird jedem angeboten, auf der Basis seiner eigenen Einschätzung zu wählen, ob er an einer Schulung zur Bedienung der Geräte teilnehmen möchte.
Sind die Folgen der Entscheidung wichtig genug?	Ja, denn sie beeinflussen den Arbeitsablauf der Pflegekräfte.
Bringt das Ergebnis die gewünschten Auswirkungen?	Ja, wenn alle die Vision „pünktliche Pflege für unsere Patienten" leben und ein Vertrauensverhältnis zwischen PDL und Team besteht.

In allen fünf Kriterien, die hilfreich sind, Rahmenbedingungen für Verantwortungsbewusstsein, Leistungsbereitschaft und Engagement der Mitarbeitenden zu ermöglichen, spielt Kommunikation eine große Rolle. Kommunikation, die nicht nur darauf abstellt, die operativen Belange der Gegenwart zu bewältigen, sondern den Fokus auf zukunftsorientierte Personal- und Organisationsentwicklung legt.

Wie schon auf Seite 143 erwähnt, bestehen 60 – 80 % der Tagesaktivitäten von Leitungskräften aus Kommunikation. Das bedeutet in der Führung zwingend den operativen Arbeitsanteil durch Delegation zu verringern, um Überlastung zu vermeiden und Potenzialentfaltung der Mitarbeitenden zu ermöglichen.

Ich bin davon überzeugt, dass sich die investierte Zeit auszahlt. Auf folgende positive Auswirkungen können Sie sich freuen:

» Die Leistungen Ihrer Mitarbeitenden übertreffen Ihre Erwartungen.

» Die Mitarbeiterbindung ist hoch.

» Fluktuation und Fluktuationskosten sind niedrig.

» Mitarbeitergewinnung ist leichter, da Menschen auf Empfehlung zu Ihnen kommen.

» Die Burn-out-Gefahr ist niedriger.

» Die Zufriedenheit Ihrer Kunden ist hoch.

» Neukundengewinnung wird durch Empfehlungen leichter.

» Das Image Ihres Pflegedienstes wird positiv wahrgenommen.

Unternehmen, die ihre Mitarbeitenden zunehmend als aktive Teile der Organisation begreifen, sind, wie Buurtzorg, das größte ambulante Pflegeunternehmen in den Niederlanden, eindrucksvoll belegt (Laloux, 2014, S. 64 ff.), langfristig erfolgreicher im Markt als Unternehmen, die ihre Mitarbeitenden lediglich als Mittel zum Zweck betrachten.

8.4 Selbstmotivation für Leitungskräfte

Pflegedienstleitungen, Teamleitungen, Leistungsbereichsleitungen und Geschäftsführungen befinden sich oft in einer „Sandwichposition". Sie werden in ihren sozialen Systemen mit einem vielfältigen Gewirr von Erwartungen und Wünschen seitens der Kollegen, Mitarbeitenden, Kunden, Vorgesetzten und Kooperationspartnern konfrontiert. Hinzu kommen noch die Erwartungen, die man an sich selbst stellt.

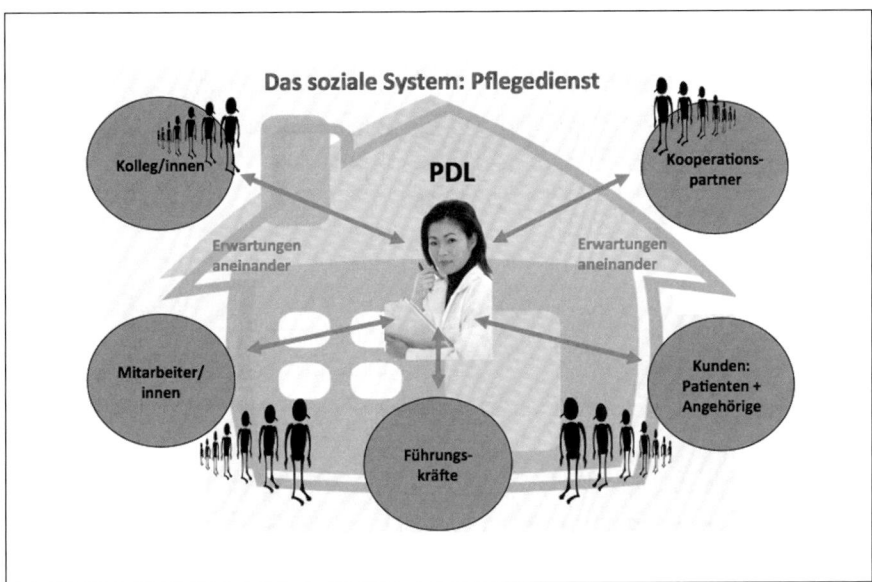

Ein soziales System ist jede Gruppe von Menschen, die einen Einfluss auf das Verhalten anderer Personen ausüben. Sie befinden sich also permanent in unterschiedlichen „sozialen Systemen": Familie, Team, Organisation, Partnerschaft, Mitarbeitergespräch, Kundengespräch, Auftraggeber/in für andere Dienstleister, Kooperationspartner, Verbände.

In jedem Ihrer „sozialen Systeme" haben Sie eine Rolle: Mutter/Vater, Leitungskraft, Mitarbeiter/in, Partner/in, Dienstleister/in, Kollege/Kollegin. Mit der jeweiligen Rolle wird ein Bündel von Erwartungen verknüpft, die andere an Sie stellen. Im Allgemeinen sind die Erwartungen, die Ihr Partner an Sie hat, andere als die, die Ihre Kinder, Ihre Führungskraft, Ihr Team oder Ihre Kunden an Sie stellen.

Auf der Basis der Erwartungen, die oft nicht konkret formuliert worden sind, werden Sie in Ihrer Rolle bewertet. Das führt häufig zu Rollenkonflikten, da die

Erwartungen nicht immer zueinander passen und Sie selbst möglicherweise auch noch Erwartungen an sich stellen.

Beispiel:
Ihr Vorstand erwartet von Ihnen Zielerreichung und Durchsetzung, ihr Team erwartet von Ihnen Zuwendung und Verständnis, Ihr Partner erwartet von Ihnen, dass Sie vergnügt nach Hause kommen, Ihre Kunden erwarten von Ihnen, dass Sie Zeit mitbringen.

Dann kommt die Frage auf „Und wer motiviert mich?" Übersetzt lautet die Frage „Und wer schafft mir die Rahmenbedingungen, damit ich motiviert arbeiten kann?", gepaart mit der Aussage „Diesen Workshop sollten Sie einmal für die obere Etage anbieten!" Manchmal sind die Rahmenbedingungen so, dass sie sich nicht sofort ändern lassen. Insbesondere dann, wenn man sich ein anderes Verhalten von seiner nächsten Führungsebene wünscht. Dann ist die Kompetenz der Selbstmotivation gefragt.

8.4.1 Die Perspektive wechseln

Wenn wir den Ausführungen Gunther Schmidts, dem Autor des Buches „Liebensaffären zwischen Problem und Lösungen" folgen, ist alles das, was wir erleben, ein Prozess der Aufmerksamkeitsfokussierung. (Schmidt, 2013, S. 44 ff.) Nicht die Situation an sich, sondern die Art, wie wir sie bewerten, kann zu Problemen, Stress, Demotivation, Ärger oder Hilflosigkeit führen. Wenn Menschen über einen längeren Zeitraum hinweg etwas als Problem erleben, engt sich oft der Wahrnehmungsfokus ein, man kreist um das Problem und es fallen einem meist nur Lösungsstrategien ein, die das Problem verstärken. Beispiele dafür sind:

» extreme Hektik – noch mehr und schneller vom Selben tun,

» Vermeidung – sich zum Beispiel Begegnungen durch Krankheit oder dringlichere Arbeiten entziehen.

» Verleugnung – die Situation verniedlichen oder nicht wahrhaben wollen.

» Handlungseinschränkung – sich entscheiden, nichts zu entscheiden.

Um den eingeengten Wahrnehmungsfokus – den Tunnelblick – zu erweitern, haben Sie die Möglichkeit, **der Beziehung**, die Sie zur Situation haben, eine andere Bewertung zu geben.

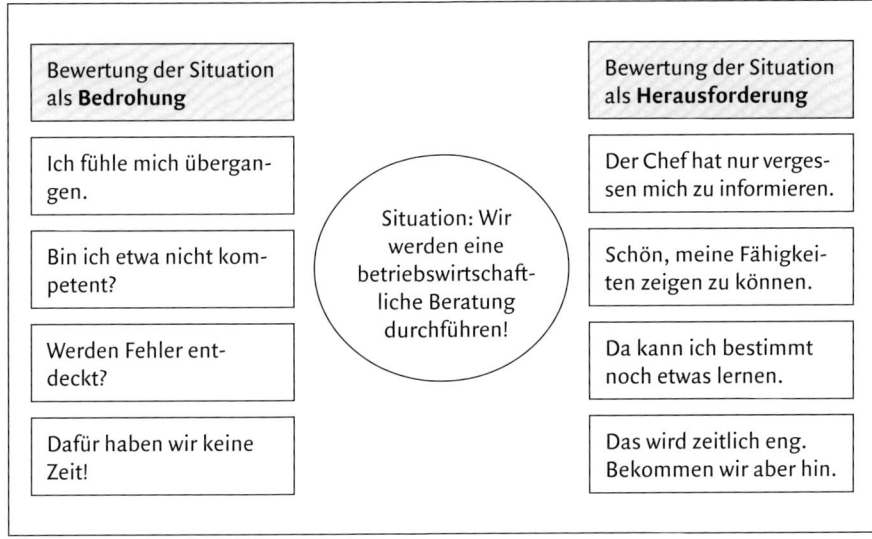

Bewertung der Situation als **Bedrohung**		Bewertung der Situation als **Herausforderung**
Ich fühle mich übergangen.	Situation: Wir werden eine betriebswirtschaftliche Beratung durchführen!	Der Chef hat nur vergessen mich zu informieren.
Bin ich etwa nicht kompetent?		Schön, meine Fähigkeiten zeigen zu können.
Werden Fehler entdeckt?		Da kann ich bestimmt noch etwas lernen.
Dafür haben wir keine Zeit!		Das wird zeitlich eng. Bekommen wir aber hin.

Eine andere Bewertung der Situation führt automatisch zu anderen Handlungsmöglichkeiten und zu einem positiveren das heißt auch selbstbestimmteren Verhältnis zu sich selbst.

8.4.2 Das positive Mind-Set aktivieren

Unter „Mind-Set" werden Denkweisen und Meinungen verstanden. Wir können uns mit Sätzen wie „Was für ein blöder Tag!", „Ich bin schlecht gelaunt!", „Heute geht auch alles schief!", „Mir gelingt nichts!", „Das ist schwierig!", „Wir haben ein Problem!" in die Problemtrance und Selbstabwertungsspirale katapultieren. Diese Denkweisen und Meinungen führen zu Bahnungen im Gehirn, sie lassen die Zellneuronen und deren Verknüpfungen wachsen.

Um Ihr vorhandenes positives neuronales Netz zu aktivieren, helfen folgende Tipps:

» Denken Sie an eine Kraftquelle in Ihrem Leben. Das können gute Orte oder stärkende Menschen sein.

» Machen Sie sich Ihre eigenen Fähigkeiten und Stärken bewusst. Stellen Sie sich diese wie Filmschauspieler auf Ihrer inneren Bühne vor. Keine Angst, dadurch werden Sie bestimmt nicht arrogant oder hochnäsig. Sie haben wertvolle Stärken, Fähigkeiten und Ressourcen. Glauben Sie daran!

» Stellen Sie sich eine Situation vor, die Sie erfolgreich gemeistert haben. Lassen Sie die Gefühle und Empfindungen, die Sie in dieser Situation hatten, wieder lebendig werden. Wenn Sie sich an diesen Gedanken erfreuen können, dann lächeln Sie ruhig.

» Kein Tag, keine Situation, kein Mensch ist durch und durch 100 % schlecht. Fragen Sie sich „Was war heute schon schön?" oder „Welche guten Seiten könnte diese Situation haben?" oder „Was ist an diesem Mensch (trotzdem) positiv?"

» Gehen Sie mit Ihren Gedanken in die Zukunft. Unser Gehirn liebt Fragen mit offenem Ende wie zum Beispiel: „Was wäre wenn ...", weil es automatisch nach Lösungen und Antworten sucht:

- Wie wäre es, wenn mein Tag heute wunderbar verlaufen würde?
- Wie fühlt es sich an, wenn ich heute richtig motiviert wäre?
- Was wäre das Tollste, was mir an diesem Tag passieren könnte?
- Wie würde es sich anfühlen, wenn ich mein Tagesziel mit viel Freude erreichen würde?
- Wie möchte ich mich fühlen, während ich eine „unangenehme" Aufgabe erledige?
- Wie werde ich mich fühlen, wenn ich die „unangenehme" Aufgabe erledigt habe?

Sie werden feststellen, dass diese Art zu denken Ihre positiven Bahnungen im Gehirn aktiviert. Unser Körper ist viel schneller und unwillkürlicher als unser kognitives Denkhirn. Versuchen Sie einmal sich gerade hinzustellen, mit beiden Beinen fest auf den Boden, die Brust herausgestreckt, einen Arm in Gewinnerpose nach oben und dann sagen Sie: „Mir geht es heute so schlecht!" Ich denke, das wird kaum gelingen.

Von den Peanuts gibt es einen Comic aus dem Jahr 1960. Charlie Braun sagt mit tief gesenktem Kopf zu seiner Begleiterin „So stehe ich, wenn ich deprimiert bin", das Verkehrteste, was du tun kannst, ist aufrecht und mit erhobenem Kopf dazustehen, weil du dich dann sofort besser fühlst!"

Gunther Schmidt bringt in jedem seiner Vorträge den Satz unter: „Wie man geht, so geht es einem. Wie es einem geht, so geht man!" Er berichtet von einem Experiment, bei dem Gruppen mit gleichartigen Voraussetzungen gebildet wurden. Einer Gruppe wurden Wörter zum Thema „Alter" angeboten, aus denen Sätze gebildet werden sollten. Andere Gruppen bekamen Wörter zu anderen, neutralen Themen. Untersucht wurde nicht, wie viele Sätze gesammelt wurden, sondern wie lange die jeweiligen Gruppen brauchten, um nach Verlassen des Raums, den langen Flur bis zum Ausgang des Gebäudes zu gehen. Dabei stellte sich heraus, dass die Gruppe mit dem Thema Alter signifikant länger für den Weg brauchte als die Vergleichsgruppen. Die Fokussierung auf das Thema Alter führte unbewusst dazu, sich langsamer zu bewegen und sich wahrscheinlich auch älter zu fühlen.

Umgekehrt funktioniert das nachgewiesenermaßen auch. Die Energie fließt da, wo Sie die Aufmerksamkeit hin lenken.

8.4.3 Kollegiale Beratung nutzen

In belastenden Situationen hilft ein soziales Netz aus Familienangehörigen, Freunden und Kollegen. Nutzen Sie die Energie Ihres Umfeldes und erzählen Sie von Ihrer problematischen Situation. Vielleicht wird sich dadurch an der Situation nichts ändern, Sie haben aber die Möglichkeit, weitere Sichtweisen einzuholen und Verständnis zu erhalten. Auch unzensiert, wütend oder traurig sein zu dürfen, hilft die psychische Widerstandsfähigkeit zu stärken.

Das Modell des „Kollegialen Teamcoachings" bietet sich an, um auf eine strukturierte Art die Kompetenz einer ganzen Gruppe für Lösungsideen zu nutzen.

Bei dieser Form der kollegialen Beratung kommen Kollegen, Leitungskräfte oder ein Team in einer Gruppe von sechs bis neun Personen zusammen und bearbeiten berufliche Fragen in den vorgegebenen Schritten.

Steps	Aktivität	Min.
1	**Themenbesitzer** erzählt Thema, Fall, Frage, Situation, Fakten, Beteiligte und die damit verbundenen Emotionen.	10
2	**Gruppe** Jeder stellt reihum erkundende Fragen. **Ziel:** Die „Welt" des Themenbesitzers zu verstehen.	15
3	**Themenbesitzer** sitzt in der zweiten Reihe und macht Notizen zu wichtigen Impulsen. **Gruppe** Jeder gibt ein persönliches Statement ab. Analyse, Vermutung, Einschätzung. **Achtung: keine Lösungen!**	15
4	**Themenbesitzer** sitzt wieder in der Runde und nennt seine Impulse.	10
5	**Gruppe** kristallisiert gemeinsam mit dem Themenbesitzer die Schlüsselthemen heraus. Schlüsselthemen werden priorisiert.	10
6	**Gruppe** erarbeitet Lösungsalternativen.	15
7	**Themenbesitzer** entscheidet sich für den nächsten ersten Schritt.	10

Voraussetzungen für Kollegiales Teamcoaching:

1. Eine Person aus der Gruppe oder ein externer Moderator übernimmt die Moderation und achtet auf die Einhaltung der Schritte und der Zeit.
2. Offenheit und Akzeptanz für andere Sichtweisen.
3. Vertrauen und kein Konkurrenzempfinden.

Vorteile des Kollegialen Teamcoachings

» Jeder Teilnehmer hat an seinen Führungs- bzw. Sozialkompetenzen (ergebnisorientierte Moderation, Aufmerksamkeit für Gruppenprozesse, komplexe Zusammenhänge schnell erfassen, andere Perspektiven sehen) gearbeitet, auch wenn er nicht die Rolle des Themenbesitzers innehatte.

» Zu komplexen Situationen werden in kurzer Zeit Handlungs- und Lösungsalternativen entwickelt.

» Die Teilnehmenden fühlen sich mit ihren Problemen nicht alleine, sondern in der Gemeinschaft gut aufgehoben. Meistens stellt sich heraus, dass jeder schon ähnliche Situationen erlebt hat oder gerade erlebt.

8.4.4 Die sieben Säulen der Belastbarkeit

Die Resilienzforschung benennt sieben Eigenschaften, die Menschen in krisenbehafteten fast ausweglosen Situationen halfen, diese zu bewältigen und mehr Widerstandskraft und Belastbarkeit zu entwickeln.

Optimismus oder: *Pessimisten küsst man nicht*	Der Glaube daran, dass das Leben auf lange Sicht mehr Gutes als Schlechtes bringt, Krisen zeitlich begrenzt sind und überwunden werden können.
Akzeptanz oder: *Es ist, wie es ist*	Die schwierige Situation annehmen (wenn sie nicht veränderbar ist), den schmerzlichen Tatsachen ins Auge blicken. Vergangenes würdigen. Sich frühere Stärken bewusst machen. Mit der Akzeptanz der Situation Raum für Neues schaffen.
Lösungsorientierung oder: *Das Licht am Ende des Tunnels sehen*	Den Fokus der Energie auf den erwünschten Zielzustand lenken. Was sind mögliche Lösungen, um das erwünschte Ergebnis zu erreichen? Chancen statt Probleme sehen.

Aus eigener Kraft etwas bewirken oder *Die Opferrolle verlassen*	Sich auf die eigenen Stärken besinnen. Etwas Neues lernen wollen. Mit Selbstwirksamkeit das eigene Leben gestalten. Die eigene Quelle von Ruhe und Kraft kennen. Entscheiden, sich nicht zum Sündenbock zu machen.
Verantwortung übernehmen oder *Mein Anteil, dein Anteil – Schicksal?*	Verantwortung für das eigene Tun übernehmen. Zu den eigenen Aktionen stehen – in der Vergangenheit und heute. Sich selbst und die Erlebnisse der Vergangenheit reflektieren und neu bewerten.
Netzwerke nutzen oder *„With a little help from my friends"*	Ein stabiles, lebendiges Netzwerk aufbauen, in dem Sorgen und Freuden geteilt werden können und alle voneinander (lernen) profitieren. (Familie, Freundeskreis, Kollegen, Berater, Vorbilder)
Zukunftsorientierung oder *Gut gerüstet mit dem Blick nach vorne*	Der Zukunft Sinn geben. Eine Vision entwerfen. Das berufliche Entwicklungspotenzial realistisch ausloten. Alternativen für Handlungsmöglichkeiten entwickeln.

9 Veränderungen meistern

von Claudia Henrichs, Köln

Veränderungen sind in den Einrichtungen ambulanter Pflegedienste die Regel und nicht die Ausnahme. Ob es sich um die Umsetzung gesetzlicher Neuerungen handelt, das Anpassen der Arbeitsprozesse an die technischen Anforderungen der Zukunft, die sich ändernden Bedürfnisse der Kunden, neue Kommunikations- und Entscheidungsstrukturen bei der Teilung oder Reduzierung von Teams, Übernahme neuer Pflegedienste, Implementierung neuer Projekte wie zum Beispiel Betreuungsteams, die Zusammenarbeit mit neuen Dienstleistern im Medikamentenmanagement oder schlicht und ergreifend die fast täglich sich ändernde Einsatz- und Tourenplanung. Mitarbeitende in der ambulanten Pflege sind wahre Veränderungs-Profis.

9.1 Veränderungen werden oft als zusätzliche Last empfunden

Da der Gesetzgeber den Fokus immer mehr auf Betreuungs- und Entlastungsleistungen legt, hat ein Pflegedienst beschlossen, ein Betreuungsteam mit einer Hauswirtschaftlichen Betriebsleitung parallel zu den Pflegeteams einzurichten. Kommunikation, Arbeitsabläufe und Weisungsbefugnisse ändern sich dadurch. Ein privater Pflegedienst, der überwiegend Behandlungspflege mit Pflegefachkräften durchführt, wird von einem Träger übernommen. Nun sollen die Pflegefachkräfte auch SGB XI Leistungen erbringen. Der Geschäftsführer eines Pflegedienstes hat analysiert, dass ca. 5 % des Umsatzes in „heimlichen Leistungen" erbracht wird. Alle Pflegekräfte sollen jetzt ihre Patienten daraufhin ansprechen.

Drei von zahlreichen Veränderungen, die in ambulanten Pflegediensten so oder so ähnlich an der Tagesordnung sind.

Die Vorstellung, nach der eine Veränderung punktuell verfolgt, sorgfältig vorbereitet (Unfreeze), durchgeführt (Change) und dann wieder verankert (Refreeze) wird, klingt fast rührend angesichts der Schnelllebigkeit der heutigen Prozesse.

Aber auch neuere Change-Prozess-Beschreibungen sind auf eine längere Zeit angelegt. Bei einer kaskadierenden Kommunikation (siehe Grafik auf der nächsten Seite) dauert ein Veränderungsprozess, je nach Größe und Komplexität, zwischen drei Monaten bis zu mehr als drei Jahren. Da Veränderungsprojekte oft gleichzeitig oder zeitversetzt parallel stattfinden, befinden sich die handelnden Personen in unterschiedlichen Phasen verschiedener Prozesse.

Organisatorische Phasen in Veränderungsprozessen
Häufig lässt sich feststellen, dass der Veränderungsimpuls, der zu Beginn – meist oben in der Hierarchie – noch Leuchtkraft und Klarheit hatte, in den unteren Ebenen angekommen, leider nur noch als zusätzliche sinnlose Last empfunden wird.

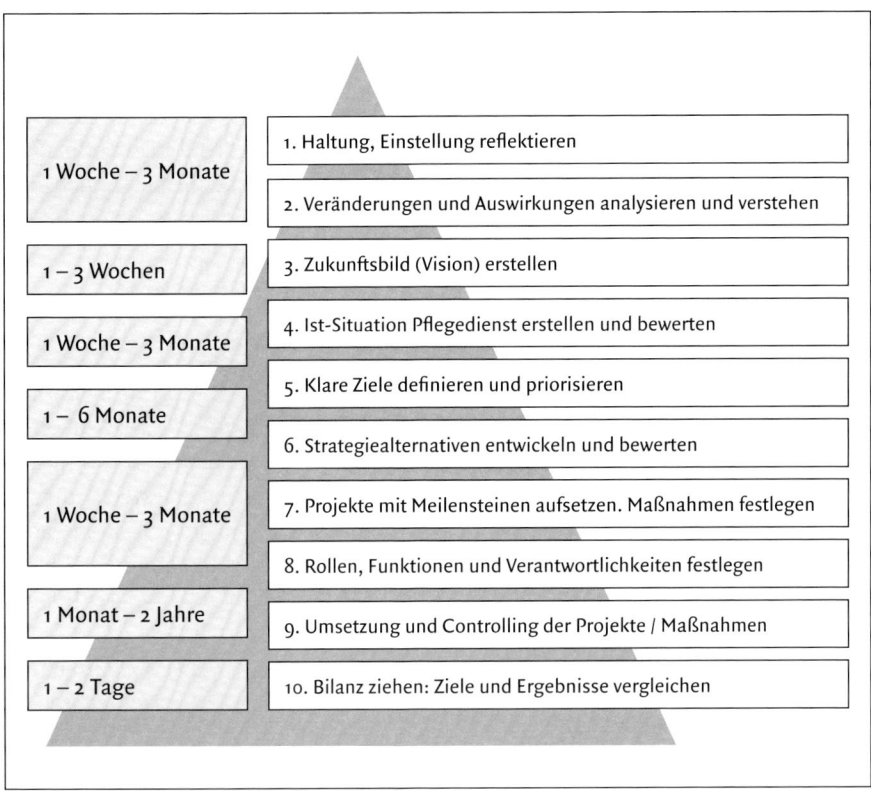

9.2 Die sieben emotionalen Phasen des Veränderungsprozesses

Wenn auch die Veränderungsprozesse im Vergleich zu früher häufiger, schneller und auch zum Teil parallel ablaufen, sind die emotionalen Zustände der Mitarbeitenden nahezu gleich geblieben.

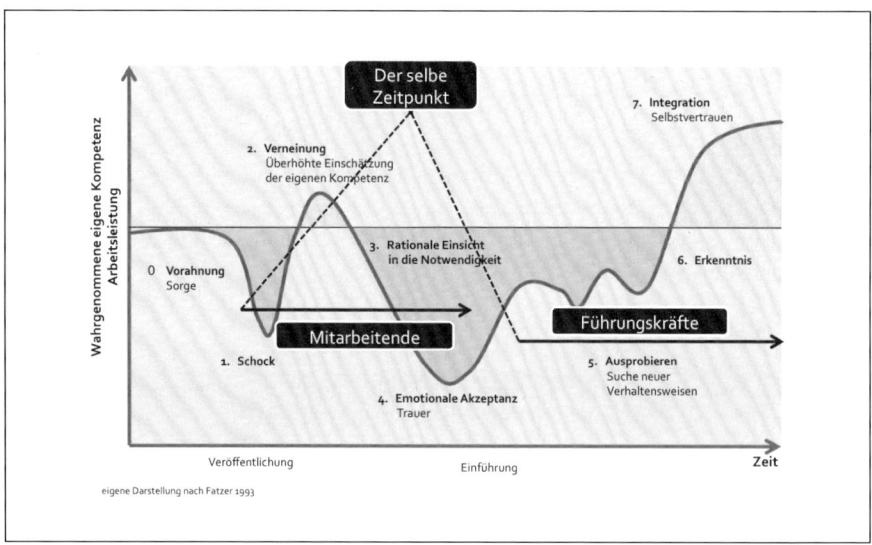

Da ist zuerst die Vorahnung, dass etwas Neues kommen könnte, gefolgt vom Schock, mit dem alle auf die Ankündigung einer Veränderung reagieren. Dann folgt die Verleugnung, bevor allmählich die Einsicht wächst, dass das Projekt wirklich kommt. Die Betroffenen reagieren zunächst mit Wut und Widerstand, dann mit Trauer, bevor sie in der Lage sind, sich dem Neuen zuzuwenden und es ausprobieren, zu der Erkenntnis gelangen, dass es machbar ist und die Veränderung dann zur Selbstverständlichkeit wird.

Alle Menschen, die von einer Veränderung betroffen sind, durchlaufen die sieben emotionalen Phasen des Veränderungsprozesses. Die einen schneller, und mit weniger negativen Auswirkungen, die anderen langsamer. In 70 % aller Veränderungsprozesse werden die Ziele nicht erreicht, weil die Mitarbeitenden in der dritten Phase, der rationalen Einsicht, stehen bleiben und dann nur noch Dienst nach Vorschrift tun. Motto: „Wenn die da oben das so wollen, dann mache ich das eben."

Generell steht die Arbeitsleistung in direktem Zusammenhang mit der Wahrnehmung der eigenen Kompetenz. Beides sinkt über weite Strecken des Prozesses und steigt erst, wenn überhaupt, ab der siebten Phase deutlich an.

166

Da sich Geschäftsführung und Leitungskreis in der Regel schon länger und intensiver mit den anstehenden Veränderungen inhaltlich und emotional auseinandergesetzt haben, Ziele, Strategien und neue Arbeitsabläufe geplant haben, sind diese den Mitarbeitenden mindestens vier Phasen voraus. Während die Führung schon die operative Gestaltung begonnen hat, fragen die Mitarbeitenden noch nach Informationen, dem Sinn der Veränderung und plagen sich mit Emotionen, meistens negativen, wie Befürchtungen und Ängsten.

Typisches Verhalten von Mitarbeitenden in den verschiedenen Phasen eines Veränderungsprozesses

Phasen		Emotionen	Verhalten
0	Vorahnung	Sorge	abwarten Gerüchteküche
1	Schock	Schreck, Angst	abtauchen, Jammerrunden
2	Verneinung	überhöhtes Sicherheitsgefühl	Widerstand, Beschwerderunden
3	rationale Einsicht	Verunsicherung	abwarten, erdulden
4	emotionale Akzeptanz	Resignation, Trauer, Frustration	Jammer- und Beschwerderunden
5	ausprobieren	Enttäuschung, Ärger, Freude, Mut, Hoffnung	Aktivität, Jammer- und Beschwerderunden
6	Erkenntnis	Erleichterung, Optimismus	Aktivität
7	Integration	Selbstvertrauen	Aktivität

Diese Szenarien legen nahe, sich Gedanken darüber zu machen, wie Veränderungsprozesse selbst verändert werden können. Ziel ist, das permanente Veränderungen als Normalität im Arbeitsalltag wahrgenommen und sogar geschätzt werden, reibungsloser und schneller implementiert werden und Mitarbeitende Veränderungen sogar von sich aus initiieren.

9.3 Wie Veränderungen Teil des Alltagsgeschäfts werden können

Wenn alle Regelungsprozesse dazu dienen, den Sinn des Pflegedienstes zu erfüllen, sind auch alle Veränderungen von außen angestoßen oder von innen initiiert, immer mit dem Fokus auf diesen Unternehmenszweck, zu beziehen.

Beispiel:

„Wir alle sind dazu da, damit unsere Pflegebedürftigen so lange, so sicher und so selbstständig wie möglich zu Hause wohnen können. Die Angehörigen unterstützen wir darin, eine Atempause von der Pflege ohne schlechtes Gewissen genießen zu können."

Auch wenn die Einführung einer neuen Struktur, die Übernahme von neuen Aufgaben wie zum Beispiel neben der Behandlungspflege auch Sachleistungspflege zu übernehmen, oder das Ansprechen auf zusätzliche Leistungen zuerst für den direkten Verantwortungs- und Handlungsbereich mehr Arbeit, eine Umstellung der Arbeitsprozesse und der Kommunikationsstrukturen bedeutet und möglicherweise deshalb als lästig oder sogar als unsinnig empfunden wird, hilft es, den Blick (oder den Horizont) zu erweitern und zu fragen, inwieweit das Vorhaben dazu beiträgt, den Sinn des Pflegedienstes zu verwirklichen.

» „Inwieweit ist diese Veränderung zieldienlich für unseren Unternehmenszweck?"

» „Welche Vorteile haben unsere Pflegebedürftigen und Angehörigen von dieser neuen/anderen Vorgehensweise?"

» „Welche positiven Auswirkungen hat die Veränderung auf unsere Arbeitsabläufe, wenn sie eingeführt ist?"

Führung und Pflegedienstleitungen haben gerade in Veränderungsprozessen die wichtige Aufgabe, als „Architekten des sozialen Betriebssystems" tätig zu sein. Wenn Sie die Haltung: „Wandel ist ein produktiver Zustand, man muss ihm nur den Beigeschmack der Katastrophe nehmen" leben und dies Bestandteil Ihrer Kommunikation in Einstellungs- und Mitarbeitergesprächen sowie in Leitungssitzungen und Teambesprechungen ist, entwickelt sich eine positivere Einstellung zu Veränderungen. Change-Management wird sozusagen zum Bestandteil der DNA in Ihrem Verantwortungsbereich.

Energy flows where attention goes

Aus der Arbeit von Milton Erickson ist ein entscheidender Satz „Die Energie fließt dahin, wohin die Aufmerksamkeit geht", überliefert. Richten Sie die Aufmerksamkeit und Ihre eigene Energie auf das, was im positiven Sinne sein kann und vermitteln Sie dies möglichst in bildhafter, vorstellbarer und alltagstauglicher Kommunikation.

Beispiele:

» Mit dem neuen Betreuungsteam erfüllen wir den Wunsch unserer Pfle-gebedürftigen nach mehr Zeit und Zuwendung. Die unterschiedlichen Kernkompetenzen (Pflege und Hauswirtschaft) führen intern zu einer Ergänzung.

» Durch die Übernahme von neuen und erweiterten Aufgaben ist das Kompetenzprofil der Pflegekräfte attraktiver. Durch die gegenseitige Unterstützung und Akzeptanz der Kolleg/innen ist die Integration in die bestehenden Teams für alle eine Bereicherung.

» Das Ansprechen von Leistungen, die durchgeführt aber nicht abgerech-net werden, führt zu mehr Zufriedenheit im Team, weil das Thema „Gute Schwester, böse Schwester" weniger wird. Der Zeitstress wird ebenfalls weniger und die Erlöse steigen. Darüber hinaus haben die Kunden mehr Verständnis dafür, dass Pflege einen Wert hat.

Hilfreiches Führungsverhalten in den bekannten Veränderungsphasen

Phasen		Hilfreiches Führungsverhalten
0	Vorahnung	Kontinuierlich Informationen darüber geben, wie die Füh-rung mit dem (neuen) Thema umgeht und welche Aktivitäten gerade unternommen werden. Dazu anregen, sich eigenstän-dig zu informieren und Ideen und Anregungen einzubringen.
1	Schock	Klare Aussagen, was sich verändern wird, wie das Zukunftsbild aussieht, welche Ziele und Strategien erarbeitet wurden, welchen Sinn die Veränderung hat. Forum zum „Luft machen" schaffen. Mitarbeitende reden lassen. Verständnis und Mitgefühl zeigen, Beiträge als Bedürfnis wür-digen (aber sich nicht gegen „die da oben oder den Gesetzge-ber" verbünden). Die eigene emotionale Beteiligung spürbar machen. Worst-Case-Szenario skizzieren.
2	Verneinung	Klar in den Aussagen bleiben. Gezeigte Fähigkeiten als Kom-petenz für das Neue werten. Durch Fragen erkunden, welches Bedürfnis hinter der Ablehnung steckt. Reflexion anregen. Angst und Sorge als Kompetenz würdigen. Wenn notwen-dig, Konfrontation mit Konsequenzen. Worst-Case-Szenario skizzieren.
3	rationale Einsicht	An (Teil-)Projekten und Entscheidungen beteiligen, nach Ideen fragen, Informationen zur Sinnhaftigkeit, zu den Zielen und der Notwendigkeit wiederholen. Den Gewinn, den die Verän-derung bringt, deutlich machen. Alternativen durchspielen.
4	emotionale Akzeptanz	Unterstützung anbieten, Sicherheit geben, Verständnis zeigen.

Phasen		Hilfreiches Führungsverhalten
5	ausprobieren	Anerkennung für Leistungssteigerung und Teilerfolge. Fehler und Ehrenrunden als Kompetenz würdigen. Verbesserungspotenziale identifizieren. Perspektiven aufzeigen. Unterstützung organisieren. Das Erreichen von Teilzielen kommunizieren und feiern.
6	Erkenntnis	Entwicklungs- und Leistungsziele vereinbaren. Erfolgsfaktoren und Fehler für andere Projekte nutzen.
7	Integration	Wertschätzung der Person und Anerkennung der Leistung. Information über Soll – Ist und Zielerreichung.

9.4 Eine mutige Alternative – nutzen Sie die Kraft des Teams

Wenn es um Veränderungen geht, ist unter den Mitarbeitenden häufig folgende Verteilung anzutreffen. Es gibt im Durchschnitt 20 % Veränderer, also Befürworter, die froh sind, dass es endlich losgeht und sie mitmachen können. 60 % Unentschlossene warten neutral ab, um später zu entscheiden, inwieweit sie sich einbringen wollen. In der Literatur ist dafür auch der Begriff „fence sitter" die, die am Zaun stehen, bekannt. 20 % Bewahrer arbeiten oft aktiv an der Verhinderung des Neuen. Der Grund für unentschlossenes oder verhinderndes Veralten ist, dass Menschen nach Sicherheit streben und sich am liebsten in ihrer „Komfortzone" bewegen. Sie tun das, was sie gut können und kennen und worin sie Routine haben.

Bei Veränderungen müssen sie diese Zone jedoch verlassen und sich in die „Stretchzone" begeben – also Dinge tun, die sie (so) noch nicht getan haben, aber durchaus tun oder erlernen könnten. Oft konzentriert Leitung ihre Aktivitäten auf die Bewahrer. Sie versuchen, diese mit den unterschiedlichsten Methoden zu überzeugen oder zu überreden. Zielführender ist es, die Unentschlossenen in Kontakt mit den Befürwortern zu bringen.

In der Grafik „Organisatorische Phasen in Veränderungsprozessen" (Seite 165) wird deutlich, dass die Beteiligung der Mitarbeitenden, die das Neue umsetzen sollen, erst ab der achten Stufe stattfindet. Zu spät! Dies ist mit ein Grund, warum viele Veränderungen zu viel Zeit brauchen und/oder nicht mit aller Energie umgesetzt werden.

Ein weiterer Grund ist, dass der auf Seite 169 beschriebene Kommunikationsaufwand für die Leitungsebene kaum nebenbei zu bewältigen ist, wenn sich die Mitarbeitenden in größeren und parallel verlaufenden Veränderungsprozessen in unterschiedlichen Phasen befinden.

Großgruppen-Workshop: Impulse sammeln und Ängste nehmen

Systemische Konzepte schlagen eine Herangehensweise vor, die Betroffene schon früher beteiligt. Die ersten drei Stufen im Veränderungsprozess sind und bleiben Leitungsaufgabe. Erst wenn die Führung für sich geklärt hat, wie sie zu dem Neuen steht und die Auswirkungen analysiert und verstanden hat, kann sie ein kraftvolles Zukunftsbild erstellen.

Wenn Leitung davon ausgeht, dass

1. alle Fähigkeiten, Kompetenzen und Ressourcen im Pflegedienst und bei den Mitarbeitenden vorhanden sind und
2. jeder an der Entwicklung der Zukunft beteiligt sein will,

dann macht es Sinn, diese Kraft zu nutzen, um gemeinsam schneller und mit Begeisterung Veränderungen zu meistern. Dazu eignet sich das Format eines Großgruppen-Workshops.

Ein Großgruppen-Workshop ist sinnvoll, wenn:

» eine neue Strategie kommuniziert und ihre Umsetzung eingeleitet werden soll,

» Mitarbeitende für wichtige Ziele – seien es neue oder alte – gewonnen und aktiviert werden sollen,

» ein Prozess, an dem viele beteiligt sind, verbessert werden soll,

» die Führung bei ihrer Planung die Perspektiven vieler unterschiedlicher Menschen kennenlernen und berücksichtigen will,

» es darum geht, aufzurütteln und die Anforderungen des Umfeldes bewusst zu machen,

» Führungsverantwortliche ein intensives Lernen voneinander initiieren wollen,

» die Verantwortlichen darauf Wert legen, mit ihren Mitarbeitenden offen zu kommunizieren.

Zielgruppe und Setting:

Alle, die nicht im Einsatz sind oder ein Querschnitt von Mitarbeitenden aus allen Bereichen, arbeiten zusammen in kleinen Gruppen im selben Raum.

Ziele:

» Veränderungen sind simultan auf allen Ebenen in Gang gebracht worden.

» Führung hat rasch viele Menschen für einen von ihr angestrebten Zielzustand gewonnen und aktiviert.

» Alle Beteiligten haben sich eine umfassende Sicht der Realität, insbesondere der Anforderungen von außen, erarbeitet.

» Identifikation mit einer und Lust auf eine gemeinsame Zukunft ist erzeugt.

Statt Veränderungen punktuell über sich ergehen zu lassen, übernehmen die Mitarbeitenden nach und nach eine aktive Rolle bei der Bewältigung zumindest der operativen Herausforderungen. In ihren Verantwortungsbereichen können sie Impulse für Verbesserungen geben, konkrete Ansatzpunkte aufzeigen und Abläufe eigenständig optimieren. Voraussetzung ist, dass die Mitarbeiter die größeren Zusammenhänge kennen und verstehen.

Statt hochkomplexen Strategien ist es zieldienlich, Mitarbeitern lediglich drei Ankerpunkte an die Hand zu geben:
1. Den Nutzen, den der Kunde erwartet,
2. die Vision, den Unternehmenszweck, den Sinn oder das „Wozu" und
3. das Besondere, das den eigenen Pflegedienst vom Wettbewerb unterscheidet.

Wenn Mitarbeitende diese Aspekte kennen, verstehen und diese mit ihren Werten übereinstimmen, können sie auch selbstständig auf Veränderungen reagieren.

Großgruppen-Workshop exemplarisch am Beispiel „Heimliche Leistungen in vertragliche Leistungen umwandeln"
Großgruppe bedeutet, dass alle Pflegekräfte teilnehmen und sich in kleinen Gruppen von sechs bis acht Personen zur selben Zeit im selben Raum befinden. Dabei können gut 30 bis 50 Personen zusammenkommen. Bei Pflegeteams bietet es sich an, die gleiche Veranstaltung mehrmals durchzuführen, um die Beteiligung aller zu ermöglichen und gleichzeitig die Dienste abdecken zu können. Zum Thema „Heimliche Leistungen verringern" hat es sich als praktikabel erwiesen, die Veranstaltungen im Zeitfenster von 12:30 Uhr bis 17:30 Uhr durchzuführen, da die Spätdienste meistens weniger Personal benötigen als die Frühdienste.

Vor der Veranstaltung muss Folgendes von der Führung geklärt sein:
» Habe ich selbst eine positive Einstellung zum Thema „Ambulante Pflege **verkaufen**", wenn unsere Aktivitäten dazu dienen, dass unsere Pflegebedürftigen so lange, so sicher und so selbstständig wie möglich zu Hause wohnen können?

» Welche Ziele wollen wir bis zu einem bestimmten Zeitpunkt erreicht haben und welche (positiven) Auswirkungen hat das auf unsere Kunden, unsere Wirtschaftlichkeit, unsere Zusammenarbeit und auf unsere Arbeitsabläufe?

» Teilen meine Pflegedienstleitungen meine innere positive Haltung zu diesem Thema?

» Wie viel Personalkapazität ist (zusätzlich) notwendig, wenn die „heimlich" erbrachten Leistungen in vertragliche Leistungen umgewandelt werden? Thomas Sießegger geht im Durchschnitt von 5 % des Umsatzes aus.

» Haben Sie einen Privatzahlerkatalog?

» Kennen und verstehen Ihre Pflegekräfte den Privatzahlerkatalog?

Jede Großgruppenveranstaltung besteht aus vier Teilen:

Teil 1	Aufrütteln	Die Sicht der Führung
Teil 2	Ermutigen Voneinander lernen	Die Sicht von uns allen
Teil 3	Identifikation mit den Zielen	Unser Anteil an den Zielen
Teil 4	Maßnahmen planen	Aktionsplan

Teil 1: Aufrütteln – Die Sicht der Führung

Gerade in diesem ersten Teil ist es wichtig, dass Sie als Geschäftsführung kraftvoll und bildhaft beschreiben, wie Sie die Ist-Situation sehen. Wenn es Ihnen liegt, erzählen Sie eine Geschichte oder nutzen Sie eine Metapher, die Ihre Situation beschreibt. Nutzen Sie Ich-Botschaften, die deutlich machen, was Sie „umtreibt" oder „was Sie nachts nicht schlafen lässt". Erläutern Sie die Ziele möglichst mit konkreten Zahlen, Daten und Fakten und skizzieren Sie, wie Sie sich die Zukunft vorstellen, wenn der Prozess gelungen ist, und drücken Sie Wertschätzung und Zuversicht aus. Ziel Ihres Führungs-Statements ist, dass allen deutlich wird, dass

» es wie bisher nicht weitergehen kann,

» sich alle eingeladen fühlen sich zu beteiligen,

» Führung an die Kompetenzen aller Mitarbeitenden glaubt und

» mit gemeinsamem Einsatz die Ziele erreicht werden.

An das Führungsstatement schließt sich immer eine Frage- und Antwortrunde an. Sie dient dazu, dass Ihre Mitarbeitenden die Informationen verarbeiten können.

Da aus jeder Gruppe ein Mitarbeitender stellvertretend für die Gruppe als Sprecher/in fungiert, können Sie sicher sein, dass auch Fragen kommen.

Für die Beantwortung der Fragen stehen idealerweise die Geschäftsführung und alle Pflegedienstleistungen zur Verfügung. Sinnvoll ist, wenn eine Sekretärin oder Verwaltungskraft die Fragen notiert, damit Sie nach der Veranstaltung noch einmal darauf zurückkommen können, wenn eine Antwort oder Entscheidung erst später erfolgen kann.

Teil 2: Ermutigen, voneinander lernen – Die Sicht von uns allen
In diesem Teil geht es darum, die Einstellung der Mitarbeitenden zum Thema „Heimliche Leistungen" für alle im Raum transparent zu machen. Durch die Energie, die von den Pflegekräften ausgeht, die die Situation verändern wollen, werden auch die Abwartenden und die Bedenkenträger angesteckt.

Die Fragen, die wieder in jeder Kleingruppe bearbeitet werden, beantwortet jeder Mitarbeitende in der Gruppe erst für sich selbst und teilt dann seine Ergebnisse mit den Kolleg(inn)en in der Kleingruppe. Die drei bis fünf wichtigsten Antworten werden auf ein Flipchart-Papier geschrieben und von einem aus der Gruppe dem Plenum präsentiert.

Fragen – Die Sicht von uns allen
1. Was ist aus meiner Sicht die größte Herausforderung rund um das Thema „Pflege verkaufen – Heimliche Leistungen verringern?"
2. Wie kann ich die Herausforderungen meistern? Was kann ich selbst tun? Was brauche ich von meiner Leitung?
3. Was ist mir bisher in Gesprächen mit Angehörigen und zu pflegenden Personen gut gelungen? Welche Fähigkeiten und Stärken habe ich dabei gezeigt?
4. Welche Auswirkungen hat es, wenn ich mehr oder andere Leistungen beim Patienten erbringe, als im Vertrag vereinbart?

Indem im **ersten Punkt** danach gefragt wird, welche Herausforderungen gesehen werden, wird implizit die Botschaft gesendet, dass es diese geben darf. Die Bereitschaft, Probleme zu nennen, wird dadurch erhöht und die Antworten geben einen guten Überblick darüber, welche Aktivitäten nach dem Workshop sinnvoll sind.

In der **zweiten Frage** geht es darum, die Selbstwirksamkeitskräfte zu aktivieren. Raus aus der Konsumentenhaltung: „Meine PDL wird's schon richten!" in die Überlegung, was der eigene Anteil sein kann.

Die **dritte Frage** dient dazu, deutlich zu machen, dass ja schon ganz viele Fähigkeiten und Kompetenzen vorhanden sind und nicht mehr alles neu gelernt werden muss. Diese Frage hat eine sehr motivierende Wirkung.

Die **letzte Frage** leitet schon in den Teil 3 eines Großgruppen-Workshops über.

Teil 3: Identifikation mit den Zielen – Unser Anteil an den Zielen

In jedem Workshop wird aufgrund der Frage nach den Auswirkungen mehr als deutlich, dass es für alle Bereiche negative Folgen hat, wenn „heimliche" Leistungen erbracht werden. Alleine dadurch, dass in jeder Gruppe nahezu identische Antworten kommen, wird schon die Energie angeregt, diesen Zustand verändern zu wollen.

Hier einige Antworten von Teilnehmenden zu der Frage „Welche Auswirkungen hat es, wenn ich mehr oder andere Leistungen beim Patienten erbringe, als im Vertrag vereinbart?"

» höhere Kosten für den Arbeitgeber,

» finanzielle Verluste,

» Verzögerungen im Tourenablauf,

» verärgerte Kunden durch Verspätungen,

» Stress für die Pflegekraft,

» gegeneinander ausgespielt werden,

» wir kommen in eine Rechtfertigungssituationen.

Vielleicht werden Sie jetzt denken, dass diese Antworten ja „auf der Hand" liegen. Das sehe ich auch so. Es ist aber ein großer Unterschied, ob diese Tatsachen von der Leitung vorgetragen oder von den Mitarbeitenden selbst erarbeitet werden. Die Identifikation mit den Zielen ist dadurch erreicht. Im Anschluss daran erarbeiten die Kleingruppen wertschätzende und kundenorientierte Formulierungen zu typischen Situationen, in denen sie Gefahr laufen, mehr Leistungen zu erbringen, als vertraglich vereinbart.

Beispiel:

„Schwester Claudia macht das aber immer für mich!"

„Gut, dass Sie das sagen, dann mache ich das gerne heute auch einmalig für Sie und werde mich mit Schwester Claudia besprechen. Diese Leistung ist nämlich nicht vereinbart. Wenn Sie sich in Zukunft darauf verlassen wollen, dass jeder von uns diese Leistung erbringt, sage ich meiner Pflegedienstleitung bescheid. Frau Müller wird sich dann mit Ihnen in Verbindung setzen."

Durch das Erarbeiten von eigenen Formulierungen und das Üben in den Kleingruppen wird aus dem „Ich will mithelfen, die Ziele zu erreichen!" ein „Ich traue es mir auch zu!"

Teil 4: Maßnahmen planen – Aktionsplan

Im letzten Teil des Workshops wird vereinbart, wie die Formulierungen, z. B. auf Dienstbesprechungen, weiter geübt und verbessert werden können und wie Mitarbeitende, die nicht teilnehmen konnten, integriert und informiert werden.

Großgruppen-Workshops sind keine starren Modelle. Sie laufen nach eigenen grundlegenden Prinzipien ab und haben alle ihren individuell auf das Thema und die Ziele abgestellten Ablauf.

Das beteiligende, ressourcen- und selbstwirksamkeitsfördernde Vorgehen kostet zwar ebenfalls Zeit und Geduld, lohnt sich aber langfristig, da Mitarbeitende Veränderungen nicht nur erdulden oder boykottieren, sondern mit Mut, Engagement und Leidenschaft mitmachen.

Vorwort von Maria Hanisch

für die Kapitel 10 bis 14 dieses Buches

In meinen Kapiteln habe ich versucht, aus der Praxis heraus zu beschreiben, wie wir unsere ambulante Pflege umgestaltet haben, und was uns auf diesem Weg alles begegnet ist. Ich bin sehr spontan in der Auswahl der Themen vorgegangen und insofern erheben meine Ausführungen nicht den Anspruch auf Vollständigkeit. Doch war ich auch erstaunt darüber, wie viele Themen wir bearbeitet haben. Ich danke allen meinen Führungskräften und den Mitarbeiter(inne)n, dass sie sich auf diesen Weg eingelassen und ihn aktiv gestaltet haben.

10 Mit neuem Blick auf die altbewährte Arbeit

von Maria Hanisch, Köln

Nun, da standen wir, in der Hand viele Seiten eines Berichts von Thomas Sießegger mit 96 Handlungsanweisungen, um unsere Dienste zu verbessern. Viele dieser Ratschläge waren uns nicht fremd, aber als gesammelte Dokumentation war das doch sehr erschlagend.

Was tun?
Erst einmal begannen wir, zu sortieren und eine Unterscheidung zu machen,

» was wir schon haben,

» was ansatz- und teilweise vorhanden ist

» und was ganz neue Ideen sind.

Dabei wurde mir recht schnell deutlich, dass die Ausrichtung auf Verkauf und Vertrieb meinen Pflegedienstleitungen nicht „in die Wiege gelegt" worden ist, sprich sie sind von ihrer Profession Krankenschwester/pfleger oder Altenpfleger/in.

Vertrieb war nicht Teil ihrer Ausbildung. Mir wurde deutlich, ich musste Ihnen dazu auch das geeignete Handwerkszeug zur Verfügung stellen. Dazu suchte ich Unterstützung bei einem echten Verkaufsprofi, bei Frau Claudia Henrichs, die ich schon in anderen Zusammenhängen kennengelernt hatte. So konzipierten wir die erste Verkaufsschulung.

10.1 Vertriebsschulung

Als wir uns damit auseinandergesetzt haben, unsere Aktivitäten in Sachen Vertrieb und Verkaufsgespräche zu intensivieren, um das Gehörte und Gelernte in die Praxis umzusetzen, standen wir bei den Pflegedienstleitungen vor einer großen Blockade.

In einem Teamgespräch führten sie uns sehr deutlich vor Augen, wie sie sich fühlten.

Ich sehe noch jetzt das Bild vor mir. Alle setzten sich hintereinander wie in einem Bus, ihr Vorgesetzter der Antreiber und sie als Mitglieder einer Drückerkolonne.

Pflege verkaufen war so etwas Fremdes, um nicht zu sagen Verwerfliches, dass sie sich dabei echt mies fühlten. Dies besonders, wenn man bedenkt, dass die Mitarbeiter/innen aus dem Kontext eines Wohlfahrtverbandes der katholischen Kirche stark von dem Leitbild geprägt sind „Wir pflegen Menschlichkeit und das möglichst umsonst":

» Müll runtertragen,

» Rollladen hochziehen,

» Medikamente besorgen,

» statt einer kleinen Pflege schnell mal eine große Grundpflege machen, denn Duschen geht ja sowieso schneller

Die Palette der Leistungen, die eben mal „mitgemacht" wurden, ist lang und jetzt sollte die Pflegedienstleitung das alles mit den Kunden für einen Preis verhandeln und sich dann noch der Aussage stellen: „Wie? Das ist aber teuer, Sie sind doch Caritas!"

Mit diesem Bild der Drückerkolonne vor Augen wurde mir sehr schnell klar, dass es mit der reinen Erkenntnis, Leistungen der ambulanten Pflege zu verkaufen, alleine nicht getan ist.

Wir mussten uns den Blockaden stellen, den Einwänden und unseren Pflegedienstleitungen Werkzeuge an die Hand geben, mit denen sie professionell das Verkaufen lernen und dann auch einsetzen können.

Zudem war es wichtig, am eigenen Profil zu arbeiten, Pflege als eine wertvolle Dienstleistung für sich selbst anzuerkennen, die es wert ist, bezahlt zu werden. Insbesondere auch bei der Caritas, mit einem Tariflohn und hohen eigenen Qualitätsanforderungen, darf und muss die Pflege ihren gerechten Preis haben.

Was war also zu tun? Zunächst einmal haben wir uns sehr darum bemüht, das Bild der Drückerkolonne durch ein ebenso starkes Bild zu ersetzen.

Gemeinsam mit Claudia Henrichs entstand die Vorstellung von der Schatzkiste, in der ich alle meine Dienstleistungen packe, die Menschen in einer Pflegesituation Unterstützung und Autonomie ermöglichen. Auf die Inhalte meiner Schatzkiste kann ich stolz sein und in sie packe ich alles, was ich aus pflegefachlicher Hinsicht für Kompetenzen zum Wohle des Kunden einsetzen kann. Dabei galt der Blick dem Kunden, was er braucht und wie ich seine Vorstellungen in Dienstleistungen umsetzen kann.

Mit dem Handwerkzeug der sieben Stufen eines Verkaufsgespräches und der Orientierung auf den Kunden wuchs die Erkenntnis, dass die Menschen frei entscheiden, was sie sich als Unterstützung bei uns „einkaufen", und es trat das Schreckgespenst „einem etwas anzudrehen" in den Hintergrund.

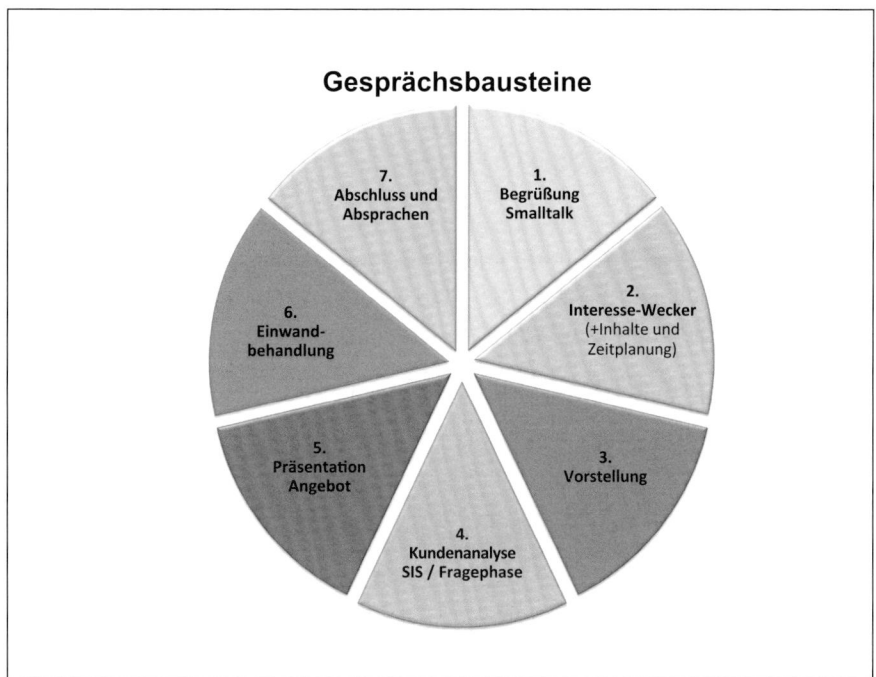

Wir haben an dieser inneren Haltung immer wieder angesetzt, die Menschen mit ihren Einwänden ernst genommen und daneben die Kenntnisse der Schulungen aufgefrischt. Die innere Haltung zum Thema Verkaufen habe ich persönlich nochmals deutlicher verstanden, als ich das Buch von Christian Morgenstern gelesen habe „Keine Angst vor dem Verkaufen".

Darin heißt es: „Beim Verkauf ist es das Ziel, jemanden durch Kommunikation zu etwas hin zu bewegen. Allerdings besitzen die meisten Menschen – ohne entsprechende Routine – eine natürliche Hemmung, andere Menschen zu etwas hinzuführen sowie zurückgewiesen zu werden. Die Ursache dafür liegt darin, dass der Mensch auf dem Entwicklungsstand eines Jägers und Sammlers vor mehreren 10.000 Jahren stehen geblieben ist. Aus dieser Zeit sind wir mit einem natürlichen Hemmungsmechanismus ausgestattet.

Verkaufen bedeutet, entgegen aller Vorsichtsmechanismen der Natur, bei in der Regel fremden Menschen sofort in Führung zu gehen. Wer das jedoch nicht gewohnt ist, wird in Aussicht auf diese kritische Situation hin mit der Emotion Angst reagieren und eine Verhaltenshemmung erfahren."

Heute gehen unsere Pflegedienstleitungen deutlich besser ausgestattet in ein Beratungs- und Verkaufsgespräch. Alle sind ausgestattet mit einer Mappe, gefüllt mit Infomaterial aller Dienstleistungen, einem Tablet, in dem sie alle Angaben der Kunden und deren Angehörigen eintragen können.

Mit dem Tablet ist es jetzt auch möglich, dem Kunden beim Gespräch anzugeben, wie hoch die Kosten seiner Pflege sein werden. In einem Angebotsplan werden alle notwendigen Unterstützungen aufgenommen und dahinter festgelegt, wer diese Dienstleistung erbringt: Pflegedienst, Nachbar oder Angehöriger. Allein diese andere Art des Herangehens, weg vom Geld hin zum Unterstützungsbedarf, schafft eine ganz andere Sprache und Einstellung. Außerdem räumt es auf mit der Einstellung, die Pflegeversicherung müsse den gesamten Bedarf der Pflegekosten decken und rückt den Teilkaskoaspekt dieser Versicherung in den rechten Blickwinkel.

Unsere Mappen sind mit folgendem Material ausgestattet:

Grundausstattung
» .snap PAD
» Preisliste SGB XI
» Visitenkarten (Leitung und Stellvertretung)
» Flyermappe der Caritas-Sozialstation
» aus unserem Software-Programm **.snap ambulant** auszudrucken:
  - Pflegedokumentation
  - Tätigkeitsübersicht
  - Vertrag über ambulante pflegerische und
  - hauswirtschaftliche Leistungen
  - Kostenvoranschlag/Leistungsrechner

- Antrag Leistungen SGB XI (Pflegestufe/Höherstufung)
- Antrag Kombi-Leistungen SGB XI
- Antrag Verhinderungspflege

Weitere Unterlagen

» Flyer/Infos zu anderen Einrichtungen des Caritasverbandes
- Caritas-Altenzentren
- Tagespflege
- Kurzzeitpflege
- CarUso: niederschwelliger Dienst zur Unterstützung von Menschen mit Demenz

» Flyer/Infos zu ergänzenden Angeboten
- Mahlzeitendienste (ASB, Landhaus-Küche)
- Sanitätshaus Rahm
- Infoblatt zur Verhinderungspflege
- Infoblatt zur Kurzzeitpflege
- Infoblatt zu Betreuungsleistungen
- Angehörigen-Information zu Prophylaxen
  – Dekubitus
  – Sturz
  – Kontinenzförderung

» Broschüren
- Pflegeversicherung „Häusliche Pflege" NRW

» Adressverzeichnis weiterer örtlicher Institutionen
- Angebotsverzeichnis Demenz

Sonstige Materialien

» Schreibblock, eventuell mit Klemmbrett oder Schreibunterlage

» Stifte

» Taschenrechner

Unsere ersten Aktivitäten galten zunächst den Pflegedienstleitungen. Im Weiteren haben wir die gleichen Schulungen dann auch mit den stellvertretenden Leitungen durchgeführt. Hier war der „Boden" dann schon etwas besser vorbereitet, sprich es waren weniger Blockaden und eine größere Akzeptanz vorhanden.

Die ersten Wege waren geebnet! Wie weiter?

Mit unserer Entscheidung zum verstärkten Vertrieb war auch verbunden für die Beratungsgespräche nach § 37 Abs. 3 SGB XI nur noch Mitarbeiterinnen und Mitarbeiter einzusetzen, bei denen wir das Potenzial zum Verkaufstalent sahen.

Gemeinsam mit den Pflegedienstleitungen und stellv. Leitungen haben wir auch diese ausgesuchten Mitarbeiter/innen (2 – 3 pro Station) geschult und mit dem nötigen Handwerkszeug ausgestattet. Dabei fungierten die Leitungen als Co-Trainer von Claudia Henrichs.

Das Eingangsmotto einer solchen Veranstaltung hieß: „Ihr seid das Salz der Erde!"

„Ihr seid das Salz der Erde!"

Ihr bereitet unseren Kunden die Suppe mit allen Zutaten:

» Betreuungsleistung

» Privatleistung und

» Beratungsgesprächen

damit unsere Kunden sagen: „Das Leben isst auch mit Pflegebedürftigkeit lohnend. Ich habe durch den Caritasverband Entlastung gefunden!"

Der letzte Schritt unserer Vertriebsaktivitäten waren Schulungen für alle Mitarbeiterinnen und Mitarbeiter unserer Dienste, die durch die Firma Syspra, Andreas Heiber und Gerd Nett, durchgeführt wurden.

Hier ging es darum, die Leistungen des SGB XI nochmals deutlich zu machen:

» Was sind Leistungsmodule?

» Was eine kleine und große Pflege?

» Wasche ich bei der Teilwäsche den Oberkörper und/oder auch noch die Füße?
   … oder nicht?

» Was sind heimliche Leistungen?

» Was tue ich als Service einfach noch zusätzlich?
   … aber dann bitte nicht im Stillen, sondern offen und klar, damit alle Pflegerinnen das Gleiche tun und damit es nicht zu ungewollten Teamdynamiken kommt.

Hier gilt es, die Achtung zu wahren vor den eigenen Leistungen, dass Pflege etwas wert ist und deshalb auch was kostet. Die Referenten wurden nicht müde, den Mitarbeitenden dies mit auf den Weg zu geben.

Und jetzt: Neulich war ich zu Gast in den ganz normalen Dienstgesprächen einer jeden Sozialstation und was höre ich da:

Da unterhalten sich die Mitarbeiter/innen darüber, ob Frau M. nicht noch die Leistung „Mein Abend" angeboten bekommen soll oder wieso einige aus dem Team bei der Kundin F. immer wieder der Versuchung erliegen, den Müll runter zu bringen und die Rollladen hochzuziehen, obwohl vereinbart ist, das nicht zu tun, da Frau F. sich weigert, dafür eine Privatleistung in Anspruch zu nehmen, obwohl es an der Rente nicht scheitert.

Da denke ich, sind wir ein Stück angekommen mit unserer Durchdringung des Themas Vertrieb – bis zu jedem/jeder einzelnen Mitarbeiter/in und das in der uns eigenen Weise.

Hier unser Ablaufplan, der die einzelnen Schritte verdeutlicht:

Beratungsgespräch nach
§ 37.3 planen

1. **Daten vervollständigen**
   - Pflegestufe und EAK eintragen
   - Zugangsweg notieren
   - Unterlagen bereitstellen
   - Bezugspflegekraft zuweisen
   - Konkretes Angebot vorbereiten

2. **Termin planen**
   - Termin vereinbaren/bestätigen
   - Hausbesuch im Tourenplan eintragen

3. **Beratungstermin durchführen**

4. **Begrüßung und Smalltalk**

5. **Interessenswecker**
   - Thema
   - Situation
   - Problem
   - Positiver Ausblick
   - Zeit und Inhalt

6. **Vorstellung**
   - Selbst
   - Caritas und Sozialstation
   - Gesprächspartner

7. **Qualifikation**
   - Grunddaten erfassen
   - Tagesablauf klären
   - Angebotsplan erstellen
   - Wohnungsbegehung
   - Hilfsmittel-Bedarf notieren

8. **Präsentation und Erläuterung SGB XI**
   - Angebot SGB XI VP
   - Angebot § 45 b
   - Privatleistungen

9. **Abschluss und weitere Absprachen**
   - Auftrag
   - Nachweis 37.3
   - Verabschiedung

10. **Nachbereitung**
    - Leistungserfassung im MDA
    - Kundenmappe an Verwaltung
    - Reflexion und Auswertung zwischen Mitarbeiter/in und PDL

Verweis auf Prozess: **Erfassen und Abrechnen von Leistungen**

11. **Ggf. Auftragsbearbeitung und Leistungsplanung**

Potenzial des § 37.3 Beratungsbesuch ausgeschöpft

10.2 Preisliste einmal anders!

Verstehen Sie die einzelnen Leistungsmodule oder besser, glauben Sie, dass Ihre Kunden sie verstehen? Mit einer Kopie von der Kopie haben wir diese Modulaufstellung an unsere Kunden weitergegeben. Das war – im Nachhinein betrachtet – fast zum Schämen.

Also aufgeräumt damit! Zunächst einmal haben wir die Module anders geordnet: Grundpflegeleistungen, Kombinationen, Hauswirtschaft – alles in einer logischen Zuordnung. Dann sind wir hingegangen und haben beschrieben, was eine Pflegekraft im Haushalt wirklich tut – und das aus Kundensicht.

Die ersten Beschreibungen klangen noch etwas hölzern, aber mit jeder Auflage haben wir Korrekturen vorgenommen und wir hörten immer auf Hinweise unserer Pflegedienstleitungen.

Beispiele:

LK 1 Ganzwaschung

Waschen, Duschen, Baden, Mund-, Zahn- und Lippenpflege, Rasieren, Hautpflege, Haarpflege (Kämmen, ggf. Waschen), Nagelpflege, An- und Auskleiden inkl. An- und Ablegen von Körperersatzstücken

Die Pflegekraft unterstützt Sie morgens im Bad beim Waschen von Ober- und Unterkörper. Auf Wunsch ermöglicht sie ein Vollbad oder unterstützt beim Duschen und trägt eine Hautlotion auf. Gemeinsam suchen Sie die Kleidung aus und die Pflegekraft assistiert beim Anziehen. Sie bereitet die Mund- und Zahnpflege vor und gibt notwendige Unterstützung. Die Pflegekraft ermöglicht Rasur- und Nagelpflege.

LK 2 Teilwaschung

Teilwaschung (z. B. Intimbereich) Mund-, Zahn- und Lippenpflege, Rasieren, Hautpflege, Haarpflege, Nagelpflege, An- und Auskleiden inkl. An- und Ablegen von Körperersatzstücken

Die Pflegekraft unterstützt Sie morgens im Bad beim Waschen und Ankleiden des Oberkörpers. Sie bereitet die Mund- und Zahnpflege vor und gibt notwendige Unterstützung. Die Pflegekraft reicht Ihnen abschließend den Kamm und die Haarbürste zum frisieren. Oder abends kommt die Pflegekraft und hilft Ihnen im Bad beim Waschen des Intimbereichs und trägt auf Wunsch eine Hautlotion auf. Abschließend assistiert sie beim Ankleiden von Strümpfen, Unterhose und Pyjamahose.

An den Rückmeldungen unserer Kunden haben wir gemerkt, wie gut das ankommt und bei jedem Neudruck fällt uns noch etwas ein, wie wir die Preisliste noch besser aufbereiten können.

10.3 Privatleistungen von „Rezept besorgen" und „Verordnungs-Management" bis hin zum „grünen Daumen"

Soweit hatten wir nun die Leistungen zur Pflegeversicherung beschrieben.

Wir haben uns dann auch daran gemacht, zusätzliche Leistungen zu beschreiben und mit Preisen zu hinterlegen. Darunter finden sich so Klassiker, wie das Besorgen von Rezept und Verordnung, aber auch die oft angefragten Sicherheitsbesuche oder das Begleiten zu einem kulturellen Abendangebot.

Hier einige Beispiele für unsere Leistungen im Privatzahlerkatalog:

„MDK-Gutachten" Prüfung der Plausibilität des MDK-Gutachtens und Anfertigung der Widerspruchsbegründung, Gutachten zur Klagebegründung vor Gericht, Vorbereitung und Begleitung bei der Einstufung, Pflegefachliche Stellungnahme, Erstellung eines gutachterlichen Schriftsatzes

Die Pflegekraft unterstützt Sie aktiv beim Antrag auf Ein- oder Höherstufung und nimmt beim Besuch des MDK-Gutachters aktiv teil. Sie prüft gegebenenfalls die Möglichkeiten eines Widerspruchs und bereitet den begründenden Schriftsatz vor.

„Rezept + Verordnung" telefonische Bestellung von Rezepten und Verordnungen beim Arzt, Abholen und Einreichen bei der Apotheke oder dem Sanitätshaus, Beantragung der Genehmigung durch die Kasse, Belieferung zum nächsten Hausbesuch

Die Pflegekraft sorgt für die Anforderung von Rezepten und Verordnungen und erledigt die Beschaffung so, dass notwendige Arzneien, Hilfsmittel und Verordnungen stets ausreichend und rechtzeitig vorhanden sind.

„Einkauf mitgebracht" wöchentliche Aufnahme der Einkaufswünsche (üblicher Bedarf) per Telefon, Zusammenstellung und Belieferung der Einkäufe zum vereinbarten Termin

Sie werden telefonisch nach Ihrem aktuellen Einkaufsbedarf gefragt. Die Waren werden frisch und auf den Tag genau ausgeliefert. Die Abrechnung erfolgt bargeldlos per Lastschrift von Ihrem Konto.

„Grüner Daumen" bis zu 2-mal wöchentlich Blumen gießen, eventuell düngen im Zusammenhang mit einem vereinbarten Hausbesuch. Blumen machen die Wohnung schön!

Aber die Blumenpflege ist Ihnen mit der Zeit zu beschwerlich geworden. Jetzt übernehmen das die Mitarbeiter der Caritas-Sozialstation und Sie schauen der Arbeit zu.

„Mein Abend" Begleiten beim Shoppen, Kultur, Restaurantbesuch oder entsprechender zeitlicher Beaufsichtigung, Beschäftigung, Vorlesen, Spiel und Gespräch, abendlicher Einsatz zwischen 18:30 Uhr bis 22:30 Uhr einmalig nach telefonischer Vereinbarung

Das Leben ist schön, deshalb braucht es ab und an einen Abend, an dem Sie etwas Besonderes unternehmen können. Dies ermöglicht die Begleitung und Assistenz unserer/unseres Mitarbeiterin oder Mitarbeiters.

„Schöner Wohnen" Öffnen und Schließen der Rollläden, Entsorgen des Abfalls, Leeren des Briefkastens oder andere kleinere praktische Erledigungen (Glühbirne wechseln, Lüften …) in Zusammenhang mit einem vereinbarten Hausbesuch

Die Pflegekräfte erledigen bei den Hausbesuchen rasch diese Kleinigkeiten, damit Sie sich in der eigenen Wohnung auch wohlfühlen.

„Gut behütet – daheim" Preis täglicher Sicherheitsbesuch mit detailliertem individuellem Auftrag (z. B. Kühlschrank voll? Lüften? Wohnung warm? Telefon o.k.?) Leeren des Briefkastens, Entsorgen des Abfalls, 2-mal wöchentlich Blumen gießen, Schlüsselhinterlegung

Ihre Kinder fahren in den Urlaub und wollen sichergehen, dass auch Sie daheim gut behütet sind. Täglich kommt die Pflegekraft, schaut nach Ihnen und erledigt routiniert einige Alltagstätigkeiten.

Natürlich finden sich in unserer Preisliste auch Angebote zu stundenweiser Verhinderungspflege und Betreuungsleistungen sowie hauswirtschaftlichen Dienstleistungen. Alles immer aus Kundensicht erklärt. Das war unser größtes und entscheidendes Anliegen, es aus der Sicht unserer Kunden zu formulieren und wie Claudia Henrichs immer wieder betont: „Auf die Insel der Kunden zu gelangen"!

Privatleistungen an die Kunden zu verkaufen, hat sich langsamer entwickelt als z. B. stundenweise Verhinderungspflege, bei der die Finanzierung vollständig über die Pflegeversicherung abgedeckt ist. Hier galt es, langen Atem zu bewahren und immer wieder Mut zu machen und den Nutzen für den Kunden und den Pflegedienst in den Vordergrund zu stellen.

10.4 Eine gute Internetseite samt Pflegelexikon

Die Internetpräsenz unserer ambulanten Dienstleistungen war bis vor einiger Zeit eher mager, irgendwo versteckt auf der dritten oder vierten Ebene unter vielen Dienstleistungen des Verbandes. Für User waren das eher lästige Klicks bis man an die Infos kam.

Im Zuge der Neuaufstellung unseres Vertriebes, haben wir es „gewagt", auszutreten aus dem Gefüge des Verbandes, um eine eigene Seite zu schaffen. Es erstaunte mich, wie unkompliziert ich die Domäne www.ambulante-pflege-koeln.de sichern konnte.

Zwei externe Partner habe ich zum Aufbau gewinnen können, eine Internetfirma und für den fachlichen Teil die Firma Syspra. Mit deren Inhabern, Gerd Nett und Andreas Heiber, konnte ich an einem Ideentag den inhaltlichen Grundstein für die Seite erarbeiten.

Dabei haben wir versucht, den Fokus immer auf das Kundeninteresse zu legen. Was will ein Mensch wissen, wenn er sich mit der ambulanten Versorgung beschäftigt? Und das ohne viele Klicks und doch in seiner ganzen Komplexität sowohl der ambulanten Pflege aber auch mit den komplementären Dienstleistungen, die der Caritasverband zur Verfügung stellt.

Auf der nun entstandenen Seite finden unsere Kunden alle Angebote mit den Standorten der jeweiligen Sozialstationen, aber auch Erklärungen zum Grundsätzlichen der Pflegeversicherung im Pflegelexikon und Erläuterungen: Wie funktioniert ambulante Pflege? Was muss ich als Kunde tun, wenn ich einen Einsatz absagen will? Wie verläuft die Abrechnung der Leistungen?

Preisliste, Preisrechner, Informationsmaterial in verschiedenen Sprachen stehen als Download zur Verfügung.

Zur Mitarbeiter/innen-Werbung haben wir die Seite mit den aktuellen Stellenangeboten im Bereich Pflege verknüpft und hier alles hinterlegt, um auch die Möglichkeit der Online-Bewerbung zu geben.

Mittlerweile greifen pro Monat 2.000 Menschen auf diese Seite zu, was ich als einen großen Erfolg bewerte.

11 Organisation und Verwaltung effizient gestalten

Sie kennen das sicher, der Aufwand für Organisation in einer Sozialstation hat in den letzten Jahren stetig zugenommen. Nicht immer sind die Prozesse so reflektiert worden, dass sie eine effiziente Arbeitsweise sicherstellen. Und vor allem, in jeder Station sahen die Dinge anders aus. Das wollten wir gerne ändern, zum einen, um eine gegenseitige Vertretung in der Verwaltung zu gewährleisten und zum anderen, um unsere Pflegedienstleitungen zu entlasten.

11.1 Ein Verwaltungsleiter soll es richten

So entschieden wir, einen Verwaltungsleiter mit einem Stellenumfang einer halben Stelle einzustellen. Die Verwaltungskräfte wurden ihm in der Dienst- und Fachaufsicht zugeordnet. Zunächst sahen das unsere Pflegedienstleitungen skeptisch, doch in den nunmehr drei Jahren nach Einführung hat es sich als sehr gut erwiesen. Wir begannen damit, die Prozesse in der Verwaltung zu vereinheitlichen mit Kundenakten, Aufnahme, Verordnungsmanagement, Rechnungserstellung, Offene Postenbearbeitung und natürlich unserem Pflegetelefon.

Der Verwaltungsleiter verbindet die Prozesse in den Sozialstationen mit denen in der zentralen Buchhaltung, führt die Jahresmitarbeitergespräche und besetzt neue Stellen. Gemeinsam mit den Pflegedienstleitungen werden alle relevanten Prozesse in einer Konferenz abgestimmt.

Hier einige Aufgaben aus der Stellenbeschreibung:
Weiterentwicklung, Unterstützung und Beaufsichtigung der Verwaltungsabläufe in allen Einrichtungen durch

» Dienst- und Fachaufsicht über die unterstellten Mitarbeiter/innen sowie Personalbedarfs- und Personaleinsatzplanung in seinem/ihrem Bereich.

» Personalführung und -entwicklung der ihm/ihr unterstellten Mitarbeitenden nach Maßgabe der Führungsleitlinien sowie Umsetzung der Instrumente des Personalentwicklungskonzeptes.

» Gestaltung und Sicherung einer effizienten Schnittstelle zu zentralen Verwaltungseinheiten (Personalabrechnung, Finanzbuchhaltung, Controlling, Informationstechnologie, Zentrale Dienste).

» Termin- und bedarfsgerechte Informations- und Dokumentensteuerung.

» Überprüfung und Weiterentwicklung der Softwareunterstützung der Verwaltungs- und Steuerungsprozesse.

11.2 Leitungsassistentinnen gewinnen

Mit der Umorganisation der Verwaltung haben wir uns auch die Aufgaben der Verwaltungsmitarbeiter/innen genauer angeschaut. Was sind ihre Kernaufgaben?

Uns war schnell klar, dass sie besonders die Pflegedienstleitung entlasten sollen. Je besser die Zusammenarbeit an dieser Schnittstelle funktioniert, desto günstiger für die Organisation in der Sozialstation. Davon profitieren die Kunden in der Klarheit, z. B. bei den Terminabsprachen, davon profitieren aber auch die Mitarbeiter/innen und es sorgt für eine Aufgabenteilung, die bei der Komplexität einer Sozialstation einer Überbelastung vorbeugt.

Eine der Anregungen von Thomas Sießegger war es, sie in Leitungsassistent(inn)en umzubenennen um damit ihre neue Rolle ein Stück deutlicher zu machen.

Bei Neueinstellungen haben wir sehr konsequent auf eine Qualifikation im Bereich Verwaltung geschaut und dabei auch Menschen gefunden, die im Erstberuf in der Pflege tätig waren und aus irgendwelchen Gründen dort aussteigen mussten. Diese Mitarbeiter/innen hatten schon gleich von Anfang an die gleiche Sprache und konnten so mit den Kunden und den Pflegemitarbeiter(inne)n gut in Kontakt treten. Das ist ein großer Gewinn.

Hier unsere Stellenausschreibung dazu:

Leitungsassistent/in in der Ambulanten Pflege

Ihre Hauptaufgaben

» Ansprechpartner/in für Kundinnen und Kunden, Angehörige, Kooperationspartner/in sowie pflegende und betreuende Mitarbeitende der Sozialstation,

» administrative Aufgaben bei der Aufnahme von Neukundinnen und -kunden,

» Durchführung der monatlichen Leistungsabrechnung und die des Forderungsmanagements,

» Unterstützung der Pflegedienstleitung,

» Daten- und Terminverwaltung, Sicherung der sach- und fachgerechten Aktenführung,

» Übernahme von Aufgaben im Medikamenten- und Hilfsmittel-Verordnungsmanagement.

Ihr fachliches Profil

» Kaufmännische Ausbildung, z. B. als Bürokauffrau oder -kaufmann im Gesundheitswesen oder Krankenschwester bzw. -pfleger, Altenpfleger/in im Erstberuf,

» Berufserfahrung als Fachkraft in der Verwaltung, idealerweise in der Pflege,

» Kenntnisse des SGB V, SGB XI und SGB XII, bzw. die Bereitschaft sich in den Bereichen einzuarbeiten,

» fundierte MS-Office Kenntnisse Voraussetzung,

» Kenntnisse in euregon .snap von Vorteil.

Ihr persönliches Profil

» Freundliche Persönlichkeit mit kommunikativer Kompetenz, die im Arbeitsprozess Prioritäten setzen kann, teamorientiert agiert und ein hohes Maß an Kundenorientierung bietet.

» Belastbarkeit und Zielstrebigkeit, ausgeprägte Handlungsorientierung.

» Verbundenheit mit dem Leitbild des Caritasverbandes Köln und seinen Unternehmenszielen sowie eine positive Einstellung zum kirchlich-karitativen Dienst.

Unser Angebot

» Gezielte Einarbeitung und Zusammenarbeit in unserer Dienstgemeinschaft.

» Reflexion Ihrer Arbeit im Team und in Mitarbeitergesprächen.

» Möglichkeit zur beruflichen Fort- und Weiterbildung.

» attraktive Vergütung nach AVR mit Sozialleistungen (kirchliche Zusatzversorgung) und Jahressonderzahlungen (Weihnachts- und Urlaubsgeld).

11.3 Tourenschrank – eine gute Idee

In der Organisation einer Sozialstation müssen wir unsere Mitarbeiter/innen mit vielen Arbeitsmaterialien ausstatten. Sie fungieren als Bote der Leistungsnachweise oder Verordnungen. Sie benötigen Schlüssel bei den Kunden, die nicht selber öffnen können.

In unseren Diensten galt es, morgens bei Dienstbeginn, sich all diese verschiedenen Materialien zusammenzuholen, und oft geschah es, dass etwas vergessen wurde.

Sehr zum Ärger aller Beteiligten, denn eine zusätzliche Fahrt bedeutet unproduktive Zeit, die es zu vermeiden gilt. Durch eine geniale Idee einer unserer Mitarbeiter/innen haben wir in allen Stationen neue Tourenschränke entwickelt. Hier gibt es heute alles, was für eine Tour mitzunehmen ist in einer Übersicht, sowohl Schlüssel der Kunden wie Unterlagen des zugeordneten Dienstwagens, Leistungsnachweise, Medikamente etc.

Ein Handgriff, der die Fehleranfälligkeit erheblich verringert hat.

11.4 Medikamentenorganisation – aber nur bedingt mit uns

Bei unseren Kunden für die termingerechte Nachbestellung der Medikamente zu sorgen, war schon immer ein heftiges Unterfangen. Die Verantwortung, dass unsere Kunden ihre Medikamente richtig einnehmen können, führte zu einem gewaltigen Aufwand, der zudem von keiner Stelle refinanziert wurde. Also galt es, sich diesen Prozess einmal vorzunehmen. Zunächst haben wir entschieden, dass wir bei allen Neukunden diese Leistung nicht mehr umsonst anbieten. Wenn der Kunde oder dessen Angehörige/r sich die Medikamente nicht selber besorgen kann, dann bieten wir das als Privatleistung an. Neukunden konnten wir das recht schnell verkaufen. Der nächste Schritt war auch, Kunden, bei denen wir dies schon Jahre einfach so mitmachen, dies ebenfalls in Rechnung zu stellen. Das hat schon einige Mühe gekostet und ist auch noch nicht bei allen umgesetzt.

Bei der Umorganisation im Umgang mit den Medikamenten kamen wir in Kontakt mit der Firma Ordermed. Diese hat sich zur Aufgabe gestellt, die Medikamentenversorgung für alte und chronisch kranke Menschen zu verbessern. In Form einer App und einer Internetplattform bestellen wir, mit dem Einverständnis unserer Kunden, die Medikamente über diese Firma.

Ordermed nimmt Kontakt zum Arzt und Apotheke auf, sorgt für das Rezept und liefert uns oder den Kunden direkt die Medikamente. Zugleich können wir über das Internettool die aktuellen Medikamentenpläne der Kunden erstellen und ausdrucken. Damit haben wir in der Dokumentation immer einen aktuellen und mit den richtigen Inhaltsstoffen angefertigten Medikamentenplan.

Ein weiterer Zugewinn: Ordermed überprüft Wechselwirkungen des einzelnen Kunden, der ja oft verschiedene Medikamente von verschiedenen Ärzten verschrieben bekommt. Sollten Kreuzreaktionen angezeigt werden, können wir das schnell erkennen und den Arzt informieren.

Unsere Medikamentenorganisation ist heute deutlich entlasteter und professioneller aufgestellt; das gibt mehr Sicherheit für unsere Kunden und Pflegefachkräfte.

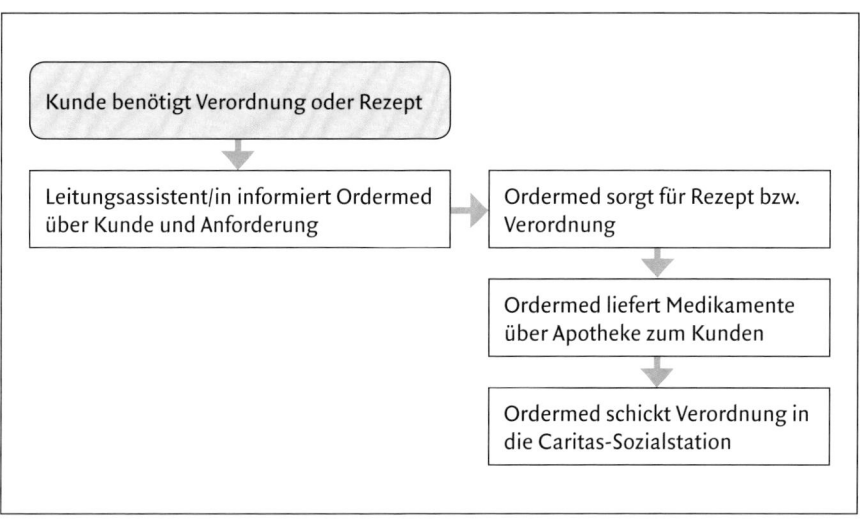

12 Wachstum als Auftrag der Unternehmensleitung

Teilhaben an den gestiegenen Nachfragen und an der größer werdenden Anzahl der Kunden, so lautete auch der Auftrag an unseren Geschäftsbereich.

Wachstum generieren geht auf verschiedene Weise und nicht alle Vorgehensweisen sind für jede der Sozialstationen geeignet. So galt es, sich diesen Auftrag genauer anzuschauen und je nach Station eine individuelle Vorgehensweise zu erarbeiten.

Dabei stellte sich heraus, dass Wachstum ganz verschiedene Vorgehensweisen nötig macht. Was sollte unsere größte Station mit neuen Kunden? Bei der Versorgung von circa 220 Kunden täglich mussten wir hier die Organisation stabilisieren und die Leistungen bei den Kunden genauer anschauen.

Einige Stationen waren sehr klein und hatten aus unserer Sicht zu wenige Kunden, was wieder andere organisatorische Probleme aufwarf. Hier lag die strategische Ausrichtung in der Gewinnung neuer Kunden.

Mit jeder einzelnen Sozialstationsleitung vereinbaren wir für jedes Jahr neue Ziele und Kennzahlen, mit denen wir das Wachstum je Sozialstation individuell festlegen und bestimmen.

Mit dieser sehr individuellen Herangehensweise konnten wir in den letzten 5 Jahren über alle Dienste unser Wachstum von 60 % erreichen.

12.1 Von der Übernahme zweier Pflegedienste

Eine Möglichkeit, die Anzahl der Kunden zu steigern, scheint leicht mit der Übernahme eines Pflegedienstes erreichbar zu sein. Eher zufällig erhielten wir die Anfrage eines katholischen Krankenpflegevereins. Der ehrenamtliche Vorstand sah sich nicht mehr gewachsen, einen Pflegedienst mit all seinen Anforderungen der heutigen Zeit zu führen.

In den Verhandlungen konnten wir uns schnell einigen, die Aufgaben des ambulanten Pflegedienstes zu übernehmen. Wohlgemerkt, es ging nicht ums Kaufen! Es galt die Übernahme der Mitarbeiter/innen und der Kunden zu planen. Deren Einverständnis zu erlangen und eine Klärung zur Übernahme des Büroinventars, der Autos etc. zu erreichen.

In den drei Monaten, die wir zur Übernahme geplant haben, sind alle Kunden besucht worden, um deren Einverständnis zu erlangen. Die Kunden von einem Wechsel zu einem anderen Anbieter zu überzeugen, ist dann, wie in unserem Fall, nicht so schwer, solange der Kunde die Zusage bekommt, dass er von den gleichen Mitarbeiter/innen versorgt wird.

Viel Aufmerksamkeit haben wir den Mitarbeiter/innen zukommen lassen. Da dieser Krankenpflegeverein in einem kirchlichen Kontext arbeitete, war die gemeinsame Philosophie und Ausrichtung zum Caritasverband eine sehr ähnliche, was ich aus heutiger Sicht für einen der Erfolgsfaktoren der Übernahme halte. Fast 95 % aller Kunden und nahezu alle 35 Mitarbeiter/innen sind übernommen worden. Wir hatten zwei Jahre eingeplant, um die Strukturen und Wirtschaftlichkeit des neuen Dienstes an die unseres Verbandes anzupassen. Schon nach einem Jahr haben diese Stationen alle unsere Erwartungen übertroffen und bereits ein positives Wirtschaftsergebnis erzielt.

Das war ein gewaltiger Weg und Erfolg, den die Mitarbeiter/innen da geleistet haben.

Auch heute, drei Jahre nach der Übernahme, arbeiten nahezu alle Mitarbeiter/innen noch bei uns und der Dienst hat eine Fachquote von 70 %, wovon ich an anderen Stellen nur träumen kann.

Nach diesem erfolgreichen Erstversuch galt die Übernahme eines Dienstes bei uns als positives Modell, Kunden und Mitarbeiter/innen zu gewinnen.

Wieder eher durch Zufall, und nicht systematisch danach gesucht, bekam ich Kontakt zu der Inhaberin eines Dienstes, die in den Ruhestand gehen und damit ihren Dienst verkaufen wollte. Das in einem Einzugsgebiet, in dem unsere Sozialstation klein war und händeringend nach Kunden Ausschau hielt. Nach dem ersten Gespräch wurde deutlich, dass es hier um viel Geld ging, das als Forderung im Raum stand. Wie sollte ich beurteilen und einschätzen, wie viel Wert ein Pflegedienst hat?

So haben wir Thomas Sießegger gebeten, ein Gutachten zu erstellen und uns eine Einschätzung abzugeben zum Wert dieses Dienstes.

Das Gutachten hat sehr dazu beigetragen, die Verkaufsverhandlungen bzw. die Summe des Verkaufspreises auf eine realistische Größe zu bringen und schließlich wurden wir uns einig.

Was jetzt alles in die Wege zu leiten war, kannten wir ja schon: Kunden und Mitarbeiter/innen in den Blick nehmen und mit ihnen die Übernahme zu besprechen. Alles so, wie wir es schon einmal gemacht hatten.

Heute, etwa zwei Jahre nach dieser Übernahme, haben wir ca. 80 % der übernommenen Kunden verloren, entweder weil sie erst gar nicht zu uns gekommen sind oder weil sie sich einen anderen Dienst gesucht haben. Die Versorgung und vor allem die Abrechnung, die Erstellung eines Pflegevertrages, in denen alle Leistungen, die erbracht und aufgenommen und dann auch abgerechnet werden, waren neu und anders, als sie es bisher gewohnt waren.

Von den 13 Mitarbeiter/innen sind noch 2 bei uns. Auch hier passte die Mentalität nicht zusammen, ein Aspekt, den ich so nicht vorhersehen konnte.

Nach dieser Erfahrung würde ich, sollten wir erneut vor der Entscheidung einer Übernahme stehen, den Dienst doppelt und dreifach anschauen, ob Kunden und Mitarbeiter/innen zu unserer Arbeitsweise und Mentalität passen.

Das ist nicht selbstverständlich und dieser Aspekt kann auch kein nach betriebswirtschaftlichen Gesichtspunkten erstelltes Gutachten garantieren, auch wenn es sehr gut erstellt war.

12.2 Verhinderungspflege

Mit der stundenweisen Verhinderungspflege haben wir im letzten Jahr den größten Schub unseres Wachstums hingelegt, sprich sie hat sich zu unserer „Cash-cow" entwickelt.

Dass die Verhinderungspflege auch stundenweise angeboten und in Anspruch zu nehmen ist, war auch lange schon bei uns bekannt, aber diese Erkenntnis führte eher ein Schlummerdasein. Erst nach dem erneuten Anstoß durch Thomas Sieß-egger ist uns die Bedeutung und Dimension dieses Angebotes bewusst geworden und wir haben angefangen, bei unseren Kunden systematisch darum zu werben. Und dabei ist dieses Angebot auch noch hilfreich und entlastend für die pflegenden Angehörigen. Den Preis dafür konnten wir zudem noch frei bestimmen.

Um die stundenweise Verhinderungspflege gut handhaben zu können, brauchte es Vorbereitung und strategische Planung.

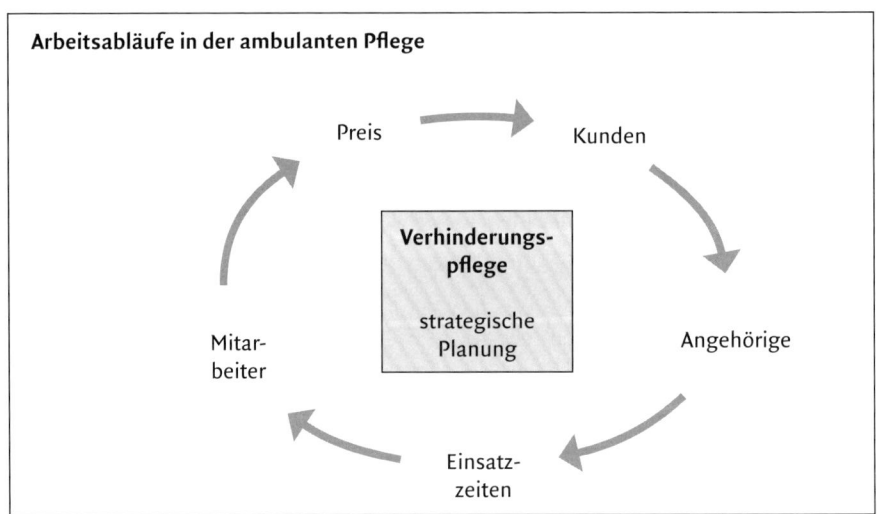

Wie erzielen Sie den größtmöglichen Nutzen aus dem Angebot der stundenweisen Verhinderungspflege?

Teil1: Vorüberlegungen

Die Möglichkeit stundenweise Verhinderungspflege zu vereinbaren, bietet Ihnen als Pflegedienstleitung eine Vielzahl von Variationen im Einsatz Ihrer Mitarbeitenden und in der flexiblen Gestaltung so mancher Pflegesituation Ihrer Kunden.

Grundsätzlich unterscheide ich zunächst:

» Stundenweise Verhinderungspflege bei Kunden, die bereits vom Pflegedienst versorgt werden.

» Stundenweise Verhinderungspflege bei Kunden, die einen Beratungsbesuch nach § 37,3 SGB XI erhalten.

Für beide Formen gelten folgende Vorüberlegungen:

Überprüfen Sie die Kundenstruktur!

» Welche Kunden möchten Sie für die stundenweise Verhinderungspflege gewinnen?

» Gibt es Kunden, bei denen Sie einen Mehrbedarf sehen und dies gut über Verhinderungspflege abrechnen könnten?

» Gibt es Kunden die vereinsamen, wo Sie über die stundenweise Verhinderungspflege Unterhaltung und Gesellschaft möglich machen können?

» Welche Kunden fallen Ihnen ein, bei denen die Angehörigen eine Auszeit brauchen?

» Gibt es Zeiträume, in denen der Bedarf nach stundenweiser Verhinderungspflege größer ist als in anderen? (Zum Beispiel Ferien- oder Feiertagszeiten?)

Überprüfen sie Ihre Mitarbeiterstruktur!

» Welche Mitarbeitenden wollen Sie für die Verhinderungspflege einsetzen?

» Am besten geeignet sind Ihre Pflegeassistenten und Hauswirtschaftskräfte.

» Mit dem Einsatz dieser Mitarbeitenden können Sie wirtschaftlich den größten Nutzen erzielen.

» Müssen Sie noch zusätzlich Mitarbeiter/innen anwerben, damit Sie Angebote machen können?

Überprüfen Sie die Einsatzzeiten Ihrer Mitarbeitenden!

» Zu welchen Zeiten ist es wirtschaftlich sinnvoll, Verhinderungszeiten anzubieten?

» Wann sind Ihre Touren eher schwach ausgefüllt?

» Gibt es Zeiträume, in denen Sie eher weniger Touren bedienen?

Ich könnte an dieser Stelle noch weitere Fragen aufführen. Die hier genannten dienen als Beispiel und Anregung. Grundsätzlich gilt:

„Nicht planlos in die Akquise der Verhinderungspflege zu gehen, sondern gezielt, den größtmöglichen Nutzen für Ihren Pflegedienst und Ihre Kunden aus dem Verkauf dieser Leistung zu ziehen."

Aus den Vorüberlegungen ergeben sich folgende Aktivitäten:

Nehmen Sie sich Zeit zur strategischen Planung, beziehen Sie Ihre Stellvertretung mit ein.

» Halten Sie Ihre Überlegung anhand eines Ziel- oder Maßnahmenkataloges fest.

» Priorisieren Sie die Maßnahmen in Form einer To-do-Liste.

» Informieren Sie die Mitarbeitenden des gesamten Teams über die neue Leistung und welche Inhalte Sie mit diesen Kunden verhandelt haben.

» Überprüfen Sie, ob Ihre Mitarbeitenden zur Erbringung der Dienstleistungen Unterstützung brauchen, z. B. durch Fortbildung oder begleitende Pflegevisiten.

  • Verhandeln Sie mit den Kunden eher die „schwachen" Zeiten und nicht die „Prime Time", wo alle gleichzeitig versorgt werden wollen.

  • Unter Umständen akquirieren Sie stundenweise Verhinderungspflege auch erst in den Touren, die noch nicht voll ausgelastet sind.

Stundenweise Verhinderungspflege

Wie gehe ich beim Kunden vor, wenn ich ihn über diese Dienstleistung beraten habe und er diese Leistung annehmen will?

» Das Formular zur Information an die Pflegekasse sollten Sie als Pflegedienstleitung gleich in Ihren Unterlagen dabei haben und an die Pflegekasse schicken, um den Kunden damit zu entlasten.

» Die Pflegekasse bestätigt dem Kunden die Gewährung dieser Leistung.

» Da die Kasse stundenweise Verhinderungspflege nicht ablehnen kann, können Sie bereits mit Leistungen loslegen.

» Erbringen können Sie alle Leistungen, mit denen der Angehörige sich entlasten möchte, dazu zählen Hauswirtschaftliche Leistungen, Pflege, Betreuung oder Beaufsichtigung.

» Kostenvoranschlag, Klärung der Betreuungszeiten und Vorstellen der Mitarbeiter/innen, die Sie ja auch aus allen anderen Vertragsgesprächen kennen.

» Das Thema ist allerdings dann wieder interessant, wenn nicht Sie als Pflegedienstleitung das Gespräch führen, sondern z. B. eine Mitarbeitende die Beratungsgespräche nach § 37 Abs. 3 SGB XI führt. Hier gibt es mindestens zwei Alternativen:

   • Die Beratungskraft überzeugt ihre Gesprächspartner von der stundenweisen Verhinderungspflege und verweist dann auf ein weiteres Gespräch mit der Pflegedienstleitung, die die vorhandenen Personal-Ressourcen kennt und die gewünschten Leistungen und Einsatzzeiten konkret vereinbart.

   • Die Beratungskraft hat auf der Basis guter Aufzeichnungen und/oder aufgrund ihrer Erfahrung eine Vorstellung davon, bei welchen Kunden stundenweise Verhinderungspflege notwendig wäre, klärt im Vorfeld mit der Pflegedienstleitung die vorhandenen Personal-Ressourcen und kann im Gespräch schon konkrete Angaben machen.

» Wichtig ist, dass Sie den Leistungsumfang und den Zeitpunkt, wann die stundenweise Verhinderungspflege beim Kunden ausgeschöpft ist, im Blick behalten. Besonders dann, wenn der Kunde noch andere Angebote der Verhinderungspflege nutzt, z. B. Kurzzeitpflege.

» Im PSG I, welches am 01.01.2015 in Kraft getreten ist, kann die Hälfte des Betrages für Kurzzeitpflege für stundenweise Verhinderungspflege verwendet werden.
Der Maximalbetrag steigt also auf 2.418 €.

» Nach den ersten Leistungen, die Sie beim Kunden erbracht haben, ist es gut, wenn Sie als Pflegedienstleitung mit den Angehörigen nochmals telefonisch Kontakt aufnehmen und nachfragen, ob die Leistung so ist, wie der Kunde es sich vorgestellt hat und es für ihn eine Entlastung bedeutet.

12.3 Ausschöpfen der Pflegestufe/Umsatz pro Kunde

Ein weiterer Wachstumsschub brachte uns den systematischen Blick auf jeden einzelnen Kunden. Das Ausschöpfen der Pflegestufen und damit die Umsatzsteigerung pro Kunde wurden gespeist durch die Verknüpfung folgender Einsichten:

» Das Hervorheben der Pflegeversicherung als Teilkaskoversicherung und die Erkenntnis, dass ein Kunde mit dem Geld, was er von dort erhält, niemals vollständig seinen Bedarf decken kann.

» Das Erstellen von Angebotsplänen für jeden Kunden, nicht der Blick auf das Geld, sondern der Fokus auf die Leistungen, die der Kunde zur Absicherung seiner Pflege benötigt.

» Stundenweise Verhinderungspflege als zusätzliche Unterstützung und Leistung, die bis dahin nicht im Blick war.

Privatleistungen, die wir bis dahin nicht im Angebot hatten. Der Blick auf den Umsatz jedes Kunden ist ein probates Mittel für sowohl große als auch kleine Stationen. Wobei das Ausscheiden von Kunden, durch Heimeinzug oder den Tod, in kleineren Stationen zu einem erheblichen Umsatzrückgang führt und dann nicht schnell zu kompensieren ist.

13 Personalentwicklung

Eine der bedeutensten Aufgaben in der ambulanten Pflege sehe ich in der Begleitung und Weiterentwicklung der Mitarbeiterinnen und Mitarbeiter und das auf allen Ebenen der verschiedenen Berufe und Einsatzfelder. Dabei befinden sich alle in einem Boot, von der Geschäftsleitung bis hin zu jedem Einzelnen in den verschiedenen Diensten.

Der Führung kommt sicherlich eine bedeutende Rolle zu. Claudia Henrichs schreibt dazu: „Führung bedeutet, gemeinsam mit einem Team Ziele zu erreichen und die Mitarbeitenden zu befähigen, ihren Anteil daran zu leisten. Der Pflegedienst als Insel der Lebendigkeit für

»   begeisternde Führung,

»   wertschätzende Zusammenarbeit,

»   loyale Kunden.

13.1 Stress lass nach – Leitungsteams bilden

Wir erwarten heute ein ganz neues Rollenverständnis von einer Pflegedienstleitung als noch vor einigen Jahren. Was soll sie alles leisten?

»   Fachlich qualitativ gute Pflegeprozesse gestalten,

»   Mitarbeiter/innen führen und weiterentwickeln,

»   Kundenorientierung,

»   betriebswirtschaftlich solides Führen des Pflegedienstes.

Meine Erfahrung der letzten Jahre ist es, dass die Anforderungen am besten zu meistern sind, wenn die Aufgaben in einem Leitungsteam verteilt sind. Das bietet sich besonders da an, wo ein Dienst eine bestimmte Kundenanzahl (ca. 120) erreicht hat und der Kontakt mit allen Kunden durch eine Person kaum noch zu leisten ist. Stellvertretende Pflegedienstleitungen oder auch Teamleitungen für spezielle Aufgaben sind sehr hilfreich. Hier nur einige Beispiele für spezielle Aufgaben:

»   Touren nach Einzugsgebieten aufteilen und Mitarbeiter(inne)n zuordnen, Einsatzplanung stellvertretende Pflegedienstleitung,

»   Palliativ care Teamleitung,

»   Teamleitung ambulante Wohngemeinschaften,

»   spezielle geschulte Mitarbeiter/innen für Beratungsbesuche,

»   Praxisanleiter/innen.

Die Fähigkeit, Aufgaben zu delegieren und so den wachsenden Aufgaben gerecht zu werden, trägt zu einem großen Teil am Gelingen eines Pflegedienstes bei.

13.2 Andere Professionen zum Zuge kommen lassen

Auch bei uns fällt es zunehmend schwer, Pflegefachkräfte und vor allem auch Pflegedienstleitungen, die zu uns passen, zu gewinnen. Also was tun, wenn unsere Dienste weiter wachsen sollen und ihre Arbeit in guter Qualität erbringen wollen? Mit dieser Frage haben wir uns in einer kleinen Gruppe auseinandergesetzt und versucht, das Problem querzudenken. Wenn wir also weniger Pflegekräfte gewinnen, dann war unsere logische Konsequenz, müssen wir Aufgaben, die nicht pflegefachliche Kompetenz braucht, durch andere Professionen ersetzen. Welche Aufgaben konnten wir herausfiltern?

» Leitungsassistent(inn)en zur Entlastung der Pflegedienstleitung,

» Verwaltungsleiter zur Steuerung aller Verwaltungsprozesse,

» KFZ-Sachkundige zum Management des Fuhrparks,

» Hauswirtschaftsmeister/innen als Einsatzleiter/innen für Hauswirtschaft und Betreuungsleistungen,

» QM Beauftragte zur Steuerung aller Qualitätsmanagement-Prozesse,

» Vertriebsprofis zur Akquise neuer Kunden.

In der nachfolgenden Grafik haben wir ein Organigramm entwickelt, das uns eine Weiterentwicklung auch unter veränderten Rahmenbedingungen ermöglicht.

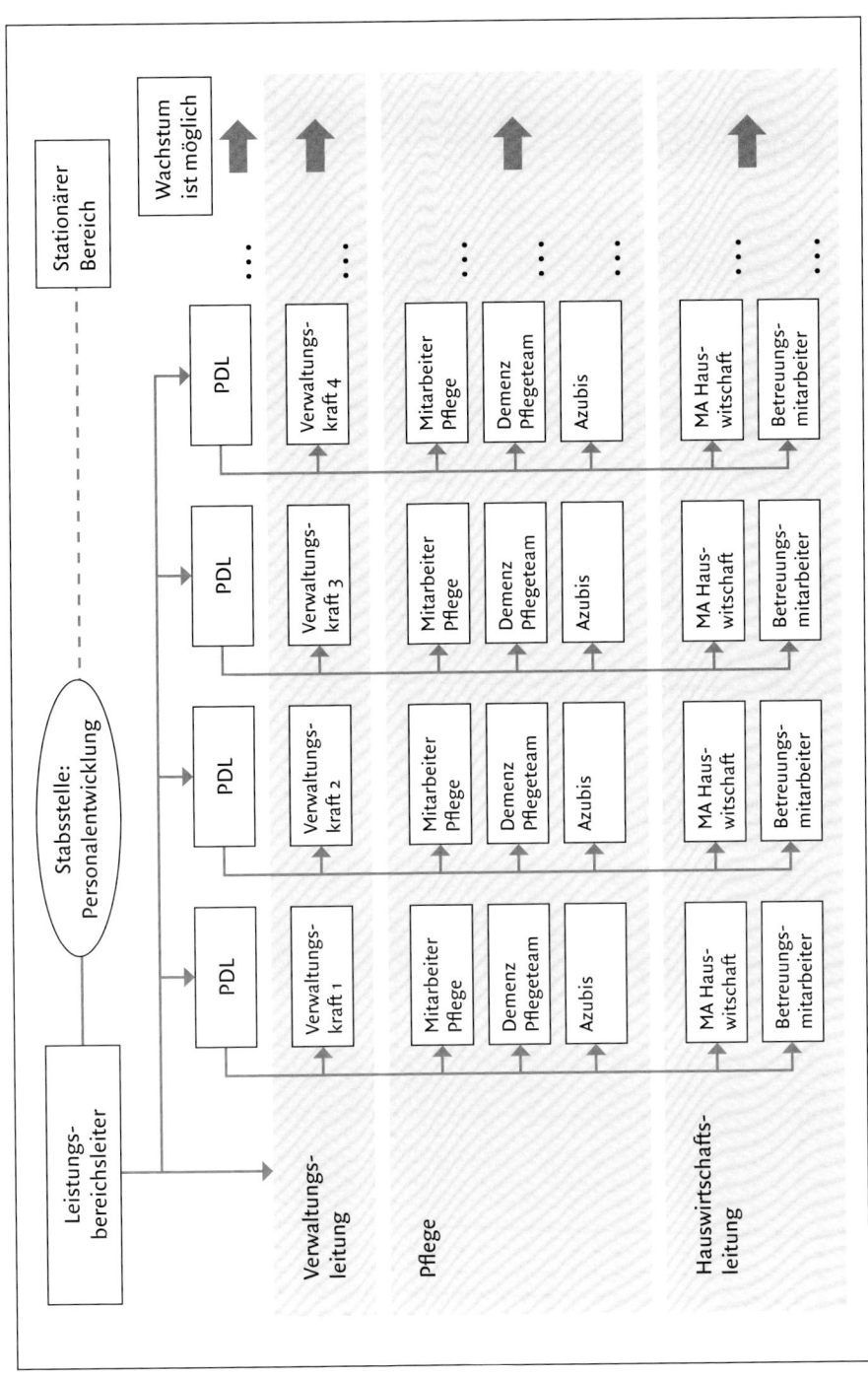

13.3 Mitarbeiter werben Mitarbeiter

Ein Vorschlag von Thomas Sießegger war es, für die Gewinnung neuer Mitarbeiter/innen unsere eigenen Pflegekräfte ins Boot zu holen und jeden zu belohnen, der eine/n neue/n Bewerber/in aus seinem Umfeld für uns gewinnen kann. Mit diesem Flyer haben wir uns an unsere Mitarbeiter/innen gewandt:

13.4 Gutes Aussehen nützt

» Wie will ich als Sozialstation im öffentlichen Raum wahrgenommen werden?

» Womit mache ich überhaupt auf uns aufmerksam?

Das sind aus meiner Sicht das Aussehen und Auftreten unserer Mitarbeiter/innen und daneben die Aufmerksamkeit, die wir mit unseren Dienstwagen erzielen.

13.5 Dienstkleidung

Das äußere Erscheinungsbild unserer Mitarbeiter/innen ist uns wichtig und deshalb haben wir uns schon vor einigen Jahren auf Dienstkleidung verständigt, die wir gemeinsam mit unseren Mitarbeiter(inne)n ausgesucht und dann beschriftet haben. Das ist gut angekommen – als Wertschätzung intern erlebt und als öffentlich wirksame Darstellung nach außen.

13.6 Dienstwagen und E-Bikes

Ähnliche Aussagen, die für Dienstkleidung gelten, treffen auch für den Umgang mit Autos und E-Bikes zu. Die Sichtbarkeit im Stadtbild und das Erscheinungsbild der Autos sind aus Marketingsicht nicht zu unterschätzen.

Dabei waren uns folgende Aspekte wichtig:

» Einheitliche Autos, wir haben uns auf eine Marke festgelegt und die Anschaffung des gleichen Typs jetzt auch einige Jahre konsequent durchgeführt. Allmählich zeigt sich der Erfolg: Der Fuhrpark hat ein gleiches Erscheinungsbild.

» Die Beschriftung der Autos im gleichen Design, übersichtlich nach Corporate Identity, eine Telefonnummer zur Kontaktaufnahme im ganzen Stadtgebiet.

» Die Heckscheibe nutzen wir zur Mitarbeiterwerbung; am rechten Flügel befindet sich ein QR-Code, der direkt auf unsere Internetseite führt.

» Je zwei Stationen teilen sich einen Mitarbeiter (geringfügige Beschäftigung) mit speziellen Kfz-Kenntnissen, der für die Einhaltung der Wartung und die Reinigung der Autos außerhalb der Tourenzeiten sorgt. Das hat einen zweifach positiven Effekt: die Autos sind sauber und sorgen für ein gutes Erscheinungsbild und die Pflegekräfte beschäftigen sich nicht mit fremden Arbeiten, die im Zeiteinsatz ohnehin nicht wirtschaftlich sind.

Der Einsatz von E-Bikes ist für uns noch relativ neu. Er erhöht unsere Mobilität, gerade auch im Bereich der Mitarbeiter/innen, die Hauswirtschaft und Betreuungsleistungen erbringen. Durch die einheitliche Dienstkleidung sind unsere Mitarbeiter/innen auch auf dem Rad gut erkennbar.

13.7 Ausbilden, was das Zeug hält

Schon bevor die Altenpflegeausbildung in der ambulanten Pflege refinanziert wurde, haben wir in Ausbildung investiert. Dabei lag und liegt unser Fokus auf folgende Zielgruppen, die wir ansprechen wollen:

» Ungelernte Mitarbeiter/innen, die schon lange bei uns arbeiten, die die Kinderphase fast oder ganz hinter sich haben,

» junge Menschen von den Möglichkeiten einer guten Ausbildung überzeugen und gewinnen,

» Ausbildung auch dann möglich machen, wenn die persönlichen Rahmenbedingungen es schwer machen, z. B. Teilzeitausbildung, Alleinerziehende.

Bei den schon bei uns Beschäftigten galt es, Überzeugungsarbeit zu leisten, dass die Investition in eine Ausbildung für sie bessere Verdienstmöglichkeiten und Aufstiegschancen beinhaltet und was ein Lernen für drei Jahre rechtfertigt. Ein Hemmnis war es, dass diese Mitarbeiter/innen nicht drei Jahre von einem Ausbildungsgehalt leben konnten. Glücklicherweise haben wir ein Programm bei der Arbeitsagentur gefunden, das diese Gehaltslücke geschlossen hat.

Als wir mit den ersten Mitarbeiter(inne)n auf ihr bestandenes Examen angestoßen haben, war ich ganz stolz darauf, dass wir in der Überzeugung nicht nachgelassen haben und wir jetzt zufriedene, loyale Mitarbeiter/innen an uns binden durften.

Für die jungen Menschen sind wir andere Wege gegangen. Wir haben Speed-Dating-Tage angeboten, wo junge Leute innerhalb von kurzen Einheiten mit Führungskräften sprechen, ihre Fragen anbringen können, Zeugnisse vorlegten, um zu klären, ob Schulabschlüsse reichen etc. Damit war ein erster Kontakt hergestellt, Praktika vereinbart und ein Schnuppern in den Beruf ermöglicht.

In Auswahltagen haben wir uns die jungen Leute angeschaut, die sich bei uns um eine Ausbildung beworben haben; dabei war es uns wichtig, dass wir mit Mitarbeitenden aus vielen Bereichen des Caritasverbandes zusammen eine Auswahl getroffen haben. Das hatte den Vorteil, dass verschiedene Blickwinkel zur Eignung eines Bewerbers zum Zuge kamen. Diese Auswahltage waren für mich persönlich eine große Bereicherung und ich durfte erleben, wie junge Leute sich engagieren und mit hohen Idealen in die Berufsausbildung gehen. Von Vorteil dabei ist es, dass wir als Caritasverband mit sowohl der ambulanten als auch der stationären Pflege die Auswahl der Schüler/innen gemeinsam geleistet haben.

Auch unser Ausbildungskonzept, unsere gemeinsamen Azubitage mit einem fachlichen Teil, aber auch einem großen Spaßanteil (z. B. Schlittschuh laufen, Klettern oder Bogenschießen), haben wir immer gemeinsam veranstaltet. Mir war es immer wichtig, Ausbildung auch im ambulanten Setting möglich zu machen, weil es andere Menschen sind, die mobil arbeiten möchten und auch die Anforderungen im ambulanten Bereich anders sind. In der Vergangenheit haben wir immer Mitarbeitende aus der stationären Arbeitsweise erst hinsichtlich der ambulanten Arbeitsweise anlernen müssen. Es ist schon ein zufriedenstellendes Gefühl, die ehemals eigenen Auszubildenden als Examinierte in den Diensten zu erleben und damit selber dem Fachkräftemangel entgegen zu arbeiten.

Für Mitarbeitende, deren Rahmenbedingungen eine Ausbildung schwierig machen, weil sie z. B. alleinerziehend sind, ist es wichtig, individuelle Lösungen zu ermöglichen. So haben wir einer Mutter, die ihr Kind in einem unserer Kindergärten betreuen lässt, ihre Arbeitszeiten den Kindergartenzeiten angepasst. Oder eine andere Mutter macht ihre Ausbildung in Teilzeit.

Durch all unsere Bemühungen können wir jetzt im gesamten Caritasverband 33 Auszubildende beschäftigen, davon acht in der ambulanten Pflege.

So werben wir u. a. für die Ausbildung:

14 Politische Interessenvertretung

Im Verdacht, kampfbereite Revoluzzer zu sein, standen die Beschäftigten von ambulanten Diensten in den vergangenen Jahren nun wirklich nicht. Im Gegenteil – kaum eine Branche galt als politisch derart desinteressiert wie die Pflege.

Doch die Zeiten haben sich offenbar geändert. 2013 machten die Pflegenden ihre Unzufriedenheit und Empörung so vehement öffentlich wie nie zuvor – Szenen, wie wir diese bis dato von Fußball-Weltmeisterschaften kennen: endlose Autoschlangen und Dauerhupen, enthusiastische Menschen und Dauergejohle. Doch was sich gleichermaßen in Niedersachsen, Nordrhein-Westfalen und Baden-Württemberg abspielte, hatte mit Freude fast nichts und mit Frust sehr viel zu tun. Die ambulante Pflege nämlich war in den drei Ländern auf die Barrikaden und auf die Straße gegangen, um per Autokorso für verbesserte Rahmenbedingungen und eine angemessene Finanzierung der Pflegedienste zu demonstrieren.

Hauptadressat der Proteste waren in allen drei Ländern die Krankenkassen. Wenn die nicht endlich mehr Geld für die häusliche Krankenpflege locker machten, hieß es unisono, dann stehe die flächendeckende Versorgung Pflegebedürftiger mittelfristig vor dem Aus.

Beeindruckend fand ich unsere Aktion hier in Köln. Am Ende vieler Diskussionsveranstaltungen, Kundgebungen und Unterschriftenkampagnen fuhren wir in einem Autokorso durch Köln und übergaben – beteiligt waren Mitarbeitende aller Wohlfahrtsverbände – der AOK unter dem Motto „Die Pflege braucht Wertschätzung und Wertschätzung kostet Geld!" symbolisch ein „Zeitschwein".

14.1 Vergütungsverhandlungen oder wie erwacht in mir die Lust zu streiten

Sich für eine auskömmliche Vergütung einzusetzen, ist eine entscheidende Aufgabe der Geschäftsführung. Die Rahmenbedingungen in der ambulanten Pflege sind eh schon so eng, dass es unverantwortlich ist, die Situation noch zu verschärfen und keine Vergütungsverhandlungen zu führen. Wie in vielen Diensten haben wir uns in Köln lange mit den vereinfachten Verfahren zufrieden gegeben. Doch die Schere zwischen dem Angebot der Kassen und den Tarifentwicklungen der AVR wurde immer größer und eine stabile wirtschaftliche Situation damit nicht mehr zu verantworten. Zwei Gründe, die tief in unseren Köpfen verankert waren, spielten eine Rolle, nicht offensiver vorzugehen:

» Keine Erfahrung in Einzelverhandlungen, damit die nötige Routine und fehlende Instrumente auf unserer Seite,

» die Sorge, Kunden würden eine Preiserhöhung nutzen, von ihrem Kündigungsrecht Gebrauch zu machen.

Da die wirtschaftliche Situation jedoch immer prekärer wurde, ging kein Weg an Einzelverhandlungen vorbei. Und das zum ersten Mal im Jahr, als die Zeitvergütung im Gesetz festgeschrieben wurde. Schlecht gelaufen! Denn zunächst einmal ließen die Kassen Einzelverhandlungen zum SGB XI, ohne auch Zeitvergütung zu verhandeln, nicht zu. Diese wollte ich aber nicht einzeln verhandeln, da wir dort auf Landesebene in den Verhandlungen vertreten wurden. Also war Warten angesagt.

Nach Auflösung dieser Koppelung habe ich mich dann an meine Forderung samt Begründung begeben und es den Kassen unterbreitet. Wenn ich jetzt damit gerechnet hatte, alles liefe zügig, so war die Realität eine ganz andere. Ich hörte nichts, ... erneuter Anruf, ... Hinhalteversuche, ... erneutes Schreiben, ... Anruf, ...

Mein Verhandlungspartner auf Seiten der Kassen bestand darauf, die vorgesehenen Dateien der Kassen mit vielen Informationen zu unseren Diensten ausgefüllt zu bekommen. Ohne diese Unterlagen wollte er sich nicht bewegen. Ich habe immer wieder erklärt, dass ich nicht verstehe, was diese Daten mit meiner Vergütung zu tun haben und die Sinnhaftigkeit infrage gestellt, dafür aber Lohnunterlagen, zum Nachweis der Tariftreue, angeboten. Erst nach langem Ringen und vielen Wochen, die vergangen waren, erhielt ich die Ablehnung meines Angebotes schriftlich. Damit habe ich dann die Schiedsstelle angerufen und erstaunlicherweise erhielten wir dort noch einen kurzfristigen Vorbesprechungstermin.

Einen Schiedsstellentermin hatte ich bisher noch nicht erlebt, insofern war mein Respekt groß. Um nicht allein dazustehen gegen die Übermacht an Erfahrung auf Seiten der Kassen, habe ich Andreas Heiber von der Firma Syspra gebeten, mich zu unterstützen. So fuhren wir dann nach Essen. In der ersten Stunde der Verhandlung ging es um ein Abwägen, ob jetzt auch die Zeitvergütung mit zu verhandeln sei und nicht jede Sozialstation ein eigenes Verfahren benötigte. Wir verständigten uns, ohne Zeitvergütung zu verhandeln und erst einmal die gesamte Ambulante Pflege des Caritasverbandes Köln zu betrachten.

Dann wurde es spannend. Die Kassen waren wenig bereit sich zu bewegen und unsere Tarifentwicklung anzuerkennen. Es folgte ein Austausch von Argumenten der verschiedenen Seiten. Der Vorsitzende der Schiedsstelle brachte Vermittlungshinweise und irgendwann stand auf einmal ein Angebot der Kassen im Raum. Alle Parteien zogen sich in getrennten Räumen zur Beratung zurück. Da das Angebot der Kassen jedoch nur unwesentlich höher lag als die Angebote des vereinfachten Verfahrens, war ich nicht bereit, das Angebot anzunehmen, denn dann hätte sich ja der ganze Aufwand nicht gelohnt. Also wieder gemeinsame Runde, Ablehnung geäußert, Stillstand, die Verhandlung drohte zu scheitern. Mir wurde Angst und Bange. Irgendwie nahm das Gespräch dann doch wieder

Fahrt auf und schließlich machte der Vorsitzende ein Angebot zum Punktwert und Laufzeit. Wieder Beratung der beiden Parteien.

Das Angebot lag über den vereinfachten Verfahren und die Laufzeit bei neun Monaten, sprich, ich hatte die Möglichkeit, im laufenden Jahr nochmals zu verhandeln.

Das Angebot habe ich angenommen und nach einer Abstimmungsfrist von zwei Wochen die Kassen auch. Im Nachhinein sind mir durch diese Vorgehen einige Dinge klar geworden:

» Der Respekt vor Einzelverhandlungen ist gesunken.

» In die nächste Verhandlung gehe ich noch besser vorbereitet, z. B. durch einen Punktwertrechner, damit ich das Angebot gleich mit unseren Zahlen abgleichen kann.

» Ich gehe nicht allein, nehme meinen Controller, Leistungsbereichsleiter mit.

Als Fazit kann ich sagen, dass mich dieser Weg viel Energie gekostet hat. Der eigentliche Erfolg zeigte sich in den nächsten Verhandlungen. Inzwischen haben wir wieder Tarifverhandlungen gehabt mit einer 5,9 % Lohnsteigerung. Im SGB XI war die Anerkennung des Tarifs als wirtschaftlich festgeschrieben worden. Meine Forderung gegenüber den Kassen beinhaltete die Höhe des Tarifes und als Unterlagen bot ich wieder Lohnjournale an. Ich war überrascht, wie schnell und zügig wir uns mit den Kassen einigen konnten und die volle Refinanzierung der Tarifsteigerung realisiert werden konnte.

Auch unsere Sorge, die Kunden könnten bei einem erneuten Preisanstieg kündigen und zu einem anderen Dienst wechseln, hat sich als unbegründet herausgestellt.

14.2 Anerkennung der Tarife im SGB XI und V

Die Anerkennung der Tarife im SGB XI ist im Pflegeneuerungsgesetz bereits festgeschrieben und bedarf jetzt keiner weiteren Anstrengung mehr, bis auf die Anstrengung, diese Tarife auch in den Verhandlungen einzufordern und sich nicht mit dem vereinfachten Verfahren zufrieden zu geben.

Eine weitere Anstrengung ist es, die Tarifanerkennung jetzt auch im Bereich des SGB V zu erreichen. Mittlerweile sind die Leistungen der Behandlungspflege so unterfinanziert, dass sie sich oft nur in der Kombination zwischen der Erbringung von SGB XI und V rechnen.

Im SGB V bin ich nicht selber an den Verhandlungen beteiligt, sondern mein Spitzenverband auf Landesebene. Mutig fand ich die Aktion einer Sozialstation in Freiburg, die zur Unterschriftenaktion aufrief. Es mussten 50.000 Unterschriften in recht kurzer Zeit zusammenkommen, um das Anliegen im Petitionsausschuss des Bundestages vortragen zu können. Auch wir bei uns haben heftig Unterschriften gesammelt. Es ist die erforderliche Anzahl zusammengekommen und Herr Gröhe war selber bei der Anhörung anwesend. Leider kam nur die Zusicherung dabei rum, er würde sich der Sache annehmen, die Gesetzeslage sei ausreichend genug und da gäbe es keinen Handlungsbedarf.

Was ich wichtig finde ist, dass wir weiter politisch aktiv unsere Themen vorantreiben, und zwar an den Stellen, an denen wir arbeiten und nicht passiv jede Reform hinnehmen und alle paar Jahre eine „neue Sau durchs Dorf treiben".

14.3 Auf der Strecke geblieben oder: Was haben wir nicht umgesetzt? Was sind die Alternativen?

Es sind jetzt bereits drei Jahre vergangen, nachdem wir mit Thomas Sießegger gearbeitet haben und sein Bericht vorlag.

Wie beschrieben, sind wir sehr systematisch daran gegangen und haben auch viele Punkte und Anregungen aufgenommen und umgesetzt.

Meine und auch Thomas Sießeggers Erwartungen waren es, dass sich innerhalb eines halben bis dreiviertel Jahres eine wirtschaftliche Verbesserung zeigen wird. Dem war nicht so. Wir haben für viele Prozesse, um sie nachhaltig zu sichern, länger gebraucht und auch gründlicher arbeiten müssen.

So war unsere Erkenntnis, dass die betriebswirtschaftliche Sichtweise alleine nicht ausreicht, und ich habe mit Claudia Henrichs jemanden zum Thema Vertrieb gewinnen können, was uns noch auf anderen Ebenen weitergebracht hat. Die Arbeit an diesem Teil unserer Neuausrichtung hat auch erst einmal Zeit in Anspruch genommen. Der wirtschaftliche Erfolg hat sich eingestellt, aber nicht direkt und nicht so schnell.

Von den vielen Handlungsempfehlungen von Thomas Sießegger hätten wir uns eine Zusammenfassung gewünscht. Viele Vorschläge waren eng miteinander verwoben und je von welcher Seite man einen Prozess betrachtet, kann man verschiedene Prioritäten setzen. Zu Beginn mussten wir aufpassen, dass wir die Logik in Prozessen eingehalten haben, um uns nicht zu verheddern.

Viele Exceltabellen von Thomas Sießegger sind bei uns nicht zum Einsatz gekommen, z. B. die der Auswertung der Pflegevisiten. Wir hatten Vertrauen darin, wenn die Pflegevisiten gemacht werden mit dem Blick auf Angebotspläne und von gut geschulten Mitarbeiter(inne)n, dann wird sich der Erfolg zeigen. Zudem finde ich es äußerst schwierig, neben einem PC-Programm .snap ambulant noch zu viele andere Kostenrechnungen zu haben und damit keine Einheitlichkeit der Darstellungen.

Beim Controlling unserer Zahlen haben wir uns aus der Vielzahl der Angebote auf etwa zehn Kennzahlen verständigt, die wir monatlich betrachtet haben:

» Erlöse,

» Personalkosten,

» Sachkosten,

» Krankheitsquote,

» nicht abgerechnete Leistungen,

» Umsatz der Verhinderungspflege,

» Pflegezeit pro Stunde,

» Umsatz Privatleistungen,

» Umsatz pro Kunde,

» Quote SGB XI zu SGB V.

Diese Zahlen haben wir uns am Anfang eines Monats angeschaut und damit Tendenzen sehen können und ggf. Strategien zu Gegenmaßnahmen besprochen. Das hat zunächst auch vollständig gereicht.

Nicht alles, was im Bericht stand und wir umgesetzt haben, ist von großem Erfolg geprägt, so ist unsere Kampagne ,Mitarbeiter werben Mitarbeiter' nur mäßig von Erfolg gekrönt. Insgesamt konnten wir die Prämie viermal auszahlen, nicht grade ein Renner. Trotzdem fand ich die Botschaft an unsere Mitarbeitenden die Richtige, dass wir alle mitarbeiten können, um genügend neue Kollegen zu bekommen. Das Image der Pflege und mit Freude dort zu arbeiten, bestimmen wir alle mit.

14.4 Was bringt uns die Zukunft?

Mit dem Pflegestärkungsgesetz, das Anfang des Jahres in Kraft getreten ist, eröffnen sich für unsere Dienste nochmals ganz neue Möglichkeiten. Es kann sogar dahingehen, dass wir uns in der Zukunft immer weiter weg von unserem ursprünglichen Kerngeschäft Pflege hin zu einem Dienstleister rund um die Versorgung im Alter entwickeln, bei denen noch mehr unterschiedliche Dienstleistungen angeboten werden und Pflege ein Angebot unter vielen ist. Es gilt, sich neu aufzustellen.

Dieses Mal wollte ich nicht agieren, sondern mich offen der Veränderung stellen und aktiv reagieren. So haben wir in unseren Stationen eine neue Stelle und Führungsebene eingerichtet, die der Koordinatorinnen für die Alltagsbegleitung. Die Mitarbeiterinnen haben zumeist eine Qualifikation als hauswirtschaftliche Betriebsleiterinnen oder Ökotrophologinnen. Sie werden die Dienstleistung der Hauswirtschaft und Betreuung sowohl in der Akquise, der Kundenbetreuung und der Mitarbeiter/innen Führung übernehmen. Ziel dieser Stelle ist es:

» Die Qualität der Dienstleistung in diesem Bereich zu verbessern.

» Die neuen Leistungen durch Beratung an die Senioren zu bringen und unsere Leistungen auszuweiten.

» Fachliche Begleitung der Mitarbeiterinnen, Hauswirtschaft und Betreuung lief bisher immer nebenher und erlebt damit eine Aufwertung.

» Diesen Bereich nicht privaten Anbietern zu überlassen.

» Die Pflegedienstleitungen zu entlasten und ein Wachstum der Sozialstation zu ermöglichen.

In unseren Diensten ist diese neue Stelle seit einigen Monaten eingeführt. Ein großes Augenmerk mussten wir in die Einarbeitung legen, da all diese Menschen, die wir eingestellt haben, bisher keine Arbeitserfahrung in der ambulanten Pflege haben, müssen sie diese von Grund auf kennenlernen und machen dort gerade ihre ersten Schritte.

Regelmäßige Reflexionstreffen und ständiger Austausch mit den Pflegedienstleitungen führen, so hoffen wir, zur Etablierung dieser Stelle und zur Weiterentwicklung dieser Dienstleistung.

Tag	Zeit	Thema
02.03.15	09:00 – 10.00	Ankommen, Begrüßung, gegenseitige Vorstellung, Vorstellung des Einarbeitungsplans, Organisatorisches
	10:00 – 10:15	Pause
	10:15 – 11:00	Struktur des Caritasverbands Köln (Gremien, Geschäftsfelder, Leistungsbereiche) Schnittstellen der Ambulanten Dienste
	11:00 – 11:45	Struktur und Schnittstellen des Leistungsbereichs Ambulante Pflege
	11:45 – 12:00	Pause
	12:00 – 12:45	Einführung in das Qualitätsmanagement (QM)
03.03.15	09:00 – 13.00 (flexible Pausen)	Relevante Gesetzgebung in der Ambulanten Pflege
04.03.15	09:00 – 13:00	Instrumente der Personalführung
05.03.15	09:00 – 12:00 (flexible Pausen)	Grundlagen der Pflegedokumentation
	12:00 – 13:00	Instrumente der Personalverwaltung
06.03.15	09:00 – 09:45	Qualitätsmanagement in der Ambulanten Pflege
	09:45 – 10:30	Stellenbeschreibung: Koordination Alltagsbegleitung
	10:30 – 10:45	Pause
	10:45 – 11:30	Reflexion der Woche
09.03.15 10.03.15 11.03.15	09:00 – 13:00	EDV-Grundlagen: Einführung in das Programm Snap Umgang mit Kommunikationsgeräten (Smartphones, Tablets)
12.03.15	13:00 – 17:00	Die Neuerungen des Pflegestärkungsgesetzes: Praktische Beispiele im Einsatz der Leistungen für die Kundenberatung
13.03.15		Erster Einsatztag in der Sozialstation: Begrüßung durch die Stationsleitung; Kennenlernen aller Mitarbeitenden; Organisatorisches

Bei so einer Differenzierung in der Sozialstation ist es eine Herausforderung, die Schnittstellen zwischen den verschiedenen Aufgaben genau in den Blick zu nehmen und Strukturen der Zusammenarbeit zwischen den Ebenen zu definieren.

Aufgaben, Arbeitsschritte, Prozesse	PDL	Stv. PDL	Leitungs-assistent/in	Koord. Alltags-begleitung	Sonstige
1. Neukunden					
1.1 Telefonkontakt	(x)		x		
1.2.Kundengespräche					
1.2.1 Pflege	x	x			
1.2.2 Alltagsbegleitung				x	
2. Pflegevisiten					
2.1 Pflege	x	x			
2.2 Alltagsbegleitung				x	
2.3 Terminkoordination			x		
3. Tourenplanung					
3.1 Pflege	x	(x)			
3.2 Alltagsbegleitung				x	
4. Soll/Ist-Abgleich					
4.1 Pflege	x				
4.2 Alltagsbegleitung				x	
4.3 § 37,3	x	(x)			
5. Verordnungsmanagement					
5.1 Verordnungen einholen			x		
5.2 Genehmigung beantragen			x		
6. Abrechnung					
6.1 Soll/Ist-Abgleich	x	(x)			
6.2 Abrechnung durchführen			x		
7. Mitarbeitergespräche führen					
7.1 Pflege	x				
7.2 Alltagsbegleitung					

Ich frage an dieser Stelle, was muss oder sollte uns die Zukunft noch bringen?

Ich glaube und wünsche mir, dass die Zukunft noch ambulanter wird, in dem Sinne, dass viele unserer Prozesse technisch noch bessere Möglichkeiten bieten sollten. Zum einen denke ich an die Schlüsselverwaltung und den erheblichen Aufwand, den wir damit betreiben. Hier bieten elektrische Türöffnungen über das Smartphone erste zaghafte Vorschläge an.

Des Weiteren denke ich an unsere Dokumentationsunterlagen, die zum einen beim Kunden und allen zugänglich, aber auch in digitaler Form zugänglich sein sollten. Bisher kenne ich keine praktikablen Lösungsversuche.

Auch der klassische Hausnotruf hat seine Zeit überstanden, aus meiner Sicht braucht es Lösungen, die keine vermeintliche Sicherheit, sondern wirkliche Sicherheit und in Notlagen schnelle Hilfe möglich machen.

Schlusswort

Zum Schluss ist mir wichtig noch einmal einen von externen Beratern begleiteten Prozess vom Ende her zu betrachten. Zum einen dient es mir für Analyse und Reflexion meines eigenen Handelns und zum anderen macht es deutlich, wie wichtig es ist in den Schnittstellen zusammen zu arbeiten und zum Schluss die für meinen Verantwortungsbereich zielführenden Entscheidungen zu treffen.

Als Auftraggeber ruft ein Unternehmen einen Experten in seinen Betrieb. Das Ziel ist das eigene Handeln und die Ist-Situation von außen analysiert zu bekommen, Ideen zu erhalten und Strategien sowie Abläufe zu verändern, wenn es denn Sinn macht.

Diesem Auftrag voraus geht eine gewisse Erwartung oder Unzufriedenheit ob das eigene Unternehmen das Richtige tut oder wie es sich wirtschaftlich verbessern kann.

Dann kommen die Experten. Sie liefern ihre Analysen und geben Empfehlungen. Danach sind sie wieder weg. Meine Erfahrung war, dass ich viele wertvolle Handlungsoptionen in der Hand hatte. Zwei Herzen schlugen nun in meiner Brust. Auf der einen Seite befiel mich schon manchmal der Gedanke, ob wir denn vorher so viel falsch gemacht hatten und auf der anderen Seite ging es darum, selbstbewusst zu prüfen, welche der Handlungsoptionen für unsere Strukturen, Rahmenbedingungen und Ziele zeitnah umgesetzt werden müssen.

Jetzt, in der Umsetzung und dem Einbeziehen aller Beteiligten begann die eigentliche Arbeit.

Auf diesem Weg wurde mir deutlich, dass ich weitere Unterstützung in Sachen Vertrieb und Verkaufen benötigte und habe Claudia Henrichs beauftragt, diesen Teil zu übernehmen und unsere Kompetenzen in diesem Bereich zu stärken. Darüber hinaus wird im Rückblick auch klar, dass viele Handlungsempfehlungen richtig waren, diese aber auch ihre Zeit brauchen. Durchhaltevermögen und „dran bleiben" war hier unsere Erfolgsstrategie.

Wichtig ist uns, Ihnen als Leser Mut zu machen, Ihren Weg der Umsetzung zu finden und diesen Weg aktiv zu beschreiten. Dabei kann nochmal was ganz anders entstehen, als Experten von außen es vorgeschlagen haben. Gut so, dann passt es auch zu Ihrem Unternehmen.

In diesem Prozess müssen alle einbezogen sein, Geschäftsführung, Fachbereichsleitung, Pflegedienstleitung und die Mitarbeiter/innen, nur dann macht es Sinn und führt zu Erfolgen.

Wir wünschen Ihnen den Mut Ihren Weg zu gehen!

M. Hanisch
Cl. Henrichs
Th. Sießegger

Literatur

1   Literatur, verwendet von Thomas Sießegger

Bücher

Heiber, Andreas: Das Pflege-Stärkungsgesetz 1. Was ist zu tun? – Chancen und Risiken. Vincentz Network, Hannover 2015.

Klie, Thomas: Wen kümmern die Alten? Auf dem Weg in eine sorgende Gesellschaft. Pattloch, 256 S. ISBN: 978-3-629-13041-9

Gutachten

Betriebswirtschaftliches Gutachten „*Diskussion zu den Wechselwirkungen von Stundensätzen neben einem System der Abrechnung nach Leistungskomplexen im Zuge der Umsetzung der Anforderungen des Pflege-Neuausrichtungs-Gesetzes*" von Dipl. Kfm. Thomas Sießegger veröffentlicht am 4. Juli 2013 in Berlin (kostenloser Download unter www.siessegger.de).

Sonderhefte

Alexander Künzel, Franz Wagner, Heike Normann, Elisabeth Bubolz-Lutz und Reinhard Pohlmann, in: ProAlter 1/2015: Betreuungs- und Entlastungsangebote: Ressourcen für den Hilfemix und der neue Markt.

Fachartikel

Henrichs, Claudia/Sießegger, Thomas: Wie Sie Ihre Schätze entdecken und entwickeln. In: Häusliche Pflege 7/2014, S. 18–25.

Woithon, Johannes/Sießegger, Thomas: Ziele setzen und erreichen. Erfolgreich ist Unternehmensführung, die die wichtigsten Managementwerkzeuge verzahnt. In: Häusliche Pflege 8_2006, S. 16–21.

Sießegger, Thomas: Gehalts-Management. Sprechen wir übers Gehalt. In: Häusliche Pflege 2/2015, S. 20–27.

Sießegger, Thomas: Betreuen und entlasten. Neue Angebote aufbauen. In: Häusliche Pflege 4/2015, S. 20–25.

viele Beiträge von Sießegger, Thomas in PDL-Praxis
(Supplement zur Fachzeitschrift „Häusliche Pflege")
unter anderen:

PDL praxis 01/2014: Personalentwicklung, Teil 1: Verwaltungskräfte übernehmen immer mehr betriebswirtschaftliche Aufgaben. In: HP 01/2014, S. 6–7.

PDL praxis 02/2014: Personalentwicklung, Teil 2: Verwaltungskräfte werden zur Assistenz der PDL. In: HP 02/2014, S. 5–6.

PDL praxis 04/2014: Ist Pflege nach Zeit die bessere Pflege? In: HP 04/2014, S. 1–3.

PDL praxis 05/2014: Zeiten in der Pflege: Vor- und Nachteile der Erbringung von Pflege nach Leistungskomplexen, Teil 2. In: HP 05/2014, S. 3–4.

PDL praxis 06/2014: Zeiten in der Pflege: Einfache Lösung zur Ermittlung von Zeiten für Leistungskomplexe, Teil 3. In: HP 06/2014, S. 6–7.

PDL praxis 07/2014: Zeiten in der Pflege: Fahrt-, Wegeund Organisationszeiten definieren, erfassen, auswerten, Teil 4. In: HP 07/2014, S. 3–4.

Beiträge in PDL-Praxis 11/2014 bis 05/2016 (7-teilige Folge) zum 1. Pflegestärkungsgesetz

Internet-Quellen
Statistisches Bundesamt (www.destatis.de)

Exklusive Downloads zu diesem Buch unter
alle sowohl unter www.siessegger.de
als auch alternativ unter: http://www.haeusliche-pflege.net/Arbeitshilfen/ Downloads/Downloads-zu-Buechern

2 Literatur, verwendet von Claudia Henrichs

Birkenbihl, Vera F.: Kommunikationstraining – Zwischenmenschliche Beziehungen erfolgreich gestalten, mvg-verlag moderne industrie, Landsberg am Lech, 22. Auflage 2000.

Blanchard, Kenneth et al.: Der Minuten Manager und der Klammer-Affe, Rowohlt Verlag GmbH, Hamburg, 14. Auflage 2002.

Denz, Wolfgang: Erfolgsfaktor Verkauf: Handeln im Wandel, Langen-Müller, München, 1996.

Frankl, Viktor E.: Der Wille zum Sinn, Verlag Hans Huber, Hogrefe AG, Bern, 6. Auflage 2012.

Gallup Henrichs, Claudia/Sießegger, Thomas: Wie Sie Ihre Schätze entdecken und entwickeln. In: Häusliche Pflege 7/2014, S. 18–25.

Habermann, Monika: Fehler melden hilft Fehler vermeiden in: AOK Bundesverband (Hrsg.) Fehler als Chance. Profis aus Pflege und Praxis berichten, Berlin, S. 12–16, 2014.

Jumpertz, Sylvia: Wo ist das Wozu? in: manager Seminare, Heft 208, Juli 2015, S. 73–78).

Krämer, Michael: Grundlagen und Praxis der Personalentwicklung, UTB Verlag, Stuttgart, 2011.

Laloux, Frederic: Reinventing Organizations – Ein leitfaden sinnstiftender Formen der Zusammenarbeit, Verlag Franz Vahlen GmbH, München, 2015.

Kurt Lewin (1947): Frontiers in group dynamics, Human Relations, 1, S. 5–41; deutsche Übersetzung unter dem Titel „Gleichgewichte und Veränderungen in der Gruppendynamik" in Lewin, Feldtheorie in den Sozialwissenschaften, 1963 Hans Huber, Bern, S. 223–270.

Lipkowski, Sylvia: Macht`s einfach – Change Management heute in: manager Seminare, Heft 195, Juni 2014.

Malik, Fredmund: Führen Leisten Leben, Wilhelm Heyne Verlag GmbH & Co.KG, München, 2001.

Morgenstern, Christian: Furchtlos verkaufen, Business Village, Göttingen, 2012

Patrzek, Andreas: Fragekompetenz für Führungskräfte – Handbuch für wirksame Gespräche mit Mitarbeitern, Rosenberger Fachverlag, Leonberg, 5. Auflage 2010.

Rampe Micheline: Der R-Faktor – Das Geheimnis unserer inneren Stärke, Books on Demand GmbH, Norderstedt, 2010.

Ryschla, Jurij: Praxishandbuch Personalentwicklung, Gabler Verlag I Springer Fachmedien Wiesbaden GmbH, 2011.

Schmidt, Gunther: Einführung in die hypnosystemische Therapie und Beratung, Carl-Auer-Systeme Verlag und Verlagsbuchhandlung, Heidelberg, 5. Auflage 2013).

Schmidt, Gunther: Liebesaffären zwischen Problem und Lösung – Hypnosystemisches Arbeiten in schwierigen Kontexten, Carl-Auer Verlag GmbH, 2013, Heidelberg.

Sprenger, Reinhard K.: Mythos Motivation, Campus Verlag Frankfurt/New York, 20., aktualisierte Ausgabe 2014.

Sprenger, Reinhard K.: 30 Minuten für mehr Motivation, Gabal Verlag GmbH, Offenbach 2000).

Tschumi, Martin: Praxisratgeber Personalentwicklung, PRAXIUM-Verlag, Zürich, 2014.

Watzlawik, Paul (Hrsg): Die erfundene Wirklichkeit: Wie wissen wir, was wir zu wissen glauben, Piper Verlag GmbH, München, 2006.

zur Bonsen, Matthias: Real Time Strategic Change: Schneller Wandel in großen Gruppen, Verlag Schäffer-Poeschel, Stuttgart, 2008.

zur Bonsen, Matthias und Maleh, Carole: Appreciative Inquiry – Der Weg zu Spitzenleistungen, Beltz Verlag, Weinheim und Basel, 2. Auflage 2012.

Die Autoren

Maria Hanisch

- 57 Jahre alt, verheiratet, 2 erwachsene Kinder
- Ausbildung mit 17 Jahren als Krankenschwester,
- Fortbildung als Fachkrankenschwester für Anästhesie und Intensivmedizin.
- 11 Jahre Steyler Missionsschwester, Einsatz in der Alten- und Krankenpflege dies sowohl in Deutschland, in Österreich und den Niederlanden
- Sozialarbeit in einer Pfarrgemeinde im Bereich Obdachlosenarbeit und der Aidshilfe
- Fernstudium der Theologie und Weiterbildung zur Trauerbegleiterin bei den verwaisten Eltern in Hamburg
- 7 Jahre Leitung einer Jugendherberge im Bergischen Land.
- Absolvierung eines Fernstudiums zur Betriebswirtin.
- Wechsel zur Pflegedienstleitung ambulante Pflege beim ASB Köln.
- 2005 Wechsel zum Caritasverband als Abteilungsleiterin für 7 Sozialstationen.
- Seit 2006 Geschäftsfeldleitung im Caritasverband Köln, verantwortlich für viele ambulante Angebote im Bereich Senioren, Menschen mit Behinderungen

Claudia Henrichs

- Dipl.-Pädagogin, Coach und Unternehmensberaterin für Personalentwicklung. Spezialisiert auf „Wirkungsvolle Kommunikation in Führungs- und Kundengesprächen" für den ambulanten Pflegedienst.
- Sie betreibt die Webseite www.ambulante-PFLEGE-verkaufen.de mit Impulsen, die die Praxis leichter machen.
- Ihr Motto: miteinander teilen – voneinander profitieren – gemeinsam wachsen

Thomas Sießegger

- geboren 1963 in Tübingen, wohnt in Hamburg, verheiratet, 3 Kinder
- Dipl. Kfm. Organisationsberater und Sachverständiger für ambulante Pflege- und Betreuungsdienste.
- Inhaber und Geschäftsführer der Unternehmensberatung Sießegger Sozialmanagement.
- Seit 1991 beratend und schulend für Träger ambulanter und stationärer Pflegedienste tätig, hat über 700 Pflegedienste beraten und betreibt „die wirtschaftliche Seite des Pflegedienstes": www.siessegger.de
- Seine Arbeitsschwerpunkte: Organisationsentwicklung, Turn-Arounds, Veränderungsmanagement, Benchmarking, Betriebswirtschaft für ambulante Pflegedienste, Wirtschaftlichkeitsprüfungen, Unternehmensbewertung von ambulanten Pflegediensten, Kennzahlensysteme, Entwicklung von Privatzahlerleistungen, Strategien für Wohlfahrtsverbände, Gutachterliche Stellungnahmen und Studien.
- Seit 2005 hat er sich in seinen Tätigkeiten ausschließlich auf die Beratung und Betreuung ambulanter Pflege- und Betreuungsdienste, Sozialstationen und deren Träger und Verbände spezialisiert.

Das Pflege-Stärkungsgesetz 2
Pflegeversicherung 2.0 – die Änderungen meistern
Andreas Heiber

Zum 1.1.2016 greift der neue Pflegebedürftigkeitsbegriff. Zum 1.1.2017 treten das neue Einstufungsverfahren und die Umstellung der Leistungen aus der Pflegeversicherung in Kraft. Unternehmensberater Andreas Heiber beleuchtet die Details der Pflegereform.

2016, 140 Seiten, kart., Format 17 x 24 cm
ISBN 978-3-86630-462-8, Best.-Nr. 836

PR & Marketing für Pflegedienste
Praxistipps für eine optimale Kunden- und Mitarbeitergewinnung
Marion Seigel

Führungskräfte, die ihr Marketing schnell und einfach optimieren wollen, finden im Anwender-Handbuch konkrete Hilfen. Profitieren Sie von diesem Know-How, um zuverlässig Kunden zu gewinnen, qualifizierte Mitarbeiter zu finden und um eine glaubwürdige Corporate Identity aufzubauen.

2014, 156 Seiten, kart., Format 17 x 24 cm
ISBN 978-3-86630-342-3, Best.-Nr. 712

Qualitätshandbuch – schlank und effektiv
Der Leitfaden für ambulante Pflegedienste
Elisabeth Baum-Wetzel

Was gehört in ein QM-Handbuch und was nicht? Was fordert die für alle Pflegedienste verbindliche QM-Richtlinie vom QM-Handbuch? QMB, PDL oder Geschäftsführer erfahren alles über das Erstellen und Überarbeiten des Handbuchs. Zahlreiche Praxisfälle, Dokumentenlisten sowie Regel- und Checklisten runden das Arbeitshandbuch ab.

2013, 208 Seiten, kart., Format: 17 x 24 cm
ISBN 978-3-86630-310-2, Best.-Nr. 688

Alle Bücher sind auch als eBook (ePub oder PDF-Format) erhältlich.

Jetzt bestellen! Vincentz Network GmbH & Co. KG · Bücherdienst · Postfach 6247 · 30062 Hannover
T +49 511 9910-033 · F +49 511 9910-029 · www.haeusliche-pflege.net/shop